"十三五"国家重点出版物出版规划项目
中国科学技术名词规范化理论建设书系

总主编 / 白春礼　副总主编 / 裴亚军

军事术语规范化研究

杨 鲁 著

科 学 出 版 社
北 京

内 容 简 介

本书是一部专门研究和探索军事术语规范化的学术文集，基于军语基础理论，结合军语工作实践，对军语编纂规范化、军语研究规范化、军语管理规范化、军语使用规范化等进行了较为全面深入的研讨，具有开创性、理论性、实用性。

本书适合包括军语在内的术语（语言）编纂、研究、教学、管理工作者和高等院校相关专业学生使用，也可供广大军语使用者、爱好者参考。

图书在版编目（CIP）数据

军事术语规范化研究/杨鲁著. —北京：科学出版社，2020.6
（中国科学技术名词规范化理论建设书系 / 白春礼总主编）
“十三五”国家重点出版物出版规划项目
ISBN 978-7-03-065144-0

I. ①军… II. ①杨… III. ①军事科学–名词术语–规范化–研究
IV. ①E-61

中国版本图书馆 CIP 数据核字(2020)第 080871 号

责任编辑：王 丹 / 责任校对：韩 杨
责任印制：赵 博 / 封面设计：蓝正设计

科学出版社 出版
北京东黄城根北街 16 号
邮政编码: 100717
http://www.sciencep.com
北京科印技术咨询服务有限公司数码印刷分部印刷
科学出版社发行 各地新华书店经销
*
2020 年 6 月第 一 版 开本：720×1000 1/16
2025 年 9 月第六次印刷 印张：16 1/4
字数：283 000
定价：108.00 元
(如有印装质量问题, 我社负责调换)

总 序

科学技术名词规范化事业是建设创新型国家和世界科技强国战略的重要组成部分。科学技术的交流与传播、知识的协同与管理、信息的传输与共享，都需要一个基于科学的规范统一的科学技术名词体系作为基础的支撑。

科学技术名词规范化事业包括实践和理论研究两部分。编纂、审定、公布科学技术名词，推广规范科学技术名词等工作，是科学技术名词规范化实践。

中国官方有组织的科学技术名词规范化实践最迟在近代就已经出现。伴随着西学东渐，西方科学技术大规模传入中国，出现一大批科学技术新名词。为保证科学技术交流与传播的顺畅，官方有组织的科学技术名词规范化实践应运而生。1909 年，清政府学部设立编订名词馆，编订名词馆编纂了《植物名词中英对照表》《数学名词对照表》《心理学名词对照表》《伦理学名词对照表》《辨学名词对照表》等。

进入民国后，科学技术名词编纂规模扩大，同时，开始重视科学技术名词编纂之后由专家集体审查或审定的工作。民国时期，官方科学技术名词规范化实践相继由医学名词审查会、科学名词审查会、国立编译馆等机构负责。医学名词审查会成立于 1916 年。1918 年，医学名词审查会更名为科学名词审查会。医学名词审查会和科学名词审查会编纂、审查了一批科学技术名词。截至 1928 年，编纂、审查并经教育部审定的科学技术名词有医学解剖学名词、化学名词、物理学名词、动物学名词、植物学名词、算学名词等 19 种；已审查但未经教育部审定的科学技术名词有病理学名词、寄生物学寄生虫学名词、药理学名词、外科学名词、内科学名词等 22 种；已经起草好，但未来得及审查的科学技术名词有妇科名词等 5 种。

1932 年，国立编译馆成立。截至 1949 年，国立编译馆编纂、审查通过了一批科学技术名词。据有关部门统计，在国立编译馆的组织下，已经审查并由教育部公布的科学技术名词（不含医学、社会科学）有天文学名词、数学名词、物理学名词、化学命名原则等 18 种。还有一批虽然没有公布但在审查中的科学技术名词（不含医学、社会科学）29 种。

中华人民共和国成立后，1950 年，中央人民政府政务院文化教育委员会成立了学术名词统一工作委员会，下设自然科学、社会科学、医药卫生、艺术科学和时事名词五组，分别由中国科学院、中央人民政府出版总署、中央人民政府卫生部、中央人民政府文化部、中央人民政府新闻总署负责。随后，中国科学院在中国科学院编译局成立名词编订室，主持自然科学名词的编纂、审查工作。各学科名词编纂、审查完成后，由学术名词统一工作委员会统一公布。截至 1955 年，仅自然科学组就完成了 29 种科学技术名词的编纂、审查。

1956年，学术名词统一工作委员会随着文化教育委员会的撤销而消失。

1978 年，全国科学大会胜利召开，中国迎来了科学的春天。中国科学院和国家科学技术委员会根据形势，联名上报国务院，请求成立全国自然科学名词审定委员会，得到了批准。1985 年，全国自然科学名词审定委员会正式成立，负责科学技术名词的编纂、审定工作。1996 年，全国自然科学名词审定委员会更名为全国科学技术名词审定委员会。

为更好推广规范科学技术名词，《国务院关于公布天文学名词问题的批复》（国函〔1987〕142 号）规定："经其（全国自然科学名词审定委员会）审定的自然科学名词具有权威性和约束力，全国各科研、教学、生产、经营、新闻出版等单位应遵照使用。"

可以说，时至今日，中国科学技术名词规范化实践取得了重大成就，全国科学技术名词审定委员会已审定、公布了天文学名词、物理学名词、生物化学名词、电子学名词、语言学名词、教育学名词等 130 多种科学技术名词，内容覆盖基础科学、工程与技术科学、农业科学、医学、人文社会科学、军事科学等各个领域，对中国科研、教学和学术交流的发展起到了很好的推动作用。

科学名词规范化实践的健康发展，离不开科学技术名词规范化理论的指导。因此，科学技术名词规范化理论研究不可缺少。

科学技术名词规范化理论研究包含这些内容：对科学技术名词规范化的基本概念和基本原理进行研究、对科学技术名词审定原则及方法进行研究、对科学技术名词规范化政策与战略进行研究、对科学技术名词规范化历史进行总结和研究，以及对科学技术名词规范化理论与实践中遇到的其他课题进行研究，等等。

与中国官方有组织的科学技术名词规范化实践一样，中国科学技术名词规范化理论研究最迟在近代就已出现。在西学东渐过程中，为解决汉语译名统一问题，很多专家学者对此进行了研究。民国时期，不少报纸杂志组织专家学者讨论科学技术名词规范化问题，如《科学》杂志于 1916 年发起了名词论坛，至中华人民共和国成立前夕，参与讨论的文章达六七十篇。

1985 年，全国自然科学名词审定委员会成立后，高度重视理论研究，创办了专业刊物《自然科学术语研究》，连续召开了“中国术语学建设研讨会”和“面向翻译的术语研究学术研讨会”，组织出版了“中国术语学建设书系”。《自然科学术语研究》刊行到现在，影响越来越大，现已更名为《中国科技术语》；“中国术语学建设研讨会”迄今已经召开了七届（从第四届开始，改名为“中国术语学建设暨术语规范化”研讨会），“面向翻译的术语研究学术研讨会”迄今已经召开了三届；“中国术语学建设书系”的出版于 2017 年圆满结束，共出版著作 12 部。

从 1985 年全国自然科学名词审定委员会成立至今，中国科学技术名词规范化理论研究成果喜人，仅《自然科学术语研究》（现名为《中国科技术语》）就刊载了大量相关论文。尤其可喜的是，已有多部中国科学技术名词规范化理论研究著作问世，包括纳入了“中国术语学建设书系”的由全国科学技术名词审定委员会组织专家编撰的《中国术语学概论》等著作。

需要特别指出的是，由全国科学技术名词审定委员会起草、征求了广大专家意见的《全国科学技术名词审定委员会科学技术名词审定原则及方法》，也是重要的科学技术名词规范化理论研究成果，为指导中国科学技术名词规范化实践发挥着重要作用。

当前，科技发展日新月异，新一轮科技革命和产业革命孕育兴起，颠覆性技术层出不穷，“互联网+”快速发展，前沿基础研究向宏观拓展、微观深入和极端条件方向交叉融合发展，一些基本科学问题正在孕育重大突破，新的科技概念不断产生，科技创新活动愈加社会化、大众化、网络化。作为支撑服务科技创新、科技传播的基础性工作和系统性工程，中国科学技术名词规范化实践面临许多新情况、新要求、新任务，迫切需要科学技术名词规范化理论的支持。但是，当前中国科学技术名词规范化理论滞后于实践，不能满足实践的需要，中国科学技术名词规范化理论有待于进一步发展。

2017 年 7 月 26 日，习近平总书记在省部级主要领导干部“学习习近平总书记重要讲话精神，迎接党的十九大”专题研讨班开班式上发表重要讲话，指出：“我们坚持和发展中国特色社会主义，必须高度重视理论的作用，增强理论自信和战略定力。”①为在中国科学技术名词规范化事业中更好地贯彻习近平总书记这一重要论述，全国科学技术名词审定委员会隆重推出“中国科学技术名词规范化理论建设书系”。希望该书系的出版，能极大地促进中国科学技术名词规范化理论研究的进步，并更好地服务于中国科学技术名词规范化实践。

希望学术界能进一步总结中国科学技术名词规范化实践历史和现实经验，进一步引进国外先进理论成果，进一步运用其他学科的理论，进一步开展理论探讨，来建设中国科学技术名词规范化理论，为推进中国科学技术名词规范化事业、为把中国建设成创新型国家和世界科技强国做贡献。

2018 年 6 月 10 日

---

① 新华网：《习近平在省部级主要领导干部“学习习近平总书记重要讲话精神，迎接党的十九大”专题研讨班开班式上发表重要讲话》，中华人民共和国中央人民政府，http://www.gov.cn/xinwen/2017-07/27/content_5213859.htm，2017 年 7 月 27 日。

前　　言

军事术语（以下简称军语）是统一军队认知、协调部队行动的基本工具，具有权威性、规范性和强制性。它关乎现代战争的胜负、影响军队建设的发展、反映官兵素质的强弱。因此，规范化是军语的生命线。

2007 年 4 月，在现行《中国人民解放军军语》编纂工作即将正式启动之时，我有幸成为军语工作队伍中的一员，开始了对军语规范化的探索、研究，并于次年 3 月发表了第一篇学术感悟——《〈军语〉的品牌价值与编修创新》，这是军语编纂规范化的开篇之作。此后，随着军语工作的深入和研究领域的拓展，我相继进行了军语研究规范化、军语管理规范化和军语使用规范化的探索和研究，迄今为止，根据自己的所思所想，撰写了 50 余篇相关学术论文，先后在《中国军事科学》《中国军法》《中国科技术语》《解放军报》《中国国防报》《中国社会科学报》等军内外报刊发表，以期填补军语研究领域的空白、蹚出一条军语规范化之路。时光飞逝，十年已矣。把上述文章整理汇编成册，既是静下心来、回首省察，总结梳理风雨十年探索路所交出的一份忠实答卷，也是抛砖引玉、提供借鉴，努力推动新体制下军语规范化向前迈进的一个真心期盼。

全书分为军语编纂规范化、军语研究规范化、军语管理规范化、军语使用规范化四部分，共辑 43 篇论文。其中，军语编纂规范化部分，共辑 14 篇论文，主要是围绕综合性《军语》，军兵种、专业《军语》和军事科学学科名词集的编纂，对军语的定名、框架的编制、图表的编配等编纂的做法经验、特点规律等进行了探究。军语研究规范化部分，共辑 15 篇论文，对军语的特点、作用、属性，军语研究的原则、要求，军事术语学学科的创建和一系列重要军语的寻根溯源等进行了探究。军语管理规范化部分，共辑 6 篇论文，对军语工作的体制机制，军语的系列化建设、人才队伍建设、法规制度建设等军语建设问题进行了探究。军语使用规范化部分，共辑 8 篇论文，对军语规范使用的重要意义、涉及领域、具体方法和打造以军语为基本元素的军事话语体系、增强军语力量等进行了探究。

由于论文发表的时间不同、思考的角度各异，虽在汇编成集时根据编辑要求做了不少技术性修改，但书中难免还会有“过时”之言和“撞衫”之句，就权当作探索军事术语规范化过程中的一个忠实记录吧。在此恳请读者谅解和批评指正。

军语规范化是一项基础性、艰苦性、长期性的工作，在以往的实践中虽然积累了较为丰富的经验，但缺乏系统的梳理和理论的升华，在工作中，特别是在军语工作新体制下尚有许多问题要做进一步探索和研究，还需要所有军语工作者共同努力、不断实践、创新发展、勇攀高峰。

作　者

2018 年 10 月于北京

目　录

一、军语编纂规范化

我军军语发展历程掠影

我军的军语是伴随着人民军队的前进步伐而发展进步的。无论是在革命战争年代还是在社会主义建设和改革时期，我军始终重视军语的建设和发展，把军语作为实现军事思想知行合一的语言载体、确保军事行动协调一致的工具手段、推进军队建设正规统一的基础支撑。

建军初期，我军沿用了旧军队的基本军语，除了作战、军制、训练、后勤等传统军语以外，还曾沿用了一些旧军队的称谓用语。到了1932年8月，时任中国工农红军学校校长兼政治委员的刘伯承，根据我军建军之初缺少统一规范的军语的实际，选译了一组苏联红军的军语，名为“军语解释”，对学员了解现代军语具有启蒙作用。他在红军学校期间，还把过去旧军队称呼的传令兵改为通信员、伙夫改为炊事员、马夫改为饲养员，等等，体现了人民军队的性质和建军思想，开启了我军军语建设的先河。从建军初期到中华人民共和国成立前这一时期，我军在进行武装斗争和军队建设时，以毛泽东军事思想为指导，继承发扬了中华传统军事文化精华，创造了与我军性质宗旨相适应的具有我军特色的军语，产生了具有传统军事文化特色的军语，也引进吸收了苏联红军等外军军语。

中华人民共和国成立后，我军开始进入正规化、现代化建设阶段，强调“实行统一的指挥、统一的制度、统一的编制、统一的纪律、统一的训练”，加强“组织性、计划性、准确性和纪律性”[①]，建立正规的战备、训练、工作、生活秩序。规范统一军语随之成为军队正规化建设的一项重要内容。60多年（注：此处指1949～2015年）来，先后编纂（修）出版了1951年版《军语汇编》（初稿）、1957年版《军语画一》（初稿）、1972年版《军语》（军内试行本）、1982年版《中国人民解放军军语》、1997年版

---

① 中共中央文献研究室、中国人民解放军军事科学院编：《建国以来毛泽东军事文稿》中卷，北京：军事科学出版社、中央文献出版社，2010年版，第39页。

《中国人民解放军军语》和 2011 年版《中国人民解放军军语》共 6 版综合性《军语》。我军《军语》伴随着军队革命化、现代化、正规化建设的发展进程，经历了从无到有，从薄到厚，从简到精，从单一版本到全本、简本，从纸质版到光盘版，从综合性到军兵种、专业性，从一本到系列化等的诸多发展和转变，成为我军正规化建设的基本依据、军事文化软实力的显著标志、军事科研领域的优势品牌，在我军战备建设、作战指挥、教育训练和部队管理等领域发挥了重要的规范作用。

（原文发表于 2015 年 10 月）

《军语》的品牌价值与编修创新

品牌，在《现代汉语词典》中的解释是"产品的牌子，特指著名产品的牌子。"[①]而学术品牌，则标志着学术形象、意味着学术高度、代表着学术荣誉、蕴涵着学术价值。《军语》作为一个学术品牌，在这里评估其价值并提出以编修创新提升其价值，目的就是要进一步增强创新意识、品牌意识，启发创新思维，增强我们做好《军语》编修工作的责任感和使命感，以新版《军语》的推出，进一步增强全军使用者的信任度，提高科研单位的影响力。

一、《军语》的品牌价值

经过几十年的不懈努力和几代人的辛勤劳动，《军语》已被打造成军事科学院的一个知名学术品牌，成为宣示我军革命化、现代化、正规化水平的权威平台，以及展示军事科研发展的重要窗口，具有较高的品牌价值。

（一）《军语》是宣示我军正规化、现代化建设水平的权威平台

《军语》是由中国人民解放军军事科学院（以下简称军事科学院）根据中华人民共和国中央军事委员会（以下简称中央军委）赋予的任务，组织协调全军各有关单位编纂，并经中央军委批准颁发全军施行的一部法规性军事术语集。其编纂、批准、颁发主体的权威性，反映我军正规化、现代化建设风貌的鲜明性，对军语的统一规范性，以及施行中的一定强制性，决定了《军语》是宣示我军革命化、现代化、正规化建设水平的权威平台。中华人民共和国成立后，我军全面展开正规化、现代化建设，强调"实行统一的指挥、统一的制度、统一的编制、统一的纪律、统一的训练"，加强"组

① 中国社会科学院语言研究所词典编辑室编：《现代汉语词典》第6版，北京：商务印书馆，2012年版，第998页。

织性、计划性、准确性和纪律性”①，建立正规的战备、训练、工作、生活秩序。规范统一军语随之成为军队正规化建设的一个重要内容。中华人民共和国成立后近 60 年（注：此处指 1949～2008 年）来，先后编纂（修）出版了 1951 年版《军语汇编》（初稿）、1957 年版《军语画一》（初稿）、1972 年版《军语》（军内试行本）、1982 年版《中国人民解放军军语》和 1997 年版《中国人民解放军军语》等 5 版全军通用的《军语》。每一版《军语》都是编纂者在深入研究及努力掌握所处历史阶段的军队正规化、现代化建设实际情况和特点规律的基础上，通过军事术语加以准确体现和概括而形成的，都从不同方面和不同角度反映了当时我军正规化、现代化建设发展的水平，都形成了适合那一个时期军队正规化、现代化建设需要的军语体系。

（二）《军语》是展示军事科研发展的重要窗口

《军语》编纂是军事科学院建院以来一直承担的一项重要科研任务，因而也是展示军事科研发展的重要窗口。早在 1959 年 1 月，军事科学院首任院长叶剑英元帅就强调，军事科学院的五项任务之一就是“统一军语及对军语的详解”②。进入新世纪新阶段，“研究军语”仍然是中央军委赋予军事科学院的一项主要科研任务。军事科学院建院 50 年（注：此处指 1958～2008 年）来，组织编纂出版的 1972 年版《军语》（军内试行本）、1982 年版《中国人民解放军军语》和 1997 年版《中国人民解放军军语》，反映了军事科学基础理论研究的不断发展及其研究成果。以这三版的类目和词目数量为例，1972 年版《军语》在搜集我军当时所使用的军语并对其进行充分研究的基础上，设置了 17 个类目 1348 条词目；1982 年版《中国人民解放军军语》为适应党的十一届三中全会之后进一步加强我军建设的需要，在深入研究的基础上，较大幅度地增收了词目，在分类上也作了不小的调整，设置了 26 个类目 5227 条词目，较 1972 年版增加了 9 个类目 3879 条词目；1997 年版《中国人民解放军军语》为适应新时期我军建设的需要，在研究十多年国内外形势、科学技术、国防与军队建设等客观情况发展变化的基础上，增收了大量新出现的并已相对稳定的词目，在分类上也根据

① 中共中央文献研究室、中国人民解放军军事科学院编：《建国以来毛泽东军事文稿》中卷，北京：军事科学出版社、中央文献出版社，2010 年版，第 39 页。

② 叶剑英：《在全军科学研究工作会议上的总结（一九五九年一月二十七日）》，中共中央文献研究室、中国人民解放军军事科学院编：《叶剑英军事文选》，北京：解放军出版社，1997 年版，第 372 页。

新的情况作了必要的调整和修改，设置了 29 个类目 6562 条词目，较 1982 年版增加了 3 个类目 1335 条词目。这三版《军语》类目和词目数量逐版增加的背后，是由军事科学院乃至全军数十年军事科研成果作支撑；每一版数量的变化，都具有军事理论成果集成的丰富内涵，相应地反映出当时全军军事科学研究的广度和深度。

二、通过编修创新进一步提升《军语》的品牌价值

2007 年 5 月，经中央军委批准，中央军委办公厅〔2007〕9 号通知确定，1997 年版《中国人民解放军军语》编修工作正式启动。《军语》编修的接力棒传到了我们这一代人手中，如何使《军语》的品牌价值保值、增值而不贬值，这就需要认真贯彻落实党的十七大报告中提出的“适应世界军事发展新趋势和我国发展新要求，推进军事理论、军事技术、军事组织、军事管理创新”与“繁荣和发展军事科学”①的要求，进行一系列的编修创新，使新版《军语》达到内容的新颖、载体的现代、手段的科学、机制的变化，赋予《军语》品牌新的内涵，进一步提升其品牌价值。

（一）增设新的类目

类目框架是军语理论形态的系统结构，是军语的系统集成和科学分类。要实现《军语》编修的创新，类目框架的创新是首要和关键的环节。1997 年版《中国人民解放军军语》出版，截至 2007 年已经 10 年，军事领域发生了深刻的变化，新版《军语》必须与时俱进，反映这些变化与发展，特别是要着眼于党的十七大报告提出的“提高军队应对多种安全威胁、完成多样化军事任务的能力，坚决维护国家主权、安全、领土完整，为维护世界和平贡献力量”和“坚持依法治军、从严治军，完善军事法规，加强科学管理”②等要求，增设新的类目，满足军队建设与作战的现实需要。一是考虑到军队在非战争条件下面临的危机与突发事件处置的情况和任务的增多，增设了“危机与突发事件处置”类目；二是按照依法治军、从严治军，推动军队正规化建设向更高水平发展的需要，增设了“军事法制”类目；

① 《中国共产党第十七次全国代表大会文件汇编》，北京：人民出版社，2007 年版，第 41 页。

② 《中国共产党第十七次全国代表大会文件汇编》，北京：人民出版社，2007 年版，第 41-42 页。

三是根据我军积极发展全方位的对外军事关系，大踏步地走向国际舞台，为维护世界和平与促进共同发展发挥重要作用的实际，增设了“军事外交”类目；四是着眼于陆军军种建设的发展趋势，并在新版《军语》中体现我军陆军、海军、空军、第二炮兵（现火箭军）四个军兵种的完整性，增设了“陆军”类目。此外，在确定收词范围时，以适应我军革命化、现代化、正规化建设和信息化条件下联合作战的需要，反映军事领域的变化与发展为出发点，作了许多新的调整和补充。

（二）增加词目英文译名

在国际军事合作与交流中，解决军事术语的互通问题是解决其他互通问题的前提和基础。长期以来，由于种种因素，军事术语的英文译名缺乏一个统一的标准，存在着“一个术语、各自表述”的尴尬局面，在不同的军事术语集或权威性工具书中，同一个术语、两种译名的情况屡见不鲜，这种状况不利于军语的国际化、标准化。《军语》作为全军使用的权威性、法规性军事术语集，理应担负起对军事术语的英文译名进行规范统一的责任。为此，全军军事术语管理委员会办公室（以下简称全军军语管委会办公室）（设在军事科学院战争理论和战略研究部）确定：“新版《军语》所收词目一律标注英文译名。”[①]这在全军通用《军语》编修历史上是第一次，是这次《军语》编修的一个创新点。增加词目英文译名工作，虽然需要投入相当大的精力、人力和财力，但这是一件具有长远建设意义的事情，值得去做。

（三）研制光盘版

在以往纸质版《军语》的基础上选择《军语》新的载体，即研制《军语》光盘版，是此次《军语》编修创新的一项重要内容。《军语》光盘版是利用激光束将已转换成电子数字编码信号的军事术语内容预铸在 CD 盘片上，使用者可利用计算机及相关设备检索读取。众所周知，一张光盘也就是 120 毫米直径、1.2 毫米厚，其优点是信息容量大、阅读速度快、检索效率高、携带方便、成本低，而且可以年年修订翻新。虽然制作光盘在今天

① 全军军事术语管理委员会办公室编：《〈军语〉编修工作手册》，2008 年版，第 40 页。

来说已不是什么新鲜事，但对中华人民共和国成立后近60年（注：此处指1949～2008年）出了5版纸质版的《军语》而言，出光盘版就是创新。现代科学技术的发展，为研制《军语》光盘版创造了必要的条件，全军军语管委会办公室会与技术人员密切配合，充分利用当代光盘制作技术，研制出具有高科技含量并且快捷、实用的《军语》光盘版。

（四）开发军语数据库

随着电子技术和信息技术的飞速发展，充分运用计算机的优势，研制、开发和大力推行军语数据库是这次《军语》编修工作的重要组成部分，是一项创新性工作。军语数据库是存储在计算机中的记录概念和军语的自动化电子词典，是军事术语管理的重要工具，也是面向全军提供军语服务的窗口。全军军语管委会办公室将按照国家标准《建立术语数据库的一般原则与方法》《术语数据库开发指南》《术语数据库技术评价指南》，和军队对网上运行的开放式数据库的有关标准和要求，本着“结构合理、数据完备、使用方便、易于维护、运行可靠”的原则，研制、开发出军语数据库，使其具有数据的采集、修改、统计、检索功能，提供光盘版和纸质版所需数据功能，网上查询、检索和为其他系统提供术语数据功能等。军语数据库可以实现技术标准化，有效提高《军语》编修和管理工作的效率及规范化程度。

（五）创建常态化管理机构

军语的管理是一个动态的发展过程，是长期的经常性的工作，不是一劳永逸的。这就需要建立一个常态化的管理机构，对全军的军语工作实行统一的经常性管理，对新的军语及时进行整理研究、规范统一、发布实施，从组织机构上保证这项长期的经常性任务落到实处。为此，从2004年《军语》编修准备工作一启动，我们就开始酝酿与以往几次《军语》编修工作不同的管理方式和机制，根据任务需要和参照军队有关工作的管理方式，经过多次向中央军委办公厅、中国人民解放军四总部（以下简称四总部）及有关二级部等单位请示和进行协商，最后以军事科学院的名义报中央军委，建议成立全军军事术语管理委员会（以下简称全军军语管委会），并于

2007年5月得到了中央军委批准。全军军语管委会主任职务由总参谋部一位领导担任，副主任职务分别由总政治部、总后勤部、总装备部的领导担任，军事科学院院长担任常务副主任，中央军委办公厅、四总部有关二级部、各军兵种有关机关，军事科学院、国防大学和国防科技大学有关部门的领导共26人担任委员，全军军语管委会在中央军委领导下，对全军军语的编修和管理实施统一领导。同时，中央军委还批准设立全军军语管委会办公室，具体承办全军军语管委会的日常工作。全军军语管委会及其办公室的成立，标志着《军语》编修和管理机制的创新，是军语工作持续、稳定、健康发展的重要保证。

（六）促进全军军语系列化

建立健全我军军语体系，是《军语》编修工作的拓宽、延伸，也是一项创新。随着军事实践的发展和我军履行新世纪新阶段历史使命的提出，单靠一部综合性《军语》，已经难以满足不同军兵种、不同专业、不同层次的指战员的需要，应有计划地按照统一的原则、方法和体例，组织编纂军兵种《军语》和专业《军语》，进一步系统规范统一军事领域各个方面各个层次的军语。全军军语管委会办公室考虑制定规划、组织选题立项、统一体例规范，在全军军语管委会的领导下，加强与各军兵种等有关单位的工作协调，做好业务指导和服务保障工作，促进全军军语系列化编纂任务的全面展开和高质量完成。

（原文发表于2008年3月）

《军语》编修的往事今情

《军语》是全军统一使用的规范化、标准化用语集成，是权威性、法规性的军事术语集。军事科学院自建院之初就担负了编纂、修订、研究《军语》的重任。在50年（注：此处指1958～2008年）的《军语》编修和研究历程中，留下了不少值得记述的往事今情。

一、元帅的关怀

叶剑英元帅作为军事科学院的首任院长，是军事科学院乃至我军军语事业的开创者和奠基人，为我军军语建设做出了独特和重要的贡献。叶剑英率先明确了军语在军事科学院的地位和作用。早在建院之初，叶剑英在军事科学院召开的全军第一次军事科学研究工作会议上就提出：军事科学院的五项任务之一就是“统一军语及对军语的详解”[①]。在会议的总结讲话中，他还指出：“统一军语是个重要的问题，几年来也做了统一军语的工作，但由于没有坚定地贯彻以我为主的方针，所以在军语方面存在若干的混乱状态。……军事科学院应负责研究统一全军的军语，并在统一军语的基础上着手编写我军自己的军语详解。”[②]在以后的多个场合，叶剑英都明确了军语在军事科学研究中特别是作战和军队建设中的地位和作用。他强调指出：“军语统一问题，也急需解决。由于军语运用不统一，常常给学术研究带来不必要的困难。……当然，统一军语不仅是为了便于学术研究，更重要的是为了在运用时特别是在作战时不致因产生误解而出乱子。”[③]叶剑英关于军语工作的指示，拉开了军事科学院50年（注：此处指1958～2008年）组织编

---

① 叶剑英：《在全军科学研究工作会议上的总结（一九五九年一月二十七日）》，中共中央文献研究室、中国人民解放军军事科学院编：《叶剑英军事文选》，北京：解放军出版社，1997年版，第372页。

② 叶剑英：《在全军科学研究工作会议上的总结（一九五九年一月二十七日）》，中共中央文献研究室、中国人民解放军军事科学院编：《叶剑英军事文选》，北京：解放军出版社，1997年版，第376-377页。

③ 叶剑英：《深入开展全军军事科学研究工作（一九五九年七月二十二日）》，中共中央文献研究室、中国人民解放军军事科学院编：《叶剑英军事文选》，北京：解放军出版社，1997年版，第397-398页。

纂、修订我军《军语》的序幕。

叶剑英不仅在我军军语理论建设上做出了独特和重要的贡献，他还批准了我军第一部全军统一使用《军语》的颁发试行。1972 年 9 月 30 日，主持中央军委日常工作的叶剑英元帅在军事科学院《关于〈军语〉印发试行的请示》上批示，可以下发试行。同年 10 月，由军事科学院组织协调总部有关部门、各军兵种共同编写的，在我军军语发展史上具有里程碑意义的 1972 年版《军语》（军内试行本）颁发。

时光荏苒，经过 50 年（注：此处指 1958～2008 年）的编修和研究，军事科学院按照叶剑英当年确定的任务和要求，在中央军委、总部的领导和关心下，组织协调全军各有关单位，在编纂 1972 年版《军语》（军内试行本）的基础上，相继推出了 1982 年版《中国人民解放军军语》和 1997 年版《中国人民解放军军语》，目前（注：此处指 2008 年），又在中央军委的统一领导下，组织协调全军各有关单位编修新版《军语》。叶剑英关于军语工作的一系列思想，仍然在贯彻落实。

二、全军之“智”“力”

《军语》是集全军之智，举全军之力的综合性成果。每一次《军语》编修，都得到了中央军委、总部的重视、关心和指导，都有全军各有关单位的积极参与，都凝结了军队建设和作战的理论、实践经验。1971 年 3 月 22 日，中央军委办公厅就《军语》编纂问题专门给军事科学院打电话：广州军区有个报告，其中提到现在的军语很杂乱，要求尽快颁布全军统一的《军语》。中央军委办事组 3 月 22 日在讨论时确定：请军事科学院尽快研究。按照中央军委的要求，军事科学院派人到广州、武汉等军区，就当时部队对军语使用中存在的问题和要求进行了调查研究，并对我军常用军语作了搜集整理，在此基础上，军事科学院党委多次研究，于同年 5 月 10 日向中央军委呈报了《关于落实统一军语的报告》，5 月 29 日，中央军委批复同意了军事科学院的报告，1972 年版《军语》（军内试行本）编纂工作随后展开。

1979 年，军事科学院根据改革开放军队工作开创新局面和适应我军现代化、正规化建设的需要，向中央军委呈报了增修 1972 年版《军语》（军内试行本）的请示。同年 3 月 8 日，中央军委批复同意并确定：增修工作仍由军事科学院负责组织，并由各总部、各军兵种、中国人民解放军国防科学技术委员会（以下简称国防科委）、国防工业办公室、军事科学院、中央军委直属各学院分别承担有关部分的增修任务。根据中央军委的指示，军事科学院组织协调全军近 40 个单位共同编写了 1982 年版《中国人民解放军军语》。

1989 年 4 月，为保持军语的统一和使用上的正常秩序，保证我军现代化、正规化建设的顺利实施，军事科学院向中央军委呈报了《再次增修我军〈军语〉》的请示。同年 8 月 8 日，军事科学院计划组织部向中央军委办公厅呈报了《关于编纂〈军语〉增补本问题》的报告。根据中央军委领导、总部指示及中央军委办公厅 8 月 16 日的批复，军事科学院聘请了各总部、各军兵种、国防科委、军事院校等各专业领域科研人员近百人为特约编审人和特约撰稿人，经过 3 年多的共同努力，于 1993 年 6 月完成增补本送审稿。同年 8 月 18 日，军事科学院向中央军委呈报了《建议编纂第三版〈军语〉》的请示，建议对 1982 年版《中国人民解放军军语》进行一次全面修订，并与已完成的增补本合并编纂成第三版《军语》。中央军委首长批示同意军事科学院提出的建议。这一次修订邀请了中国人民解放军三总部（以下简称三总部）、各军兵种和国防科委等有关单位专业研究人员共百余人参加。编纂过程中，多次征求了中央军委、三总部有关职能部门，军兵种领导机关，大军区及有关部队、院校、科研机关等近百个单位的意见，反复修改、完善。1997 年 9 月，《中国人民解放军军语》经中央军委批准，三总部联合颁发全军施行。

三、精心的组织

《军语》编修涉及军队建设和作战的方方面面，涉及军事、政治、后勤、装备，涉及各军兵种，也涉及各专业领域和众多知识门类、学科范畴，是一项复杂的系统工程。自 20 世纪 50 年代后期开始，中央军委就把组织协调《军语》编纂的任务赋予了军事科学院。

军事科学院在中央军委的领导下，把历次《军语》编修工作都摆到了重要的位置，相关的几任院领导对此十分重视和关心，要求以高度的责任心和严肃认真的态度参与这项工作。军事科学院每次都成立由院领导牵头的军语编修工作小组，负责领导此项工作。在领导小组的直接领导下，由战争理论和战略研究部（此为现名，不同时期分别称战争理论研究部、战略研究部）选配专人组成军语课题组，负责编修的具体组织、计划、协调、学术保障等工作，包括建立编修组织、进行学术调研、制定编修文件、部署编修工作、组织撰写和审稿、组织征求意见、组织出版发行等一系列组织协调工作。

在《军语》编修过程中，军事科学院坚持质量第一的原则，精心组织、精心撰写、精心编审、精心出版，高质量、高水平地相继完成了 1972 年版《军语》（军内试行本）、1982 年版《中国人民解放军军语》和 1997 年版《中国人民解放军军语》编修任务。1997 年版《中国人民解放军军语》还获得了中国人民解放军军事科研优秀成果特等奖的殊荣。为提高 1997 年版《军语》编修工作的针对性，战争理论和战略研究部六室军语课题组于 2004 年 2 月至 2005 年 6 月间，先后召开 5 次座谈会，分别听取来自四总部、各军兵种、军事科学院等单位有关部门的领导、专家及参与 1997 年版《军语》编修工作的同志等共计近百人对《军语》编修工作的指导思想、修改原则、类目设置、收词范围、组织形式、运作机制、经费保障等方面的意见和建议。与此同时，其还向四总部机关和各大军区发函，了解 1997 年版《军语》使用情况、《军语》编修工作的方式方法和军语工作常态化管理等问题，为下一步精心做好《军语》编修的组织协调工作奠定了较为坚实的基础。与以往不同的是，为组织好此次以至今后的《军语》编修，军事科学院向中央军委提出建议，成立全军军语管委会及其办公室，对我军《军语》编修和管理工作实施常态化的领导及组织协调，中央军委采纳并批准了军事科学院的建议。自此，全军军语管委会及其办公室履行各自的职能，领导和协调承办新版《军语》的编修工作。

四、不断的创新

《军语》编修者深知，创新是《军语》编修工作中不断实现新突破、取得新进步的强大动力。从 1972 年版《军语》（军内试行本）“黄皮本”的问世，到 1982 年版《中国人民解放军军语》“绿皮本”的亮相，再到 1997 年版《中国人民解放军军语》“红皮本”的推出，每一版《军语》伴随着时代的变迁和军事领域的新发展，不仅在形式上有新变化，而且在内容上有新突破。1972 年版《军语》（军内试行本）是我军第一部全军统一使用的《军语》，设置了“军队建设”“进攻”“防御”“指挥”等 17 个类目，主要选收了合成军队作战和军队建设中常用的词目，共 1348 条。其中，为了适应当时的战备形势和全军所开展的“三防”等训练的需要，适当选收在原子、导弹、化学武器等条件下作战常用的新军语，设置了“导弹、火箭、核武器”类目，共 41 条词目；同时设置了“防原子、防化学、防细菌”类目，共 75 条词目。1982 年版《中国人民解放军军语》是在我军进行工作重点转移和军队建设指导思想战略性转变，开始以现代化为中心的全面建设的新形势下诞生的。该版《中国人民解放军军语》第一次比较全面系统地规范了军队建设和作战所需要的军语，共设置了 26 个类目，5227 条词目。增设了“军制”“军事训练”“军队政治工作”“情报”“电子对抗”“轻武器”“空降兵”“基本建设工程兵”等类目，增加了局部战争、遏止战争和军事科技等方面的词目。此外，还编制了词目笔画索引。1997 年版《中国人民解放军军语》为适应新时期我军建设的需要，在研究十多年国内外形势、科学技术、国防与军队建设等客观情况发展变化的基础上，增收了大量新出现的并已相对稳定的词目，在分类上根据新的情况作了必要的调整和修改，设置了 29 个类目 6562 条词目。释文和插图也根据新情况进行了较大幅度的增加、补充和修改。同时增设了词目拼音索引。

新版《军语》按照创新要求，通过增设新的类目，增加新的术语，增加词目英文译名，实现编修内容的创新；充分利用现代信息技术手段，实现编修方法的创新；研制光盘版和网络版《军语》，实现军语载体形式的创新；组织编纂军兵种《军语》和专业《军语》，推动全军军语体系的创新；进一步完善《军语》编修和管理机制，实现我军《军语》编修和管理机制的不断创新。

（原文发表于 2008 年 10 月、11 月）

集成创新的 2011 年版《中国人民解放军军语》

2011 年 12 月，2011 年版《中国人民解放军军语》（以下简称新版《军语》）经中央军委批准，颁发全军施行。这部面向新世纪新阶段反映军事领域最新成果的权威性和法规性军事术语集，是集编修内容创新、编修方法创新、编修体制创新和传播平台创新于一体的重要科研创新成果，是贯彻落实胡锦涛关于“大力推进军事理论创新、军事技术创新、军事组织创新、军事管理创新”①指示的具体体现。

新版《军语》共设 26 个类目（其中，“陆军”类目下设 9 个二级类目），收词目 8587 条，共 105 万字，配图表 195 幅，所有词目标注了英文译名。此次由全军军语管委会统一领导，军事科学院组织全军各有关单位开展的新版《军语》编修工程，最重要的就是推动和实现创新。

一、编修内容创新

新版《军语》最主要的创新是增设了一批新的类目和大量新的词目。与 1997 年版《中国人民解放军军语》相比，新版《军语》增设了“作战（综合）”“危机与突发事件处置”“装备工作”“军事法制”“军事外交”“陆军”6 个新类目，将 1997 年版《中国人民解放军军语》中的“国防科技”“射击·轻武器”“导弹·核武器·航天”3 个类目合并成“军事技术”新类目。同时，增加了 4000 余条适应我军革命化、现代化、正规化建设和信息化条件下联合作战的需要，反映军事领域变化与发展的新词目。这些新增词目占词目总数的一半以上。主要创新内容体现在以下三个方面。

一是体现了党的军事指导理论的创新发展。新版《军语》设置了“党的军事指导理论”“胡锦涛关于新形势下国防和军队建设重要论述”和“新世纪新阶段军队历史使命”“战斗力生成模式”“多样化军事任务”“科技强

---

① 胡锦涛：《胡锦涛文选》第二卷，北京：人民出版社，2016 年版，第 603 页。

军”“当代革命军人核心价值观”“高素质新型军事人才”“现代后勤”等系列词目。

二是反映了拓展和深化军事斗争准备的迫切需要。新版《军语》增设了“信息化战争”“信息化条件下局部战争”“信息化条件下联合作战”“一体化联合作战”“信息作战”“网络战”“基于信息系统的体系作战能力”“新型作战力量”“网络电磁空间”“作战体系”“作战要素”等一大批与当前军事斗争准备密切相关的词目。

三是展示了军事理论和军事技术的崭新成果。新版《军语》增设了现行中国军事科学体系确定的14个一级学科的词目，同时，增设了“军事信息学”“军事环境学”“军事心理学”等新兴学科的词目。在“中国特色军事变革”“富国强军”“科技兴训”“网络战场”“制网络权”“信息力”等许多词目中，对近年来出现的军事理论，力求做出简明准确的概括。重点增加了十多年来我军信息化建设、军事技术和武器装备等方面出现的一批新词目。

与此同时，为满足我军对外军事交流的需要，进一步提高军语的国际化、标准化、通用化水平，此次编修首次对所有词目名称标注了英文译名。

二、编修方法创新

“工欲善其事，必先利其器。”新版《军语》不仅在内容上充分反映军事领域的新成果，而且在编修方法和手段上积极改进创新。通过在编修实践中不断摸索、总结，借鉴有关科研单位的做法经验，并借助计算机及其技术的发展，自主设计、研发了具有检索排序、编辑修改、统计分析数据和资料积累建设等功能的《军语》编修管理系统软件，实现了编修方法的创新，极大提高了编修工作效率，有效推进了编修方式的转变。该软件在编修过程中，特别是在以“同类词属概念一致”为主题，对新版《军语》（送审稿）的8800多条词目中的同类词进行属概念和叙述形式统一的过程中，和对英译名的关键词及体例进行规范统一中，发挥了不可替代的重要作用，实现了新版《军语》规范、统一的基本目的。

三、编修体制创新

创新《军语》编修体制，特别是确保《军语》编修管理的常态化、规范化，是此次新版《军语》编修工作的一个着力点。新版《军语》编修工作正式启动前，就研究酝酿与以往编修工作不同的管理体制和方式，根据编修任务需要并参照军队有关工作的管理体制，经过多次向中央军委办公厅、四总部及有关二级部等单位请示和进行协商，最后以军事科学院的名义报中央军委，建议成立全军军语管委会及其办公室，获得了批准。2007年5月，中央军委办公厅以〔2007〕9号通知形式，向全军各大单位印发了《成立全军军事术语管理委员会》的文件。确定由总参谋部一名领导担任该委员会主任、其他三总部各一名领导分别担任副主任，军事科学院院长担任常务副主任。中央军委办公厅领导，四总部有关二级部领导，各军兵种司令部领导，军事科学院、国防大学、国防科学技术大学有关部门领导等26位领导为全军军语管委会成员。全军军语管委会在中央军委领导下，对全军《军语》的编修和管理实施统一领导。中央军委还批准将全军军语管委会办公室设立在军事科学院战争理论和战略研究部，具体承办全军军语管委会的日常工作。五年（注：此处指2007～2012年）来的编修实践证明，全军军语管委会及其办公室在编修过程中充分发挥了决策、领导、组织协调等重要作用。新版《军语》编修管理体制的创新，开启了编修体制机制创新这一系统工程的大门，为日后诸多方面的创新奠定了重要的组织基础。

四、传播平台创新

加强新版《军语》传播平台建设，为全军学习《军语》、宣传《军语》、使用《军语》创造条件，是推进全军军语工作向前发展，促进我军革命化、现代化、正规化建设的必要保障，也是提升新版《军语》影响力的基本条件。此次新版《军语》编修与历版《军语》编修不同的是，启动了光盘版的研制工作。研制、开发具有查询快捷、使用方便等特点的新版《军语》光盘版，实现《军语》载体形式的创新，发挥新载体在信息化时代促进《军语》编修研究、扩大新版《军语》影响的作用。下一步，还将研制、开发新版《军语》网络版，建立适应现代军事学术发展和全军广大官兵需要的《军语》传播渠道和网络。

为了加强新版《军语》的传播效应，提高全军部队、机关、院校、科研院所对学习和使用新版《军语》重要意义的认识，认真组织新版《军语》的学习宣传工作，切实抓好新版《军语》的普及运用，经中央军委批准，2011 年 12 月 28 日，四总部联合向全军颁发了《关于学习和使用新版〈中国人民解放军军语〉的通知》，并在同年 12 月 30 日召开的"新版《军语》出版座谈会"上，由全军军语管委会领导对该通知进行了宣读，这在我军学习和使用《军语》的历史上是首次，不仅有积极的现实推动作用，而且还将产生深远的历史影响。

2011 年 11 月，胡锦涛在接见军事科学院第七次党代会代表并听取军事科学院工作情况汇报时强调："要紧跟世界军事发展趋势，紧贴我军建设和军事斗争准备的实际，加强全局性、战略性、前瞻性问题研究，不断推出经得起实践和历史检验的理论创新成果。要适应军事科研工作的新要求，努力转变军事科研方式，更新科研发展理念，创新科研组织形式，推动军事科学信息化建设，提高科研工作的科技含量和质量效益。"[①]因此，《军语》编修创新工作任重道远，今后随着军语创新工程的全面展开和深入推进，会有更多更好的军语创新成果推出，为繁荣和发展中国军事科学，推动军队革命化、现代化、正规化建设做出应有贡献。

（原文发表于 2012 年 6 月）

① 王士彬、包国俊：《胡锦涛在会见军事科学院第七次党代会代表时强调 扎实做好以科研为中心各项工作 努力推动我国军事科学繁荣发展》，《解放军报》，2011-11-22（1）。

2011年版《中国人民解放军军语》编修中的若干特性

2011年版《中国人民解放军军语》（以下简称新版《军语》）是由中央军委批准，四总部联合颁发全军施行的权威性、法规性军事术语集。新版《军语》编修工作是中央军委赋予的一项重要科研任务。这项工作从2008年2月全军军语管委会第一次会议部署任务后正式展开至2011年，在全军军语管委会和军事科学院的领导与组织协调下，在全军各编修单位及有关专家的大力配合、积极协助下，经过部署编修任务，组织编修培训，开展选词、审词、定词，组织撰写工作，组织审稿工作，解决学术问题等主要阶段，已形成送审稿，取得了阶段性成果。新版《军语》于2011年底出版。在新版《军语》编修过程中，我们主要把握了以下几个特性。

一、把握现实性

（一）把握《军语》编修的现实目的

军语是军事领域的专业用语，是军人的规范化、标准化用语。规范和统一使用军语，是统一军队认知的基本要求、协调部队行动的基本保证。《军语》编修的根本目的和作用是统一军语，为军队作战和建设服务。我们在《〈军语〉编修方案》中提出了“四个服务”：为保证军队高度集中统一服务，为协调信息化条件下联合作战服务，为维护部队正规战备、训练、工作、生活秩序服务，为提高官兵综合素质服务。为此，几年来，我们以《军语》编修工作为平台，围绕突出反映信息化条件下联合作战的新要求，突出反映新时期建军治军的特点规律，突出反映我军的政治优势，突出反映新世纪新阶段我军官兵所需要的新知识等方面搞研究。例如，所论证的新版《军语》类目框架，就是根据军队建设和发展的实际情况，兼顾自身编纂工作的需要，在深入调查研究、广泛听取各总部和各军兵种机关等相关单位意见的基础上形成的。该框架是按军队专业领域和职能部门分工建立的，基本涵盖了我军各专业领域和职能部门的工作范围。

（二）把握《军语》编修的现实要求

《军语》编修工作作为推进军事斗争准备的一项紧迫任务，加强军队信息化建设的一项现实任务，繁荣和发展军事科学的一项基础任务，必须坚持质量第一、又好又快的原则。因此，编修工作始终以此为出发点和落脚点。我们按照编修工作流程和需要，对新版《军语》的类目设置、词目编排、释文编写、词目审改，词目的汉语拼音、英文译名、图表的选配，计量单位、数字、字母、符号的正确使用，以及编修方法和手段的改进等一系列学术、体例、方法问题逐一进行了研究。

（三）把握《军语》编修的现实条件

几年来，我们立足现有研究力量和研究条件，想方设法克服各种困难，一边主要组织编修、一边尽力开展研究，以编修带动研究、以研究促进编修。在编修学术准备中预测、探讨问题，在编修过程中发现、解决问题，努力在整个编修工作中探索规律、总结经验、指导实践。同时，我们积极运用“小核心、大外围”的科研模式，在编修过程中，充分发挥《军语》编修各牵头单位和参加单位的作用，发挥军内外资深专家学者的作用，集思广益、集智攻关，取得了明显的成效。

二、突出规范性

《军语》作为一部具有法规效力的军事术语集，具有科学性、严谨性、法规性和权威性。因此，在编修过程中，我们突出了规范性。

（一）依“法”编修

依“法”编修，即严格依据现行的军事法律、军事法规和军事规章（如

2010 年发布全军施行的《中国人民解放军内务条令》《中国人民解放军纪律条令》《中国人民解放军队列条令》《中国人民解放军政治工作条例》等）和术语国家标准，参照中央军委、四总部的相关文件，参考《中国军事百科全书》《军用主题词表》《2010 年中国的国防》《大辞海·军事卷》，以及《辞海》《现代汉语词典》等权威性工具书，按照科学、系统、准确、实用的原则进行编修工作，以确保《军语》的释文内容与现行的军事法律法规的思想和精神保持一致，与权威性工具书的相关内容有机统一。

（二）立“法”规范

《军语》编修工作启动后，我们根据编修工作的实际需要，相继研究制定了《〈军语〉编修方案》《〈军语〉编修体例》《〈军语〉编修专家遴选办法》《〈军语〉编修经费分配方案》《关于做好审词工作的几点意见》《〈军语〉类目送审稿送交规范》《类目送审稿总审办法》《〈军语〉英文译名总审办法》《全军军语管委会办公室职责》等一系列规范性文件，分别就《军语》的总体设计、组织领导、任务区分、编修程序、工作职责、编修体例、审稿方法、保障措施等做出了明确规定，并将与编修工作有关的国家标准等汇编成《〈军语〉编修工作手册》印发各编修单位，逐步把编修工作纳入规范化轨道。

三、体现创新性

新版《军语》是在 1997 年版《中国人民解放军军语》基础上修订而成的，需要通过一系列创新，使《军语》及其编修达到内容的新颖、载体的现代、手段的科学、机制的变化的目标。创新性主要体现在以下六个方面。

（一）创建了常态化管理机构

军语的管理是一个动态的发展过程，是长期的经常性的工作。新版《军语》编修工作正式启动前，我们就研究酝酿与以往编修工作不同的管理方式和机制，根据任务需要和参照军队有关工作的管理方式，经过多次向中央军委办公厅、四总部及有关二级部等单位请示和进行协商，最后以军事科学院的名义报中央军委，建议成立全军军语管委会及其办公室，获得了批准。2007

年 5 月，中央军委办公厅以〔2007〕9 号通知的形式，向全军各大单位印发了《成立全军军事术语管理委员会》的文件，总参谋部一名领导任全军军语管委会主任，总政治部、总后勤部、总装备部各一名领导任副主任，军事科学院院长任常务副主任。中央军委办公厅领导，四总部有关二级部领导，各军兵种司令部领导，军事科学院、国防大学、国防科学技术大学有关部门领导等共 26 位有关领导为成员。全军军语管委会在中央军委领导下，对全军军事术语的编修和管理实施统一领导。中央军委还批准将全军军语管委会办公室设立在军事科学院战争理论和战略研究部，办公室具体承办全军军语管委会的日常工作。

（二）增设了新的类目和词目

与 1997 年版《中国人民解放军军语》相比，新版《军语》增设了“作战（综合）”“危机与突发事件处置”“装备工作”“军事法制”“军事外交”“陆军”6 个新类目。同时，增加了 4000 余条适应我军革命化、现代化、正规化建设和信息化条件下联合作战的需要，反映军事领域变化与发展的新词目。这些词目占新版《军语》词目总数的近一半。

（三）增加了词目英文译名

新版《军语》所收的 8000 余条词目中全部标注了英文译名。这在历版综合性《军语》编修历史上是第一次，将有利于军语的国际化、标准化。

（四）研制《军语》光盘版

通过调研，我们提出，在以往纸质版《军语》的基础上选择《军语》新的载体，即研制出快捷、实用的《军语》光盘版。

（五）建立军语数据库

即建立具有数据的采集、修改、统计、检索功能，提供光盘版和纸质版所需数据功能，网上查询、检索和为其他系统提供术语数据功能的军语数据库，以有效提高《军语》编修和管理工作的效率及规范化程度。经过与有关技术人员的联合攻关，已初步建立了军语编制管理系统，且运行状况良好。

（六）努力形成军语系列化

即根据军事领域专业划分和军语层次多、专业性强的特点，有计划地按照统一的原则、方法和体例，组织编纂军兵种《军语》和专业《军语》，进一步系统规范统一军事领域各个方面各个层次的军语，以使全军综合性《军语》与军兵种、专业《军语》优势互补，实现全军军语的系列化，满足不同军兵种、不同专业、不同层次指战员的需要。2006 年《海军军语》已正式出版。目前（注：此处指 2011 年），我们正在协调和指导《空军军语》和《第二炮兵军语》的编修工作。下一步还将协调总参有关部门组织编纂《陆军军语》。

四、着眼持续性

军语基础理论研究是做好《军语》编修工作的基础和条件，是实现军语事业可持续发展的前提和支撑。随着《军语》编修工作的不断深入，创建军事术语学学科，加强军语基础理论研究，就成为一种迫切需要。

（一）以创建军事术语学学科为牵引

2007 年，我们即提出创建军事术语学学科的设想，在此之后，进行了一些学术准备，并在有关会议上作了多次反映。2010 年，借军事科学院组织军事学学科目录修订的东风，我们正式提出在军事学学科目录中设置军事术语学学科的申请。

（二）以研究军事术语学学科体系为抓手

军事术语学是一个新创建的学科，学科体系研究是学科建设中的基础性问题。我们以此入手，根据有关学科建设的国家标准和编修工作的基本实践，参照有关学科体系，经过研究，初步提出了军事术语学学科体系的

“五分法”结构，即：军语基础学、军语编纂学、军语管理学、军语应用学、军语史学。具体如下。

（1）军语基础学。它是军事术语学的基础理论体系，由军语基础理论组成。它的研究内容包括军语和军事术语学的概念，军语的起源、性质和特征，军语的功能和价值，军事术语学的研究对象、范围、目的、任务，军事术语学的学科属性及其在军事科学体系中的地位，军事术语学与其他学科的关系，军事术语学学科体系的构成及其构架依据，军事术语学的方法论等。

（2）军语编纂学。主要研究《军语》编纂和修订的基本理论。具体包括军语的整理与规范，《军语》的编写，《军语》的编辑、评审、出版等。

（3）军语管理学。主要研究《军语》编纂的规划、建设和管理（包括军语系列化建设管理等），军语人才管理，军语的标准化，《军语》编纂平台和语料库建设等。

（4）军语应用学。主要研究军语在各方面应用的规律性问题，解决军语如何为国防和军队建设服务的一系列理论问题。包括军语运用的基本法则和在不同语境中的运用规律，军语在军队作战和建设中的作用，《军语》的宣传推广和使用，《军语》的开发利用等。

（5）军语史学。主要研究军语产生和发展的历史。具体包括：军语史、军语编纂史、军语理论史、军语应用史等。

五、注重特色性

为了使军事术语学学科体系结构进一步完善，学科特点更加鲜明，我们开展了军语的特色性研究。

（一）开展了军语的比较研究

例如，将我军军语与台军军语的差异进行了比较。通过研究认为，由于两岸军队的性质、建军思想、军事制度、历史沿革和军事理论体系等的不同，加之在汉语继承和使用上存在差异，两岸军队的军语存在词同义不同，义同词不同，词、义均不同等差异。又如，将《军语》与《军事百科全书》在编纂工作、编纂体系、编纂体例、编纂体制机制、编纂功用等方面进行了比较研究，提出了异同之处。

（二）开展了《军语》的有关特性研究

对《军语》的法律属性进行了研究。提出了《军语》并不以法的名义出现，但它具有法律属性，即权威性（批准颁发主体权威、编纂主体权威）、规范性（规范军队作战和建设的统一用语，体现现行军事法律、法规、规章的思想和精神）、强制性（对部队、机关和指战员具有普遍的约束力）和相对公开性（只在军队内部公开，而不是对全社会所有组织和人员公开）等。

（原文发表于2011年3月）

2011年版《中国人民解放军军语》编修过程和主要创新

2011年12月，经中央军委批准，2011年版《中国人民解放军军语》（以下简称新版《军语》）正式颁发全军施行，这是我军全面加强革命化、现代化、正规化建设进程中的一件大事，也是军事科学研究的一件盛事。新版《军语》的颁发，对于保证军队高度集中统一，协调信息化条件下联合作战行动，维护部队正规的战备、训练、工作、生活秩序，提高官兵综合素质，具有重要的规范作用。

一、新版《军语》编修的基本情况

新版《军语》的编修工作，自2007年5月，中央军委批准军事科学院关于修订1997年版《中国人民解放军军语》及成立全军军语管委会及其办公室的请示后展开后期准备工作，2008年2月正式启动，经过全军各有关单位近4年的共同努力、精心打磨，到2011年11月顺利完成。

新版《军语》的编修工作，大体经历了三个阶段。

第一阶段为准备和撰写阶段（2008年至2009年上半年）。在进行充分的学术准备的基础上，制定了《〈军语〉编修方案》《〈军语〉编修体例》，培训了编修骨干，拟制、确定了新版《军语》的框架和词目总表，并全面展开词目释文撰写工作。至2009年6月份，基本形成了各类目的词目释文稿。

第二阶段为审稿阶段（2009年下半年至2010年）。全军各牵头单位按照《〈军语〉编修方案》《〈军语〉编修体例》，先后组织了初审和分类汇审。之后，全军军语管委会办公室组织专家，分别对各类目的词目释文进行了总审，并于2010年底向全军军语管委会报送了送审稿。

第三阶段为征求意见和全面审改阶段（2011 年 1 至 11 月）。先后两次组织征求了全军军语管委会成员和全军各牵头单位的修改意见，对送审稿进行了全面审查和修改，并多次组织军内有关专家对词目释文稿进行审读。经全军军语管委会领导批准，于 11 月下旬完成了呈送中央军委的报批稿。

2011 年 12 月，经中央军委批准，新版《军语》印发全军施行。

新版《军语》是在中央军委的关心、指导下，在全军军语管委会直接领导下，由军事科学院组织协调全军各有关单位完成的，是我军军事理论、军事技术、军事组织和军事管理领域的创新成果，反映了信息化条件下军队建设和军事斗争准备的实践经验，是军事科学繁荣发展的重要标志，是全军集体智慧的宝贵结晶。

二、新版《军语》编修的指导思想和原则

新版《军语》编修工作是推进军事斗争准备、加强军队信息化建设、繁荣发展军事科学的重要的基础性工作，必须坚持以毛泽东军事思想、邓小平新时期军队建设思想、江泽民国防和军队建设思想、胡锦涛国防和军队建设思想为指导，着眼全面履行新世纪新阶段我军历史使命需要，着眼全面加强军队革命化、现代化、正规化建设需要，着眼贯彻胡锦涛主题主线重大战略思想需要，立足体现我军特色和时代特征，编修一部具有权威性和法规性的新版《军语》。

在新版《军语》的编修过程中，注意把握四条原则。

一是注重在继承的基础上创新发展。在编修过程中，努力做到连续性和创新性的统一。保留了 1997 年版《中国人民解放军军语》正确、合理的术语，同时对词目名称或释文已完全不适应军队现状的术语作了修改，对已不再使用的部分陈旧术语作了删除。同时，紧紧围绕国防和军队建设主题主线，着眼大力推进我军革命化、现代化、正规化建设，不断提高我军以打赢信息化条件下局部战争能力为核心的完成多样化军事任务的能力的现实需要，努力实现编修内容、形式和方法的创新发展。

二是注重科学、系统、准确、实用。在编修过程中，坚持严谨治学、精益求精、质量第一。一切从实际、实效、实战出发，努力客观反映当代

军事理论体系和军事知识结构，切实体现各类目之间、词目之间的逻辑相关性，正确把握军事术语的科学内涵和本质属性，确切、简明、规范地表达军事概念，确保新版《军语》的科学性和权威性。

三是注重“统一领导、全军动手、专业对口”。在编修过程中，认真遵循中央军委和四总部关于新版《军语》编修工作的总体要求，在全军军语管委会的统一领导下，军事科学院积极做好组织协调，发挥全军各有关单位的作用。既顾及军队作战和建设的方方面面，也着眼军事、政治、后勤、装备的各个领域，由全军各有关单位对口承担相关类目的编修任务，并实行分工责任制，进一步创新完善了《军语》编修工作机制，创造了军事科研领域团结协作、合力攻关的成功典范。

四是注重与军事法规和国家标准的衔接。在编修过程中，严格依据现行军事法律、法规、规章和术语国家标准，参照中央军委、总部的相关文件，参考国家和军队的权威性工具书，对《军语》的词目名称和释文内容与军事法律、法规、规章和术语国家标准等有抵触或不一致的地方，都进行了调整和修改，确保相互一致，避免相互矛盾。

三、新版《军语》编修创新的主要内容

新版《军语》是面向新世纪新阶段反映军事领域最新成果的权威性和法规性军事术语集。全书共设26个类目（其中，“陆军”类目下设9个二级类目），收词目8587条，约105万字，配图表195幅，所有词目标注了英文译名。

此次新版《军语》编修，主要进行了内容的创新，增设了新的类目和词目。与1997年版《中国人民解放军军语》相比，新版《军语》增设了“作战（综合）”“危机与突发事件处置”“装备工作”“军事法制”“军事外交”和“陆军”6个新类目。同时，增加了4000余条适应我军革命化、现代化、正规化建设和信息化条件下联合作战的需要，反映军事领域变化与发展的新词目。这些新增词目超过词目总数的一半。主要创新内容体现在以下三个方面。

一是体现了党的军事指导理论的创新发展。胡锦涛国防和军队建设思想，是对毛泽东军事思想、邓小平新时期军队建设思想、江泽民国防和军

队建设思想的继承和发展，是新世纪新阶段国防和军队建设的指导思想。为了充分反映党的军事指导理论的新发展，新版《军语》设置了“党的军事指导理论”“胡锦涛关于新形势下国防和军队建设重要论述”和“新世纪新阶段军队历史使命”“战斗力生成模式”“多样化军事任务”“科技强军”“当代革命军人核心价值观”“高素质新型军事人才”“现代后勤”等系列词目。

二是反映了拓展和深化军事斗争准备的迫切需要。军事斗争准备是最重要、最现实、最紧迫的战略任务。新版《军语》着重反映这一重大需求。增设了“信息化战争”“信息化条件下局部战争”“信息化条件下联合作战”“一体化联合作战”“信息作战”“网络战”“基于信息系统的体系作战能力”“新型作战力量”“网络电磁空间”“作战体系”“作战要素”等一大批与当前军事斗争准备密切相关的词目。同时，考虑到我军完成多样化军事任务的需求，增设了“非战争军事行动”“非传统安全威胁”等 60 多条相关新词目。

三是展示了军事理论和军事技术的崭新成果。随着军事实践的发展变化，军事科学的新学科新知识应运而生，军事技术不断取得重大突破，新版《军语》注意反映这方面的新成果。增设了现行中国军事科学体系确定的 14 个一级学科的词目，同时，增设了“军事信息学”“军事环境学”“军事心理学”等新兴学科的词目。在“中国特色军事变革”“富国强军”“科技兴训”“网络战场”“制网络权”“信息力”等许多词目中，对近年来出现的军事理论，力求做出简明、准确的概括。重点增加了“军队信息化”“军队信息化建设”“军事信息系统”“军事信息技术”“网络对抗技术”“新概念武器”等我军信息化建设、军事技术和武器装备等方面出现的一批新词目。

与此同时，为满足我军对外军事交流的需要，进一步提高军语的国际化、标准化、通用化水平，新版《军语》的 8587 条词目名称均标注了英文译名，这在历版综合性《军语》的编修历史上是第一次。

新版《军语》不仅在内容上充分反映军事领域的新成果，而且在形式和方法上积极改进创新。2012 年初启动了新版《军语》光盘版的研制工作，以实现《军语》载体形式的创新。在编修过程中，还自主设计、研发了具有编辑修改、查询排序、统计分析数据和资料积累建设等功能的《军语》

编修管理系统软件，实现了编修方法的创新，推进了科研方式的转变。

新版《军语》的正式出版，凝结着全军数以百计专家学者和出版工作者的心血、智慧和创造力，是我军正规化建设的一项标志性工程。学习好、宣传好、使用好新版《军语》是军队建设的一项重要基础性工作。2011 年 12 月 28 日，四总部专门发出《关于学习和使用新版〈中国人民解放军军语〉的通知》。该通知指出，新版《军语》的编修出版，为科学界定军事概念、统一全军认知提供了权威依据，为准确表达意图、顺畅协调部队行动提供了基本遵循，为提高工作效率、实现集中统一提供了重要规范，对于加强战备建设、作战指挥、教育训练和部队管理，提高部队革命化现代化正规化建设水平具有重要作用。该通知要求，各级要高度重视学习新版《军语》，结合机关和部队工作实际，研究制定学习和使用新版《军语》的措施办法，采取宣讲辅导、学习交流、集中研讨等方式，有计划、分层次地组织所属人员学习《军语》。要精心组织新版《军语》宣传教育，认真搞好军语工作作用和意义的宣传教育及新版《军语》学习使用情况的宣传报道。该通知强调，要把学习使用新版《军语》与深化中国特色社会主义理论体系武装结合起来，与推进军事理论创新结合起来，与完成军队建设、改革及军事斗争准备任务结合起来，自觉用《军语》规范和统一部队行动。

（原文发表于 2012 年 3 月）

因战而生，为战而编
——我军《军语》编纂为提高部队战斗力服务纪实

军语是军事领域的专业用语，是军队统一的规范化、标准化用语。其基本功能是军队统一认知、协调部队行动。战争是“国之大事”，军队的基本使命就是准备和实施战争。我军的军语正是在炮火连天的战争岁月中产生，为准备和实施机械化、信息化战争而编纂的。这其中，有党的领袖的参与，有军队元帅的辛勤实践，有几代《军语》编纂工作者的不懈努力。建军 80 多年（注：此处指 1927—2015 年）来，为提高部队战斗力服务始终是我军《军语》编纂的基本出发点和落脚点。

一、毛泽东为“运动战”下定义，指导我军打胜仗

运动战是我党领导下的人民军队的传统战法。1938 年 5 月，毛泽东在延安窑洞撰写《论持久战》这篇指导全国抗战的纲领性文献时，专门对中国革命战争中的这一重要作战形式——“运动战”下了定义，并做了外延说明：“运动战，就是正规兵团在长的战线和大的战区上面，从事于战役和战斗上的外线的速决的进攻战的形式。同时，也把为了便利于执行这种进攻战而在某些必要时机执行着的所谓‘运动性的防御’包括在内，并且也把起辅助作用的阵地攻击和阵地防御包括在内。它的特点是：正规兵团，战役和战斗中的优势兵力，进攻性和流动性。”[①]这一军语释义作为实行运动战指导思想的精髓，为八路军、新四军和人民解放军对敌组织实施运动战指明了正确方向。毛泽东在这篇著作中还要求八路军、新四军不放松有利条件下的运动战。在抗日战争中，八路军、新四军正是遵照这一指导思想进行运动战，对实现战略上的持久战起到了决定性的作用。在解放战争

① 毛泽东：《毛泽东选集》第二卷，北京：人民出版社，1991 年版，第 497 页。

中，运动战始终是人民解放军的主要作战形式。在战略防御阶段，以“大踏步进退”和“蘑菇战术”等调动敌人，创造和捕捉战机，在运动中大量歼灭敌人有生力量。在战略进攻阶段，采取跃进方式和超越作战、“围城打援”等战法，以国民党重兵集团为主要歼击目标，实行大包围、大迂回，以大规模的运动战与大规模的阵地战相结合，赢得了解放战争的胜利。

我军第一部综合性《军语》——1951 年版《军语汇编》（初稿）首次收录了“运动战”这一军语，其定义就是毛泽东在《论持久战》中对此所下的定义。1972 年版《军语》（军内试行本）收录的“运动战”军语释义，则完全是毛泽东在《论持久战》中所下定义和外延说明的原文。时至今日，毛泽东撰写的“运动战”这一军语释义的核心思想，在 2011 年版《中国人民解放军军语》中依然沿用，熠熠生辉，历久弥坚。

二、刘伯承元帅辛勤实践，避免军语不统一影响作战指挥和军队行动

刘伯承元帅作为我军《军语》编纂的重要奠基人和指导者，从我军初建时期开始，就重视军语建设，亲力亲为，并对军语的统一规范和正确使用做了许多重要指示。1932 年 8 月，时任中国工农红军学校校长兼政治委员的刘伯承选译了一组苏联红军的军语，名为《军语解释》。这组军语中有“机动”“包围”“迂回”“突破”“疏开”“展开”“火力配系”“兵团”“部队”“分队”等，大多涉及战役战斗领域，在当时多是在沿用旧军队和日本军队军语的情况下，对学员了解现代与战役战斗等有关的军语具有启蒙作用，也开启了我军《军语》编纂的先河。1940 年 2 月，时任八路军 129 师师长的刘伯承强调指出：“在军事上一字之差也会死很多同志，甚至影响战斗的成败。”[①]中华人民共和国成立后，刘伯承出任军事学院院长，不久即领导整理汇编我军第二部综合性《军语》——《军语画一》（初稿）。这项工作主要是把在教学中逐渐积累和先后通报（1951 年 4 月 30 日，刘伯承批准编印《军语通报》第一期，以后又陆续批准编印第二至十期，印发军事学院各系、各教研室征求意见，作为院内统一使用军语的基准）画一出版的所

① 杨国宇、陈斐琴编：《刘伯承用兵录》，北京：战士出版社，1982 年版，第 123 页。

有军语和一部分未通报使用的军语，根据当时新条令和教令的内容，进行整理汇编，将许多重要的、不规范的军语词名及其释义做出统一规定和解释，如把“战车”改为“坦克”，把“驱逐飞机”改为“歼击飞机”，把“自动推退火炮”改为“自行火炮”，把“河川战斗”改为“江河地战斗”，等等。1952 年，为确定“战役布势”这一军语的释义，刘伯承在军事学院的一个座谈会上，一连两个下午向有关人员讲解了《孙子兵法》中关于谋略、兵势、正兵和奇兵、虚和实、灵活性和主动性、用间六个问题。刘伯承指出，“没有军事术语的统一，就不能准确地交流思想，就会影响到以后的军事行动和作战指挥”①。在刘伯承元帅的领导下，《军语画一》整理汇编工作历时五年多，于 1957 年 1 月批准出版并报中央军委。它的出版为规范当时全军的作战、训练等军语起到了积极作用。

三、几代《军语》编纂者不懈努力：为提高部队战斗力服务

中华人民共和国成立后，我军几代《军语》编纂工作者坚持以服务军队作战和训练为宗旨，突出对作战、训练用语的规范，发挥军语统一军队认知、协调部队行动的重要作用。无论是编纂综合性《军语》，还是编纂军兵种和专业《军语》，都把作战、训练用语作为重要内容，借以提高部队的战斗力。1971 年 5 月，军事科学院在呈报中央军委《关于落实统一军语的报告》中明确提出，编写《军语》的目的，主要是统一军语的使用和解释，以便于作战指挥和战备训练。为此确定的《军语》选词原则是：收录毛泽东著作中使用的作战、训练的军语，新编条令中需要解释的军语，部队在战备训练中创造的通用而又稳定的新军语，在原子、导弹、化学武器等条件下作战常用的新军语等。最终，1972 年版《军语》（军内试行本）设置了：“军队建设”“战略战术综合用语”“进攻”“防御”“指挥”“侦察、警戒、行军、宿营”“导弹、火箭、核武器”“防原子、防化学、防细菌”“海军”“空军”“炮兵”“装甲兵”“工程兵”“通信兵”“铁道兵”“后方勤务”“地形、测绘、气象”17 个类目，主要选收了合成军队作战和军队建设中常用的词目，共 1348 条。

20 世纪 70 年代末，随着全党工作重点的转移，国防和军队建设进入崭新的历史时期。1979 年 3 月，中央军委指示军事科学院负责组织全军各

① 杨国宇、陈斐琴等：《刘伯承军事生涯》，北京：中国青年出版社，1982 年版，第 315 页。

有关单位，对1972年版《军语》（军内试行本）进行增修。历时近三年，1982年版《中国人民解放军军语》出版。该版《中国人民解放军军语》体现了为提高部队战斗力服务的思想，增设了“军制”“军事训练”“军队政治工作”“情报”“电子对抗”“轻武器”“空降兵”“防化学兵”等新类目，主要增收合成军队作战、建军和战备工作中常用军语，共收词目5227条，较1972年版增加3879条。

1997年9月，根据十多年来国防和军队建设的发展，特别是军队建设指导思想的战略性转变，我军深入进行各项改革，部队的武器装备、体制编制、作战方法、教育训练和军事理论研究等各个方面发生了一系列重大变化，基于此军事科学院组织全军各有关单位编纂的1997年版《中国人民解放军军语》出版。该版《中国人民解放军军语》增收了大量上述各方面新出现的并已相对稳定的军语，同时删除了1982年版《中国人民解放军军语》中已经陈旧、很少使用的军语，共收词6562条，同时增设了“战争·战略”“战役·战役法”“战斗·战术”“行政管理·装备管理”“国防科技”“陆军航空兵”等新类目。

2011年12月，经中央军委批准，四总部联合颁发2011年版《中国人民解放军军语》。该版《中国人民解放军军语》根据国防和军队建设及军事斗争准备的新形势、新发展和新要求，以全军需要统一规范使用的基本军事术语为主体，重点增加了十多年来作战、指挥、训练、体制编制、信息化建设、武器装备和军事技术等方面出现的新军语。新增了“作战（综合）”等类目，由此收录了许多用“战”的词目，如“联合作战”“信息战”“网络战”“体系破击战”“太空战”“全维作战”“非线式作战”“非对称作战”“非接触作战”“新型作战力量”“基于信息系统的体系作战能力”，等等。在该版《中国人民解放军军语》收录的8587个词目中一共使用汉字1454个，其中，使用次数大于1000次的只有一个字，即“战”，多达1279次。同时增设了“危机与突发事件处置”“军事法制”“军事外交”“陆军”等新类目。

从1932年刘伯承开始翻译、编纂一组涉及战役战斗的军语，到1938年毛泽东为“运动战”下定义；从1951年我军《军语汇编》（初稿）收录“战斗力”这一军语开始，到2011年版现行《中国人民解放军军语》中收录“战斗力标准”“战斗力生成模式”等军语，我军《军语》编纂都贯彻了为提高部队战斗力服务的指导思想。在新的历史起点上，习近平主席提出“能打仗、打胜仗”[①]的强军之要，反映了军队履行职能的根本要求。我军《军语》编纂工作者将围绕服务“能打仗、打胜仗”，形成编纂思路向打仗聚焦、编纂工作为打仗用劲的鲜明风格，编纂符合信息化条件下联合作战需要的新《军语》，谱写《军语》编纂历史的新篇章。

（原文发表于 2015 年 3 月）

① 中共中央宣传部编：《习近平总书记系列重要讲话读本（2016 年版）》，北京：学习出版社、人民出版社，2016 年版，第 244 页。

我军综合性《军语》编纂取得重要经验

军语是军队在作战、训练及其他工作中统一使用的规范化军事用语，是全军官兵全员使用、履职使用的标准用语。使用规范的军语，是统一军队认知的基本要求、协调部队行动的基本保证。编纂综合性《军语》是关系军队作战和建设的一项重要基础性工作，这项工作主要是对全军指战员需要共同了解掌握的军语进行统一收集、筛选、分类、编排、释义等，以使说明同一对象的词名统一，词名与其含义一致。中华人民共和国成立后，中国人民解放军全面展开正规化、现代化建设，编纂综合性《军语》工作被摆到了重要位置。迄今为止，我军共编纂出版了 6 版综合性《军语》，其中包括中央人民政府人民革命军事委员会军训部编印的1951年版《军语汇编》(初稿)，军事学院编印的 1957 年版《军语画一》(初稿)，军事科学院组织全军各有关单位编纂、由中央军委批准的 1972 年版《军语》(军内试行本)，1982 年版《中国人民解放军军语》，1997 年版《中国人民解放军军语》和 2011 年版《中国人民解放军军语》。回顾我军综合性《军语》编纂历程，可以总结出一些有益的经验和启示，对推动我军军语建设乃至革命化、现代化、正规化建设具有重要借鉴作用。

一、根据使命任务需要，突出作战、训练用语规范统一

为提高部队战斗力服务始终是我军综合性《军语》编纂的出发点和落脚点。战争是“国之大事”，军队的基本使命就是准备和实施战争。习近平主席提出的“能打仗、打胜仗”[①]，反映了军队履行职能的根本要求，是军队的头等大事。叶剑英元帅指出：“军语统一，也就是概念统一……统一军语不仅是为了便于学术研究，更重要的是为了在运用时特别是在作战时不致因产生误解而出乱子。”[②]刘伯承元帅指出：“在军事上一字之差也

① 中共中央宣传部编：《习近平总书记系列重要讲话读本（2016 年版）》，北京：学习出版社、人民出版社，2016 年版，第 244 页。

② 叶剑英：《深入开展全军军事科学研究工作（一九五九年七月二十二日）》，中共中央文献研究室、中国人民解放军军事科学院编：《叶剑英军事文选》，北京：解放军出版社，1997 年版，第 397-398 页。

会死很多同志，甚至影响战斗的成败。”①中华人民共和国成立后，我军综合性《军语》编纂坚持以服务军队作战和训练为宗旨，突出对作战、训练用语的规范，发挥军语统一军队认知、协调部队行动的重要作用，逐步走向规范化、制度化、常态化轨道。例如，“编写一本全军通用的，以诸军兵种协同作战、训练为主的，以及政治工作、管理教育方面的常用《军语》”就是1972年版综合性《军语》编纂组织机构提出的目标并按此付诸实践的。

二、针对时代发展变化，推进内容、形式不断创新

根据形势任务的发展变化特别是国防和军队建设的迫切需要，在《军语》内容和形式上敢于突破、有所创新、不断发展，是我军综合性《军语》编纂的一个基本经验。中华人民共和国成立后的60多年(注：此外指1949～2013年)，建立了具有中国特色的国防和军队领导体制，武装力量规模结构得到不断优化，我军由单一军种的军队发展成为诸军兵种合成、具有一定现代化水平并开始向信息化迈进的强大军队，建立起完整的国防科技和国防工业体系，创造了适应中国国情的人民战争战略战术，优化了军队体制编制，提高了后勤和装备综合保障能力，形成了较为完备的军事法规体系，等等。在各个历史时期，中国共产党都根据形势任务的发展变化，及时提出我军建设的明确目标要求。所有这些发展变化，都在历版综合性《军语》的内容和形式中得到了不同程度的体现。形势任务的发展变化，推进了我军综合性《军语》编纂工作不断向前发展。例如，2011年版《中国人民解放军军语》新增“作战（综合）”“危机与突发事件处置”等6个类目，新增4000余条词目，这些新增词目鲜明体现了党的军事指导理论的创新发展，反映了拓展和深化军事斗争准备的迫切需要，展示了军事理论和军事技术的崭新成果。所有词目均标注了英文译名并增设了英文译名索引，这在历版综合性《军语》的编纂历史上是第一次。同时还首次研制了光盘版。

三、围绕《军语》重要作用，全面提高其品牌质量

坚持质量第一，打造《军语》品牌是我军综合性《军语》编纂一以贯

① 杨国宇、陈斐琴编：《刘伯承用兵录》，北京：战士出版社，1982年版，第123页。

之的经验做法。《军语》是权威性、法规性军事术语集，特别是全军统一使用的综合性《军语》是由中央军委批准颁发的。《军语》为科学界定军事概念、统一军队认知提供了权威依据，为准确表达意图、顺畅协调部队行动提供了基本遵循，为提高工作效率、实现集中统一提供了重要规范，对于加强战备建设、作战指挥、教育训练和部队管理，提高部队革命化现代化正规化建设水平具有重要作用。在综合性《军语》编纂过程中，军事科学院和全军各有关单位都牢固树立质量第一的意识，一是严格依据标准抓质量。以编纂法规为依据，坚持编纂的政治标准、学术标准、技术标准，妥善处理好政治性、政策性、法规性、学术性和保密等有关问题，确保编纂成果的政治质量、学术质量、技术质量。二是认真依照程序促质量。切实落实框架设置、词目选收、释义撰写、审稿定稿等各个编纂工作的程序及相关要求，精心“编框”、精心收词、精心撰写、精心编审，把质量要求贯彻到编纂工作的全过程和各领域、各环节。三是紧紧依靠专家保质量。注意选聘具有较高政策和理论水平、较高学术造诣，精通编纂业务的知名和权威专家参与编纂工作，充分发挥专家作用，研究解决编纂工作中的重要学术性问题，协助把好质量关。通过数十年的不懈努力，逐步把《军语》打造成了我军的优势品牌。

四、着眼编纂特点，实施合力攻关

依靠全军的力量集智攻关是我军综合性《军语》编纂的法宝。综合性《军语》编纂涉及军事各领域，是一项全军性的工作，需要在中央军委、总部的关心指导下，集中全军各有关单位的智慧和力量，实施合力攻关。从实践看，紧紧依靠全军各有关单位，实行“小核心大外围”的工作模式，是我军综合性《军语》编纂的一条成功经验。每一次全军统一使用的综合性《军语》的编纂，都得到了中央军委和总部的重视、关心和指导，都有各军兵种及科研院所、军事院校等全军各有关单位的积极参与，都凝结了军队作战和建设的理论、实践经验。在综合性《军语》的具体编纂过程中，全军各编纂单位认真贯彻中央军委的决策指示，严格执行全军军语编纂领导（管理）机构确定的“统一领导、全军动手、专业对口”的工作方针和服务备战打仗、坚持质量第一、适应时代发展等编纂原则，以对军队作战和建设高度负责的精神，进行周密计划、科学调配，做到任务明确、责任落实，坚持专业对口、分工协作，实施优势互补、合力攻关，倡导无私奉献、辛勤劳动，协调一致地开展工作，圆满完成了各项编纂任务，共同携手为军语品牌增光添彩。

（原文发表于 2013 年 12 月）

军事科学名词审定与系列《军语》编纂的异同

根据中央军委批准的《军事科学名词审定工作实施纲要》和《全军军语系列化建设实施纲要》，军事科学名词审定工作和系列《军语》编纂工作在全军各有关单位全面展开，由此出现的相关学术问题需要认真加以思考，妥善研究解决。其中，了解和掌握这两项工作的异同，对于消除参加审定和编纂的单位、人员认识上的一些困惑，顺利实施审定和编纂，减少重复劳动，提高工作效率，进而圆满完成中央军委赋予的重要科研任务，具有十分重要的现实意义。

探讨军事科学名词审定与系列《军语》编纂的异同，首先要搞清楚什么是“名词”，什么是“术语”。在《现代汉语词典》中，“名词”的其中一解是指“术语或近似术语的字眼（不限于语法上的名词）”，“术语”是指“某一学科中的专门用语”[①]。因此，从这个意义上说，名词和术语是可以画等号的。依此类推，军事科学名词也就等同于军事术语。军事科学名词是国务院授权全国科学技术名词审定委员会（以下简称全国科技名词委）公布的，具有权威性和约束力的军事专业术语。军语是军队在作战、训练及其他工作中统一使用的规范化军事用语，是全军官兵全员使用、履职使用的标准用语。综合性《军语》由中央军委批准颁发全军施行，军兵种《军语》和专业《军语》由各编纂牵头单位审定后，全军军语管委会审批印发。两者都具有权威性、法规性、系统性。从总体上说，军事科学名词审定和系列《军语》编纂都属于军语工作，两者的特点大同小异。

一、相同之处

军事科学名词审定和系列《军语》编纂有许多相同之处，主要体现在以下八个方面。

---

① 中国社会科学院语言研究所词典编辑室编：《现代汉语词典》第6版，北京：商务印书馆，2012年版，第906页、第1210页。

（1）两者的工作来源基本相同。军事科学名词审定和系列《军语》编纂，都是中央军委赋予全军各有关单位的重要科研任务。经中央军委批准，中央军委办公厅于 2012 年 11 月印发了《军事科学名词审定工作实施纲要》和《全军军语系列化建设实施纲要》，向全军各有关单位明确了编纂任务。

此外，军事科学名词审定工作任务的直接来源是国务院授权全国科技名词委，商请中央军委领导批准，委托军队有关单位实施的。全国科技名词委于 1985 年经国务院批准成立，是代表国家进行科技名词审定、公布的权威性机构。因此，该项工作还是国家赋予的。

（2）两者的工作性质相同。军事科学名词审定和系列《军语》编纂的工作性质相同，都是军语工作的重要组成部分，都是规范性工作，即规范军事科学名词（军事术语）的名称，编写释义。同时，也都是研究性和协调性的工作。

（3）两者的工作目的基本相同。军事科学名词审定和系列《军语》编纂，基本目的是统一军队认知、协调部队行动。总体上都是服务强军目标，服务国防、军队建设改革和军事斗争准备，推动军事科学繁荣发展。

军事科学名词作为国家科技名词体系的重要组成部分，其审定工作同时对于促进国家的科技进步、经济和社会发展、文化传承，以及维护民族团结和国家统一，广泛开展国际科技交流与合作，发挥着不可替代的重要作用。

（4）两者的工作组织形式基本相同。军事科学名词审定和系列《军语》编纂，都是在全军军语管委会的统一领导下进行的。其中，军事科学名词审定工作还需要在全国科技名词委及其事务中心的指导下，由全军军语管委会办公室具体组织协调全军各有关单位共同完成。各审定和编纂单位要成立相应的审定和编纂领导机构，建立并组织由权威的专家、学者组成的审定和编纂队伍来完成任务。

（5）两者的工作程序基本相同。军事科学名词审定和系列《军语》编纂，都基本按照以下工作程序运作：成立审定（编纂）组织、制定审定（编纂）方案、确定类目（分支学科）框架、选词定词、组织撰写、征求意见、组织审稿、定稿报批、出版报批（批准公布）等。

（6）两者的工作要求基本相同。军事科学名词审定和系列《军语》编纂涉及军队作战和建设的方方面面，涉及军事、政治、后勤、装备工作，涉及各军兵种，同时涉及各专业领域和军事科学各主要学科，是庞大复杂的系统工程，是全军性的重要工作。《军事科学名词审定工作实施纲要》和《全军军语系列化建设实施纲要》都明确提出，把质量第一的要求贯穿到整个审定和编纂工作中，必须遵循一定的规范，以确保权威性、法规性，打造精品力作。同时，要团结协作、密切配合，形成整体合力。为确保质量，全国科技名词委制定了《科学技术名词审定原则及方法》，全军军语管委会制定了《军兵种〈军语〉、专业〈军语〉编纂工作实施方案》《系列〈军语〉编纂体例》，对审定和编纂工作提出了进一步的要求。

（7）两者的工作完成时间基本相同。军事科学名词审定和系列《军语》编纂，按照实施方案和工作计划，都应在规定的时间完成编纂任务。

（8）两者的工作成果形式基本相同。军事科学名词审定工作和系列《军语》编纂工作的成果形式都是分门别类正式出版的军事名词书（军事术语集）。

略有不同的是军事科学名词各学科分册由全国科技名词委统一组织出版，成果规模为16开本；系列《军语》中的军兵种《军语》、专业《军语》各分册由全军军语管委会统一协调出版，成果规模为大32开本。

二、不同之处

军事科学名词审定和系列《军语》编纂也有若干不同之处，主要体现在以下三个方面。

（1）两者的框架体系有些不同。军事科学名词框架体系主要参照军事科学的学科体系划分，即侧重从学科的角度编制；系列《军语》框架体系大体按照工作职能划分，侧重从专业领域（部门工作）的角度编制。

（2）两者的收词范围有些不同。军事科学名词主要按学科范围划分，收词范围相对小一些，收词数量相对精一些（每个学科平均约2000条），学术特色更浓一些；系列《军语》基本上按军兵种或专业领域（部门工作）划分，收词范围宽一些，收词数量多一些（有些要多收3000～6000条），职能特色更强一些。

此外，按照各自的审定（编纂）体例要求，军事科学名词不配随文图表；系列《军语》需要配随文图表，即有些词条需要通过图表辅助说明文字。

（3）两者的保密程度完全不同。军事科学名词属于国家科技名词体系，将按学科分集公开出版，在社会上发行，不涉密；系列《军语》属于军队的军语体系，在军内发行使用，有一定的保密性。这也就是说，有些只能在军内使用的军语不能放在军事科学名词之中。

三、正确把握两者的异同开展工作

把握军事科学名词审定和系列《军语》编纂的异同，目的是使这两项工作做到相互结合、相互容纳、相互借鉴，以按时高质量完成国家和中央军委赋予的这两项重要科研任务。

（一）应相互结合展开工作

按照《军事科学名词审定工作实施纲要》和《全军军语系列化建设实施纲要》明确的审定（编纂）单位和任务，中央军委、四总部机关有关职能部门和全军部分科研院所、军事院校同时承担了军事科学名词审定和系列《军语》编纂任务。在任务重、难度大、时间紧、要求高、人手少、协调工作多等情况下，需要全军各有关单位在了解掌握这两项工作的特点和异同的基础上，周密计划、统筹协调。可以考虑把两者工作相同的部分结合起来，用同样严格的工作标准和要求，同时部署、同时落实、同时检查验收。

（二）应相互收录部分词条

军事科学名词除了收录极具学科特点、理论特色的词条外，系列《军语》除了收录极具职能特点、专业特色的词条外，两者有不少可以共同收录的词条，而且如无特殊情况和特殊要求，其释文内容都应当一致。这就是说，把握军事科学名词审定和系列《军语》编纂的异同，可以使全军各相关单位在组织两者词条的撰写和审稿时，对于相同部分的词条，只需其中一方撰写并审稿即可，以尽可能做到军语资源共享，从而避免一些重复劳动，减少人力、财力及物力等的浪费。

（三）应相互借鉴工作经验

军事科学名词审定是一项在全军军语工作历史上首次开展的工作，系列《军语》编纂工作对参加的大多数单位来说也是第一次。在新的形势下面对新的军语工作任务，在把握军事科学名词审定和系列《军语》编纂异同的基础上，需要在审定和编纂实践中，认真总结这两项工作的有益做法和成功经验，从中获得借鉴，进而继续研究探索两者的共同特点，把握各自的特殊规律，促使两项工作相互促进、各自扬长补短，圆满地完成国家和中央军委赋予的任务，更好地推进全军军语事业的可持续发展。

（原文发表于2014年4月）

改革开放与我军《军语》的发展变化

改革开放40年，是国防和军队建设步入快速发展轨道、取得辉煌成就的40年。《军语》伴随着军队改革发展波澜壮阔的进程，经历了从薄到厚，从单一版本到全本、简本，从纸质版到光盘版，从综合性到军兵种、专业性，从一本到系列化的发展变化，对于实现军事思想知行合一，确保军事行动协调一致，推进军队建设正规统一发挥了重要的基础支撑作用。在此进程中，军语工作积累了丰厚的历史经验，也给我们提供了若干现实启示。

一、改革开放40年我军《军语》的发展变化

（一）改革开放后编纂出版的首部《军语》——1982年版《中国人民解放军军语》

1979年，根据改革开放军队工作开创新局面和适应我军现代化、正规化建设的需要，军事科学院向中央军委呈报了增修1972年版《军语》（军内试行本）的请示。同年3月8日，中央军委批复同意并确定：增修工作仍由军事科学院负责组织，并由各总部、各军兵种、国防科委、国防工业办公室、军事科学院、中央军委直属各学院分别承担有关部分的增修任务。根据中央军委指示，军事科学院组织协调包括上述单位及南京、石家庄高级陆军学校，大连、西安、桂林、昆明陆军学校，沈阳军区司令部等全军近40个单位共同增修1972年版《军语》（军内试行本）。军事科学院的增修工作确定由一名副院长分管，成立由该院战争理论研究部12名成员组成的军语课题组。1979年5月15日，军事科学院组织召开军语增修工作第一次协作会议，同年10月4日，向各编修单位发出《关于增修〈军语〉的工作安排》的通知，对各项增修工作做出具体部署。经过两年多的共同努力完成增修任务。1982年1月，该版《中国人民解放军军语》经中央军委

批准，首次由总参谋部、总政治部、总后勤部联合印发全军试行。1982年版《中国人民解放军军语》，是在我军进行工作重点转移和军队建设指导思想战略性转变，开始以现代化为中心的全面建设的新形势下诞生的，是改革开放后我军的首部综合性《军语》。该版《中国人民解放军军语》第一次比较全面系统地规范了军队作战和建设所需要的军事术语，设置了26个类目，5227条词目，共61.2万字；增设了“轻武器”等8个类目，增加了关于局部战争、遏止战争和军事科技等方面的词目3879条。此外，还编制了词目笔画索引。

（二）首次分为全本和简本的1997年版《中国人民解放军军语》

1989年4月，为保持军语的统一和使用上的规范，保证我军革命化、现代化、正规化建设的顺利实施，军事科学院向中央军委呈报了再次增修《中国人民解放军军语》的请示。同年8月，军事科学院计划组织部向中央军委办公厅报送了《关于编纂〈军语〉增补本问题》的报告。根据中央军委领导、总部指示和中央军委办公厅8月16日的批复，军事科学院聘请了各总部、各军兵种、国防科委、军事院校，以及各专业领域科研人员近百人为特约编审人和特约撰稿人，经过3年多的共同努力，于1993年6月完成增补本送审稿。1993年8月18日，军事科学院向中央军委呈报了《建议编纂第三版〈军语〉》的请示，建议对1982年版《中国人民解放军军语》进行一次全面修订，并与已完成的增补本合并编纂成第三版《军语》。中央军委领导批示同意了军事科学院的建议。为加强对编纂工作的领导，军事科学院成立了《军语》编纂领导小组。同时成立了由战略研究部10名成员组成的编纂组，特约编审人包括38位专家。在编纂过程中，多次征求中央军委、总部有关职能部门，军兵种领导机关，大军区及有关部队、院校、科研机关等近百个单位的意见，反复修改、完善，于1997年6月完成全部编修工作。同年9月，该版《中国人民解放军军语》经中央军委批准，总参谋部、总政治部、总后勤部联合颁发全军施行。该版《中国人民解放军军语》在历版综合性《军语》中第一次分全本和简本两种版本，简本由从全本中精选出的2141条合成军队基层官兵常用词目编成。全本发团级以上单位，简本发营以下分队。1997年版《中国人民解放军军语》为适应新时期我军建设需要，在研究十多年国内外形势、现代战争、科学技术、国防与军队建设等客观情况发展变化的基础上，增收了大量新出现的并已相对稳定的词目，在分类上根据新的情况进行了必要的调整和修改，设置了 29 个类目，6562 条词目，共 82 万字。该版《中国人民解放军军语》的释文和配图也根据新情况进行了较大幅度的增加、补充和修改。其中配图表 182 幅，同时增设了词目拼音索引。

（三）首次推出光盘版的 2011 年版《中国人民解放军军语》

2007 年 3 月，根据新军事变革的深入推进和军队信息化建设的快速发展，1997 年版《中国人民解放军军语》已不能满足新的军事实践需要，军事科学院向中央军委呈报了《关于修订 1997 年版〈军语〉的有关事宜》的请示。同年 5 月，经中央军委批准，中央军委办公厅专门下发通知，明确了修订 1997 年版《中国人民解放军军语》的任务。为了加强对军语编修工作的领导，中央军委同时批准成立全军军语工作的常态化管理机构——全军军语管委会。2008 年 2 月 14 日，全军军语管委会第一次会议召开，会议部署了修订 1997 年版《中国人民解放军军语》的任务，标志着编修工作正式启动。四总部、各军兵种、军事科学院等所属 34 个有关单位 700 多名专业人员参与了编修。全军 34 个编纂牵头单位各推荐一名专家，组成 2011 年版《中国人民解放军军语》编修专家组，参加审稿把关。在编修过程中，坚持以毛泽东军事思想、邓小平新时期军队建设思想、江泽民国防和军队建设思想、胡锦涛国防和军队建设思想为指导，围绕贯彻落实主题主线重大战略思想，着眼全面履行新世纪新阶段我军历史使命需要，着眼国防和军队现代化建设需要，编修具有我军特色、体现时代特征的权威性和法规性 2011 年版《中国人民解放军军语》。2011 年版《中国人民解放军军语》注重在继承的基础上创新发展，注重科学系统、准确实用，注重统筹协调、集智攻关，注重与军事法规和国家标准的有机衔接。2011 年 11 月，编修工作全部完成。同年 12 月，该版《中国人民解放军军语》经中央军委批准颁发全军施行。2011 年版《中国人民解放军军语》仍保持综合性、通用性为主的特色，在 1997 年版《中国人民解放军军语》基础上，根据军事实践的新发展和现实需要，设置 26 个一级类目，收词 8587 条，共 105 万字，配图表 195 幅。其中，新增“作战（综合）”“危机与突发事件处置”等 6 个类目约 4000 余条词目，这些新增词目鲜明体现了党的军事指导理论的创新发展，反映了拓展和深化军事斗争准备的迫切需要，展示了军事理论和军事技术的崭新成果。所有词目均标注了英文译名并增设了英文译名索引，这在历版综合性《军语》的编修史上是第一次，并首次组织研制了《军语》光盘版，使之成为我军历史上第一部电子版《军语》。

（四）军队深化改革期间编纂出版的《深化国防和军队改革重要用语释义参考》

2014年9月，随着深化国防和军队改革研究论证工作广泛深入推进，为解决改革研究论证工作中的一些新举措、新概念理解上存在分歧，一些重要用语的使用有待进一步规范等问题，中央军委深化国防和军队改革领导小组办公室赋予全军军语管委会办公室牵头负责《深化国防和军队改革重要用语释义参考》编纂的任务，并明确四总部、军事科学院和武警部队有关部门参与编纂。经过数月共同努力、集智攻关，圆满完成编纂任务。该释义参考以深化国防和军队改革研究论证工作中需要统一规范使用的重要用语为主体编纂而成。2015年2月，中央军委习近平主席批准颁发《深化国防和军队改革重要用语释义参考》。

二、改革开放40年我军军语工作的历史经验

（一）跟上军队改革步伐，推进军语内容、形式的不断创新

根据形势任务的发展变化，特别是适应国防和军队改革发展的迫切需要，在《军语》内容和形式上敢于突破、有所创新、不断发展，是改革开放40年来我军军语建设的一个基本经验。在改革开放的历史大潮中，我军适时进行军队建设指导思想的战略性转变，以现代化建设为中心，以提高战斗力为核心，走精兵、合成、高效的质量建军道路；以新时期军事战略方针为统揽，以建设信息化军队、打赢信息化战争为目标，不断推进以信息化为核心的中国特色军事变革；国防和军队改革取得历史性突破，形成军委管总、战区主战、军种主建新格局，我军组织架构和力量体系实现革命性重塑，强军兴军开创新局面。在各个历史时期，我们党都根据形势任务的发展变化，及时提出我军建设的明确目标要求。所有这些发展变化，

都在历版综合性《军语》、军兵种《军语》和专业《军语》的内容、形式中得到不同程度的体现。军队改革发展的不断变化，推进了我军军语建设逐步向前发展。

（二）根据职能使命需要，突出备战打仗用语的规范统一

为提高部队战斗力服务，始终是我军军语建设的出发点和落脚点。战争是“国之大事”，军队的基本使命就是准备和实施战争。习近平主席提出的“能打仗、打胜仗”[①]，反映了军队履行职能的根本要求，是军队的头等大事。改革开放40年来，我军军语建设坚持以服务军队作战为宗旨，突出对备战打仗用语的规范，发挥军语统一军队认知、协调部队行动的重要作用，逐步走向规范化、制度化、常态化轨道。无论是综合性《军语》编纂，还是军兵种和专业《军语》编纂，都把备战打仗用语作为重要内容。例如，1982年版《中国人民解放军军语》，适应合成军队作战和训练需要，扩充了与合同作战有关的用语。又如，2011年版《中国人民解放军军语》8587条词目，一共使用汉字1454个，出现次数大于1000次的只有一个字——“战”（1279次）。

（三）立足军语功能定位，注重我军优势品牌的质量第一

军语具有权威性、规范性、强制性等法律属性。综合性《军语》是经中央军委主席批准颁发全军统一使用的规范化、标准化军事术语集，为科学界定军事概念、统一军队认知提供了权威依据，为准确表达意图、顺畅协调部队行动提供了基本遵循，为提高工作效率、实现集中统一提供了重要规范，对于加强战备建设、作战指挥、教育训练和部队管理，提高部队革命化、现代化、正规化建设水平具有重要作用。基于军语的功能定位，坚持质量第一、打造《军语》品牌是我军军语建设一以贯之的经验做法。改革开放40年来，无论是综合性《军语》编纂，还是军兵种和专业《军语》编纂，全军各有关单位都牢固树立质量第一的意识，以编纂法规为基本依据，提高编纂工作的规范性；坚持政治、学术、技术标准，确保编纂成果

① 中共中央宣传部编：《习近平总书记系列重要讲话读本（2016年版）》，北京：学习出版社、人民出版社，2016年版，第244页。

的政治、学术、技术质量；认真物色撰写、审稿专家，严格把好各个质量关口，在编纂出版过程中精心组织、精心撰写、精心编审、精心出版，使《军语》逐步成为我军的优势品牌。1997 年版、2011 年版《中国人民解放军军语》因此分别获得了中国人民解放军军事科研优秀成果特等奖和军事科学院军事科学优秀成果奖特别奖的殊荣。

（四）着眼《军语》编纂特点，实施集中全军智慧的“联合作战”

军语工作是一项涉及领域广、参与单位多、工作周期长、标准要求高的庞大复杂的系统工程，包括军队作战和建设的方方面面，涉及各专业领域和诸多知识门类。依靠全军各有关单位的智慧和力量集智攻关，实施“联合作战”，形成整体合力，是我军军语建设的一大法宝。从改革开放 40 年军语工作的实践看，紧紧依靠全军各有关单位，实行“小核心大外围”的工作模式，是我军军语建设的一条成功经验。无论是综合性《军语》编纂，还是军兵种和专业《军语》编纂，都得到了中央军委机关的重视、关心和指导，都有中央军委机关、军兵种，以及军队院校、科研院所等全军各有关单位的积极参与，都凝结了军队建设和作战的理论、实践经验。例如 2011 年版《中国人民解放军军语》的编纂，就是在全军军语管委会的统一领导下，充分发挥全军各编修单位的积极性、主动性、创造性，考虑军兵种部队建设实际，兼顾机关、部队、院校的研究资源，着眼军事、政治、后勤、装备的各个领域，合理分配相关编修任务，通过周密计划、科学调配，做到分工负责、密切协作、优势互补、全军动手、合力攻关，圆满完成了编纂任务。

三、改革开放 40 年我军《军语》发展变化的现实启示

（一）开发跟踪新的概念，做好我军常用军语的适时更新

体现创新性、时代性，是我军军语发展的本质要求。应面向战场、面向部队、面向未来，充分运用现有全军军语工作管理机制，学习借鉴外军军事概念开发的有益经验，认真搞好顶层设计，注重开展理技融合，开发、跟踪新军事概念，走好自主创新之路。一方面，应加强对新军事概念特别

是新作战概念的研究和开发，把原始作战概念研发作为作战理论、军事技术创新和理技融合的切入点，抓住影响未来战争形态的难点、重点和热点，从现有作战理论中挖掘新概念，从训练实践经验中提炼新概念，使其与未来信息化战争、智能化战争相适应；另一方面，应借鉴转换源自外军的相关军事概念，紧密跟踪创新动向，逐步构建和完善我军军事概念开发机制。与此同时，随着国防和军队改革向纵深推进，大量具有改革特色，涉及新体制、新职能、新使命的基础、常用、重要的新军事概念不断涌现，需要运用军语常态化工作机制，本着时效明确、来源可靠、科学规范的基本原则，严格梳理规范、做好适时更新、及时稳妥颁布，从而为军队作战、建设和改革提供重要基础性支撑。

（二）着眼适应改革发展，构建具有我军特色的军语体系

体现系统性、专业性，是我军军语发展的学科要求。进入新时代，习近平主席明确提出“打造具有中国特色和国际视野的军事学术话语体系”①“构建具有我军特色、符合现代战争规律的先进作战理论体系”②“加强新概念研究”③等一系列新要求，为新时代推进我军军语工作提供了行动指南。军语工作作为实现强军目标的一项重要基础性工作，坚持依法治军、从严治军的一项实践性很强的工作，推动国防和军队改革发展的一项具有牵引作用的创新性工作，需要准确把握军事发展的新趋势，积极适应深化改革的新变化，努力打造满足打赢未来信息化、智能化战争和履行使命任务要求的军语体系，积极构建与军事斗争准备实践相适应的军语体系，充实完善具有我军特色、适应时代发展的军语体系。应在现有成果的基础上，尽快启动新一版《中国人民解放军军语》编纂工作。与此同时，做好正在深入展开的 19 部军兵种、专业《军语》和 15 部军事科学学科名词集的编纂工作，努力构建一个适应改革发展的多方位、多领域的军语体系。

---

① 王士彬：《习近平向军事科学院国防大学国防科技大学授军旗致训词出席座谈会并发表重要讲话》，《解放军报》，2017-07-20（2）。

② 王士彬、安普忠、梁鹏飞：《习近平在军委联合作战指挥中心视察时强调 抓住改革机遇 锐意开拓创新聚力攻坚克难 加快构建具有我军特色的联合作战指挥体系》，《解放军报》，2016-04-21（1）。

③ 王士彬、曹智、李宣良：《习近平在中央军委改革工作会议上强调 全面实施改革强军战略 坚定不移走中国特色强军之路》，《解放军报》2015-11-27（1）。

（三）坚持编纂使用相结合，加强军语在军事活动中的规范使用

体现规范性、实用性，是我军军语发展的实践要求。军语是实现军事思想知行合一的法律语言载体，确保军事行动协调一致的基本工具手段，推进军队建设正规统一的重要基础支撑。编纂《军语》的目的是为了使用。应高度重视、积极推动军语的规范使用工作，有效解决军语“说起来重要、学起来次要、用起来不要”等问题。一是全员使用。军语是全军通行的“普通话”，全体军人必须使用。要正确领悟军语的语义，全面理解军语的内涵和外延，认真辨析军语的近形和近义，准确把握军语的语境和规则，这是军人的职业要求。二是履职使用。在日常工作中使用军语，是推进工作规范协调的有效保证。按照熟悉本职军语、牢记常用军语、掌握专业军语的原则，全军各级各类指战员要重点学习和掌握适合自己专业需要、与履行日常工作职责密切相关的军语，切实做到学深学透、熟练掌握，真正做到在本职工作岗位上正确地使用本专业军语。三是规范使用。要熟练、规范使用我军统一颁发、正在施行、具有效力的军语，包括中央军委批准颁发全军的现行综合性《军语》，以及军兵种和专业《军语》、军事科学学科名词集等，不得使用过时、陈旧的军语。同时，还要遵循相关军事规则，并避免擅造擅用新词和使用网络语言。

参 考 文 献

[1] 中国人民解放军军事科学院. 1982. 中国人民解放军军语. 北京：战士出版社.
[2] 中国人民解放军军事科学院. 1997. 中国人民解放军军语. 北京：军事科学出版社.
[3] 全军军事术语管理委员会，军事科学院. 2011. 中国人民解放军军语. 北京：军事科学出版社.

（原文发表于 2018 年 10 月）

中华人民共和国成立以来军兵种《军语》编纂的历史回顾

中华人民共和国成立以来，我军十分重视《军语》的编纂和使用，并将其作为军队建设的一项重要的基础性工作。在组织编纂出版 6 版全军综合性《军语》的同时，有关军兵种也组织编纂出版了若干部《军语》。这些军兵种《军语》与其作战和建设任务相适应，与全军综合性《军语》相衔接，不仅满足了各军兵种指战员的需要，同时为各军兵种部队在不同历史时期的联合作战和建设做出了独特的贡献。

一、已步入全军军语系列化建设轨道的《陆军军语》编纂

陆军是我军的重要组成部分，是主要在陆地遂行作战任务的军种，对维护国家主权、安全、发展利益具有不可替代的作用。在中华人民共和国成立以来编纂出版的 6 版全军综合性《军语》中，陆军军语都占有比较重要的地位，收词数量也较多。其中，1951 年版《军语汇编》（初稿）、1957 年版《军语画一》（初稿）和 2011 年版《中国人民解放军军语》都把“陆军”设置为独立的类目。1972 年版《军语》（军内试行本）把陆军的“炮兵”“装甲兵”“工程兵”“通信兵”“铁道兵”等兵种作为独立的类目设置；1982 年版《中国人民解放军军语》把陆军的“炮兵”“装甲兵”“工程兵”“通信兵”“防化学兵”“铁道兵”等兵种作为独立的类目设置；1997 年版《中国人民解放军军语》把陆军的“炮兵”“装甲兵”“防空兵”“航空兵”“工程兵”“通信兵”“防化兵”等兵种作为独立的类目设置。但陆军尚未像海军、空军和第二炮兵（现火箭军）一样，有一部独立成册的本军种《军语》。

2011 年，经中央军委批准的《全军军语系列化建设实施纲要》确定编纂《陆军军语》，由总参谋部军训部牵头组织。这会填补我军军语系列化建设和陆军基础理论研究的空白。总参谋部军训部确定，组织协调四总部有关二级部和南京陆军指挥学院等单位参加《陆军军语》的编纂。2015 年，陆军领导机构成立后，《陆军军语》编纂工作改由陆军参谋部组织。首版《陆军军语》设置："综合""陆军作战·行动·指挥""陆军作战支援·作战保障""陆军建设规划·组织编制""陆军军事训练""陆军部队管理""陆军政治工作""陆军后勤工作""陆军装备工作""陆军科研·实验·数据""陆军动员·后备力量""边海防""步兵""装甲兵""炮兵""防空兵""陆军航空兵""电子对抗兵""工程兵""防化兵""侦察兵""通信兵""特种兵"等 23 个类目，计划收词目约 8000 条，配图表约 200 幅。

二、收录军兵种军语数量最多的《海军军语》编纂

海军是我军的战略军种，是海上作战行动的主体力量，在国家安全和发展全局中占有十分重要的地位。中华人民共和国成立以来，海军组织编修了 1975 年版《海军军语》（试行本）、2006 年版《海军军语》（收词数量居历年出版的军兵种《军语》之首）。根据《全军军语系列化建设实施纲要》的要求，海军将组织编修新版《海军军语》。

（一）1975 年版《海军军语》（试行本）编纂简况

根据中央军委关于尽快统一军语的指示，海军在 1972 年版全军综合性《军语》（试行本）编纂出版后，由海军司令部军训部具体组织编纂了首版《海军军语》（试行本），以统一海军军语的使用和解释，便于作战指挥和战备训练。该版《海军军语》（试行本）设置："兵力组织名称""水面舰艇名称""武器、技术器材""战役战术综合用语""潜艇""海军航空兵""军事训练、舰艇组织""航海、水文气象""船艺""后方勤务"10 个类目，收词目 866 条。1975 年 7 月，由海军司令部印发海军各单位施行。

1975 年版《海军军语》（试行本）的印发施行，填补了《海军军语》编纂的空白，首次规范统一了海军的常用军语。

（二）2006 年版《海军军语》编修简况

随着军事科学的发展和海军建设步伐的加快，为给海军指战员提供统一、规范和易于理解的海军新军语，推动海军革命化、现代化、正规化建设，提高海军指战员的战斗力，适应海军新世纪新阶段履行使命任务的需要，经海军首长和海军司令部批准，自 2002 年 6 月开始，组织修订 1975 年版《海军军语》（试行本）。编修工作由海军司令部军训部牵头，海军司令部编研室组织，海军有关院校、科研单位承担，经历了调研论证、上报、下达任务、制定编修规则和体例规范、拟定词目总表、组织审稿等阶段。该版《海军军语》编纂确定的基本思路如下：一是以全军综合性《军语》的体例规范为基本依据，在词目释文等方面与全军综合性《军语》相衔接。二是以全军和海军的条令条例为依据，词目释文内容不能与条令条例相违背。三是紧密联系海军实际，突出海军特点进行选词和撰写释文。四是坚持继承创新、完整实用的原则，以保证选词和释文的规范性、实用性、前瞻性。五是与当前的海军作战、训练、管理等工作需求相适应，着眼于国际军事发展，并充分考虑与国际海军惯例接轨。

该版《海军军语》设置："综合""海防与动员""海洋法与海战法规""海军法规""海军战略""海军战役""海军合同战术""海军信息作战""海军作战与指挥""海军侦察情报""海军技术观察""海军通信、机要与指挥自动化""海军电子对抗""海军战场建设""海军防化与核安全""海军防旧与损管""军事航海与船艺""海军地理与海洋测绘""海洋水文气象""海军体制编制""海军军事训练与院校教育""海军行政管理""海军政治工作""海军后勤""海军装备工作""海军导弹武器""舰炮武器""水中武器""潜艇与潜艇战术""水面舰艇与水面舰艇战术""海军航空兵与航空兵战术""海军陆战队与陆战队战术""海军岸防兵与岸防兵战术" 33 个类目，收词目 10623 条。2006 年 11 月，经海军批准，该版《海军军语》印发海军各单位施行。

2006 年版《海军军语》的颁发施行，对规范和统一海军军语，在海军战备、训练、管理和国际交流等工作中发挥了重要作用。

（三）新版《海军军语》编修简况

根据《全军军语系列化建设实施纲要》的要求，结合自身实际，海军于2015年启动新版《海军军语》编修工作，尚在编修之中。新版《海军军语》计划收词约8000条、配图表约200幅。

三、发端于空军军语译名统一的《空军军语》编纂

空军是我军的战略军种，是空中作战行动的主体力量，在国家安全和军事战略全局中有着举足轻重的地位和作用。1956年12月，空军司令部发出《关于统一军语问题》的通知，要求统一空军现用的军语译名，并提出“军语译名必须合乎科学含意和原文原意，必须简明易懂，合乎汉语规范”①，由此开辟了《空军军语》编纂的先河。20世纪80年代以来，空军组织编修了1983年版、2012年版《空军军语》。

（一）1983年版《空军军语》编纂简况

1983年版《空军军语》是根据1979年3月中央军委关于增修1972年版《军语》（军内试行本）的指示精神，按照空军作战、训练的实际需要，在完成1982年版《中国人民解放军军语》“空军”类目编修工作后编纂而成的。送审稿由空军司令部、空军后勤部、空军航空工程部分别组织验收，并联合批准颁发试行。参加编写的有空军学院、空军工程学院等13个单位。该版《空军军语》共设置：“总类”“航空兵”“航空技术装备”“飞行”“高射炮兵”“地空导弹兵”“空降兵”“雷达兵”“通信兵”“领航”“飞行管制”“气象”“航空工程工作”“后方勤务”14个类目，收词目1664条，配图表86幅。其中从1982年版《中国人民解放军军语》中收录了“空军”类目和其他有关类目的术语450条。附汉语拼音索引和笔画索引。

1983年版《空军军语》的颁发试行，对规范和统一空军军语，加强空军与全军及其他军兵种，空军各兵种、各系统之间的交流与协调，提高空军部队的战备、训练、工作、科研水平和效率，发挥了重要作用。

（二）2012年版《空军军语》编修简况

为贯彻落实中央军委依法从严治军方针，扎实做好空军军事斗争准备

① 中国人民解放军空军司令部：《关于统一军语问题》，《航空杂志》，1957年第2期。

工作，提高空军各级机关工作水平和效率，保证空军部队作战、训练、管理、保障、科研等方面的统一协调，促进空军全面建设，空军决定重新编修《空军军语》，并于2006年2月启动编修工作。为此，空军专门成立了空军军事术语管理委员会（以下简称空军军语管委会）及空军军事术语管理委员会办公室（以下简称空军军语管委会办公室）。空军司令部、政治部、后勤部、装备部的有关二级部（局）及空降兵第15军参与编修工作。空军机关和有关院校、科研单位的300余位专家学者参加审定工作。空军司令部领导要求新版《空军军语》要成为融空军特色、扬空军风采、引空军发展的重要载体，成为空军新型标准用语的权威规范，成为洋溢时代气息、充分反映空军转型建设的重要见证。据此提出编修工作要突出信息化条件下联合作战的新要求，突出新时期空军作战、训练、管理的特点，使2012年版《空军军语》满足空军各级指挥人员的需要，成为与上级机关、兄弟军兵种协同作战的军事用语规范。空军军语管委会办公室组织开展了选词、定词、撰写、审稿、征求意见等工作，至2012年10月形成终审稿，先后报空军首长和空军军语管委会审定、全军军语管委会审批，于当年12月出版，发行至空军团以上单位和有关基层分队。

该版《空军军语》设置："综合""空军作战·指挥""空军侦察情报""空军军事训练""空军军制·行政管理·动员""空军政治工作""空军后勤""空军装备工作""航空装备·航空理论""航空兵""地空导弹兵""高射炮兵""空降兵""雷达兵""空军电子对抗兵""空军通信兵""空军防化兵""空军地理·测绘""空军气象"19个类目，收词目6227条，配图表157幅，所有词目均标注了英文译名，附英文译名索引和汉语拼音索引。在1983年版《空军军语》的基础上，新增设了"空军作战·指挥"等5个新类目，增加了4500余条适应空军信息化建设和联合作战新特点、新要求的新词目，删除了部分已经陈旧、很少使用的词目。

2012年版《空军军语》是全军军语系列化建设启动以来出版的首部军兵种《军语》。它与2011年版《中国人民解放军军语》相衔接，是空军军事理论、军事技术和军事实践创新发展的重要成果，具有鲜明的空军特色和时代特征。

四、军兵种《军语》中问世最早的《第二炮兵军语》编纂

第二炮兵（现火箭军）是中央军委直接掌握使用的战略部队，是我国实施战略威慑的核心力量，对维护国家主权、安全有着至关重要的地位和作用。中华人民共和国成立以来，第二炮兵组织编修了1972年版《第二炮兵常用军语》（试行本）、1984年版《第二炮兵军语》。2015年，火箭军成立，目前，正在编纂《火箭军军语》。

（一）1972年版《第二炮兵常用军语》（试行本）编纂简况

1972年版《第二炮兵常用军语》（试行本）是第二炮兵领导机关于1966年成立后，在1972年版全军统一使用的综合性《军语》（军内试行本）编纂出版之际，组织编纂的首部《第二炮兵军语》，收词219条，开辟了《第二炮兵军语》独立版本编纂的先河，也是编纂出版最早的军兵种《军语》。

（二）1984年版《第二炮兵军语》编修简况

1984年版《第二炮兵军语》是根据1979年3月中央军委关于增修1972年版《军语》（军内试行本）的指示精神，在参与完成1982年版《中国人民解放军军语》“导弹·核武器·航天器”等有关类目编修工作后，在1972年版《第二炮兵常用军语》（试行本）的基础上，针对第二炮兵武器装备的发展和作战、训练等方面的特点增修而成，由第二炮兵颁发所属机关、部队、院校和科研单位试行。该版《第二炮兵军语》设置：“火箭和导弹”“核武器”“导弹阵地和地面设备”“训练和发射”“作战指挥”“保障”“导弹武器装备论证、试验和定型”“其他”8个类目。该版《第二炮兵军语》收词目913条，较1972年版《第二炮兵常用军语》（试行本）增加694条。

1984年版《第二炮兵军语》是一部比较完整的规范性军兵种《军语》，具有鲜明的第二炮兵特色，切合当时第二炮兵部队的实际和需要。

（三）《火箭军军语》（原新版《第二炮兵军语》）编修简况

为适应第二炮兵建设跨越式发展和加强第二炮兵军事科研的需要，2010 年 4 月，新版《第二炮兵军语》编修工作启动。第二炮兵司令部领导明确提出，《第二炮兵军语》编修工作要高起点展开，高标准实施，高质量完成。为此，第二炮兵专门成立了军语编审委员会和编审办公室，同时成立了军语审修专家组。第二炮兵指挥学院、工程学院、装备研究院、士官学校和第二炮兵司令部、政治部、后勤部、装备部有关二级部参加了编修工作。编修工作在 1984 年版《第二炮兵军语》的基础上，根据 30 年来第二炮兵军事领域的发展变化和部队作战、建设的实际需要，采取“增、留、改、删”的方式进行编修，经历了筹划准备、部署任务、选词定词、释文撰写和初审、二审、三审等阶段。2015 年，火箭军成立，《第二炮兵军语》随之更名为《火箭军军语》。目前，《火箭军军语》正在编纂。

《火箭军军语》设置：“综合”“战备”“作战”“军事训练”“军制 • 行政管理”“政治工作”“后勤保障”“装备保障”“装备技术”“侦察情报”“目标 • 诸元”“测绘 • 导航”“任务规划”“气象 • 水文”“工程 • 伪装”“机要 • 通信”“核军控 • 核安全 • 核生化防护”等 17 个类目，收词目 6400 余条。

火箭军指战员正在期待体现火箭军特色和时代特征、具有权威性和法规性的《火箭军军语》的推出。

（原文发表于 2014 年 9 月）

军语概念体系的框架编制原则

军语概念体系的框架是军语理论形态的系统结构，是组织《军语》编纂工作的重要基础和基本依据。分类合理、层次分明、特色突出的军语概念体系的框架，不仅有利于《军语》编纂工作分工，明确收词范围，而且有助于军语的排列和查找。为确保《军语》编纂工作的规范性和系统性，编制军语概念体系的框架应主要把握以下原则。

一、坚持科学性原则

军语概念体系的框架具有内在的规律性，编制框架必须以科学分类为基础，坚持科学性原则。恩格斯指出，科学分类必须依据其内部所固有的次序分类和排列。《现代汉语词典》对“类”的解释是：“许多相似或相同事物的综合。”[①]军语概念体系的框架用“类目”来构建，就是通过类目，划定军语概念体系的范围，综合集成在性质上彼此相似或相同的词目。一是应按照《军语》编纂的总体方案，勾画结构布局、进行科学分类。成规模、成系统的《军语》编纂，通常都会制定包括编纂的指导思想、总体设计、组织领导、任务区分、工作安排和工作要求等内容在内的总体方案。要以此为依据，认真研究本领域（学科）的特点和编纂工作的内在规律，在深入调研、反复论证的基础上，对框架进行总体设计。二是应按照军语概念体系的基本定位和本领域（学科）的本来面貌，对其外延和内部层次结构进行准确界定。要以科学、紧密的逻辑关系，如属种关系、整体–部分关系、序列关系、联想关系等构建骨架和进行分类，形成本领域（学科）基本概念全部涵盖、领域（学科）边界划定清晰、上下衔接十分紧密的框架。例如2011年版《中国人民解放军军语》的框架，就是经过反复调研、

① 中国社会科学院语言研究所词典编辑室编：《现代汉语词典》第6版，北京：商务印书馆，2012年版，第787页。

科学论证，最终确定设置“综合”“国防”“战争·战略”“作战（综合）”“战役·战役法”“战斗·战术”“危机与突发事件处置”“指挥”“侦察情报”“军事通信·指挥控制系统·电磁频谱管理”“信息对抗”“军事训练”“组织编制”“行政管理”“军事地理·测绘·导航”“军事气象·水文·空间天气”“军队政治工作”“军事后勤”“装备工作”“军事法制”“军事技术”“陆军”“海军”“空军”“第二炮兵”“军事外交”26 个类目（其中，“陆军”类目又下设“步兵”“装甲兵”“炮兵”“防空兵”“陆军航空兵”“工程兵”“防化兵”“特种部队”等 9 个二级类目）。

二、突出实用性原则

编制军语概念体系的框架直接关系到《军语》编纂中的工作分工、收词范围（重点、比例）等问题。因此，编制者应做到：反映实际，便于实施，为了实用。具体而言，反映实际就是所编制的框架应客观反映本领域（学科）的实际状况，有效体现编纂牵头单位的实际需求，同时符合《军语》编纂工作的客观规律。便于实施就是所编制的框架应充分兼顾各编纂参与单位的职能特点、学科特色、工作基础和专业优势，能按照专业对口、相对集中、便于组织协调的原则，有效区分和落实各项编纂任务。也就是说，编制框架强调以科学分类为基础，但还要根据现行的体制编制和单位（部门）的分工实际来确定，因为编纂工作必须有具体单位（部门）来做，这是编制框架需要关注的一个重点问题。例如，2013 年，总参谋部动员部作为《动员工作常用术语》编纂牵头单位，将框架分为“国防动员”“后备力量”“兵役”3 个一级类目，并确定，“国防动员”部分的编纂工作由国家国防动员委员会综合办公室负责，“后备力量”和“兵役”部分的编纂工作则由该部负责。为了实用就是所编制的框架应层次分明、结构合理，概念体系性强，既增强其在编纂工作中的可操作性，做到可行能用，又使之在出版后为使用者快捷地查阅检索军语提供方便，做到明了实用。

三、强化特色性原则

强化特色性是编制军语概念体系的框架的一个基本原则。失去了特色，也就失去了框架的个性。一是要以体现姓“军”为基础。军语是军队在作战、训练及其他行动和工作中统一使用的规范化军事用语，是全军官兵全员使用、履职使用的标准用语。其基本功能是统一军队认知、协调部队行动。军队的实际，直接影响和决定着《军语》的编纂。因此，军语概念体系的框架总体上要以体现中国人民解放军的建军宗旨、战略战术、体制编制、后勤和装备综合保障能力等特色为基础。二是要以突出为“战”为核心。为提高部队战斗力服务始终是《军语》编纂的出发点和落脚点。例如，在编制2011年版《中国人民解放军军语》框架时，就着眼信息化条件下联合作战对军语的需要，新增了“作战（综合）”类目，由此收录了许多用“战”的词目。有学者统计，在该版《中国人民解放军军语》中的8587条词目中一共使用汉字1454个，其中，使用次数大于1000次的只有一个字，即“战”，多达1279次。可见以作战及相关用语为中心，是我军《军语》的鲜明特色。编制框架要切实突出为“能打仗、打胜仗”服务的特色。三是要以展示本色为关键。即展示本领域（学科）的固有特色。不同领域（学科）的框架有不同的具体特点，如在系列《军语》框架编制中，军兵种《军语》有其自身的特色，专业《军语》也有其自身特色。在军事科学名词框架编制中，15个学科框架的编制也不可能是一个模式。例如，空军军语管理委员会办公室在编制2012年版《空军军语》框架时，考虑到其是军种《军语》，主要是满足空军各级指战员的需要，同时兼顾与上级机关、其他军兵种协同作战的需要。因此，该版《空军军语》以坚持空军综合性、通用性为主要特色，根据空军作战、建设的实际需要，按空军专业领域和兵种相结合、兼顾各业务部门工作分工进行分类，并以综合、专业、兵种顺序进行排列。具体设置了“综合”“空军作战·指挥”“空军侦察情报”“空军军事训练”“空军军制·行政管理·动员”“空军政治工作”“空军后勤”“空军装备工作”“航空装备·航空理论”“航空兵”“地空导弹兵”“高射炮兵”“空降兵”“雷达兵”“空军电子对抗兵”“空军通信兵”“空军防化兵”“空军地理·测绘”“空军气象”19个类目。

四、注重创新性原则

编制军语概念体系的框架，必须勇于创新，适应时代发展、军队作战和革命化、现代化、正规化建设对军语的现实需要。具体而言，一是要在继承的基础上发展。军语是在不断的继承中发展起来的。我军历版综合性

《军语》的框架，都是在上一版《军语》的基础上通过深入研究过去军语的使用情况，充分吸纳前人成果的有益成分后编制的，最终形成适合于所处时代需要的军语概念体系的框架。例如，从1951年版《军语汇编》（初稿）的“陆军”“海军”“空军”3篇（类目），到1957年版《军语画一》（初稿）的“陆军”“空军”“海军”“防空军”4个部分（类目）；从1972年版《军语》（军内试行本）的17个类目，到1982年版《中国人民解放军军语》的26个类目；从1997年版《中国人民解放军军语》的29个类目，到2011年版《中国人民解放军军语》的34个类目（含二级类目），精华在发展中延续，数量在变化中增加，框架在继承中创新。二是要以现实需求为牵引。编制新的军语概念体系的框架，必须根据形势任务的发展变化，特别是要着眼于新形势下军队作战和建设对军语的需要。通过框架的编制，体现党在新形势下的重要战略思想和中央军委的战略方针，体现所要面临的新的战争的特点，反映军事领域的新成就和新要求。例如，全军军语管委会办公室在编制2011年版《中国人民解放军军语》框架时，就以创新性为原则，系统梳理中国人民解放军军事理论研究的新成果，努力反映世界新军事变革的新情况，重点总结军队信息化建设和军事斗争准备的新经验，突出体现建设信息化军队、打赢信息化战争的新要求，在框架的总体结构上进行了全面调整，与1997年版《中国人民解放军军语》框架相比，调整合并了12个类目，增设“作战（综合）”“危机与突发事件处置”“装备工作”“军事法制”“军事外交”“陆军”6个新类目。

五、把握规范性原则

《军语》具有法规性质，需要军队指战员在作战、训练及其他行动和工作中强制执行。基于此，军语工作是一项规范性工作，从框架编制到收词定词、撰写定义和审稿修改等都必须遵循一定的规范。因此，在编制军语概念体系的框架时，首先应遵循一定的标准。行有行规，军有军标。要按照国家和军队制定的有关规范和标准，科学构建骨架、准确划定“边界”，克服框架编制的随意性。例如，在研究编制军事科学名词（首批）15个学科的框架体系时，就是参考借鉴了中国军事科学体系一级学科的设置标准：一是军事科学的一个大的独立的理论领域，代表着军事实践的各个主要方向或方面；二是已经形成比较系统和完备的理论体系，并有下属学科作支撑；三是有专职的研究队伍和专门的研究机构，确定了军事思想、军事历史、战略学、战役学、战术学、军队指挥学、军事信息学、军事训练学、军队政治工作学、军事后勤学、军事装备学、军事法学、军事环境学、国防建设学、国际军事学 15 个学科。其次应遵循一定的程序。即采用自上而下或自下而上的方式进行编制。自上而下，就是按照本领域（学科）的已有理论体系和现成分类方法，先编制军语概念体系的框架，然后对军事概念集合中的各个军事概念逐级进行下位归类。自下而上，就是先搜集所需的本领域（学科）的军事概念，之后分析各军事概念的内涵和外延，然后确定各军事概念在军语概念体系中的相互关系及位置，进而构建以军语概念体系为结构的框架。

（原文发表于 2014 年 12 月）

试论军语的定名原则——以“信息通信”为例

2014 年 5 月 30 日，《解放军报》发表一则消息：“总参发布《中国人民解放军信息通信战备工作规定》”，文中提到该规定是“在 1994 年 1 月总参谋部发布施行的《全军通信战备工作规定》基础上制定的”[①]。这不仅标志着贯彻习近平主席“能打仗、打胜仗”[②]的强军目标要求，符合我军在信息化条件下信息通信战备工作需要的新一代军事规章的出台，而且宣告了从“通信”到“信息通信”名称的确定，也表明在此之前全军相关专业领域围绕“信息通信”定名的讨论、研究画上了民主决策的句号。

古人云，名正言顺，名不正则言不顺，言不顺则事不成。定名是军语工作的重点和难点之一，给事物确定一个各方都能接受的合适的名称，能有效地消除混乱，避免歧义，促进信息的有效交流，特别是对部队统一认知、协调行动具有重要作用。“信息通信”的定名是广泛进行调研，充分听取各方面意见，深入进行研究及民主决策的结果，是一个典型的军语定名过程。笔者认为，军语定名应遵循以下原则。

一、准确性原则

军语是军队在作战、训练及其他工作中统一使用的规范化的军事用语，是全军官兵全员使用、履职使用的标准用语，其基本功能是统一军队认知、协调部队行动。作为用来指称军事概念的军语，为了避免误解，更好地表达军事概念，名称的拟定要科学、准确表达概念的科学内涵和本质特征，做到“顾名思义”（此“义”指的就是军语反映的概念），便于理解执行。即军语的名称恰当、规范，含义明确并与名称相对应，这是军语的首要特性。刘伯承元帅曾经指出：“在军事上一字之差也会死很多同志，甚至影响战斗的成败。”[③]随着国防和军队建设的发展，为了确保军语的准确性，应

---

① 《总参发布〈中国人民解放军信息通信战备工作规定〉》，《解放军报》，2014-05-30（2）。

② 中共中央宣传部编：《习近平总书记系列重要讲话读本（2016 年版）》，北京：学习出版社、人民出版社，2016 年版，第 244 页。

③ 杨国宇、陈斐琴编：《刘伯承用兵录》，北京：战士出版社，1982 年版，第 123 页。

当适时更新过时的军语，澄清意义含混或未能反映本质特征的军语。例如，1982 年版和 1997 年版《中国人民解放军军语》都收录了“电子对抗”一词，后来又增加了“网络对抗”及“心理对抗”，到 2011 年版《中国人民解放军军语》，“信息对抗”被首次定名，并涵盖了上述 3 个“对抗”。同理，随着时代的发展、科技的进步和认识的深化，既然“通信”已不能涵盖当前信息化部门和通信部队新的使命任务，就应当更新，用能够准确反映新使命、新任务，具有时代特征的“信息通信”这一军语来替代，做到“名符其义”。

二、单义性原则

单义性体现为“一个概念仅确定一个与之相对应的规范的中文名称。一个概念有多个名称时，应确定一个名称为正名”[①]，专业上称之为“单名单义性”，如“为查明敌情而捕捉敌方人员的行动”这一军事概念，其名称通常有“抓俘虏”“捉舌头”“捕俘”等。但只有“捕俘”才是正名，即规范化的军语。按此原则，“信息通信”在信息化领域尚未发现有其他同义词符合单名单义性要求。同时，单义性指一个军语通常只表达一个其所指称的概念，反过来讲，一个概念也只有一个军语与其对应。据统计，绝大部分军语都是单义的。例如，在 2011 年版《中国人民解放军军语》的 8587 个军语中，单义军语占总数的 98.5%；在 1997 年版《中国人民解放军军语》中，单义军语占比更高一点，占总数的 98.8%。单义性为军语的正确理解和使用提供了良好的条件，特别是部队在执行作战和紧迫的非战争军事行动任务时，指战员对军语的理解不会受到影响。例如，“信息通信”这一军语的概念意义是指以信息网络为基础，进行信息汇聚、传递、交换、处理、存储和控制的活动，而没有其他义项，符合单义性原则。

三、简明性原则

在能明确表意的前提下，军语名称越简洁越好。理想的状态是见词明义、易写易读。军语的词名高度凝练，其字数多在 2～6 个字之间，简短明了，部队指战员不仅易写易读，而且易懂易记、便于使用。据统计，4 个字组成的军语在包括 2011 年版《中国人民解放军军语》在内的历版综合性

① 全国科学技术名词审定委员会事务中心编：《全国科学技术名词审定委员会名词审定工作参考资料》，2016 年版，第 18 页。

《军语》中所占比例最大（40%左右）。由于军事行动目的明确，时间紧迫，军队在拟制军用文书、下达战斗命令时，都要使用大量军语，名称过于繁琐的军语会带来不便，甚至贻误战机。这是军语在形式上的主要特性。基于简明性原则，“信息通信”与同时提出的“网络与信息综合保障”（9个字）、“信息支援保障”（6个字）、“通信、指挥控制系统和电磁频谱管理”（15个字）这3个词相比，形式上更为简洁。

四、系统性原则

为使定名具有系统性，就要遵照学科或领域的概念体系和逻辑相关性，明确军语所指称的概念及其在概念体系中的位置，包括上位概念与下位概念的关系、整体与部分的关系、部分与部分的关系，以及时间、空间、因果关系，定名的逻辑相关性和构词能力，等等。这样，才能确定合适的名称，确保基本概念的名称确定后，能与其派生概念、复合概念的名称相对应。可以说，“信息通信”是一个具有“统领”作用的军语，而且从专业角度讲，因其简短，便于同其他成分搭配构词，因此具有很强的派生性。它的使用，对军队信息化领域的军语构成会产生多米诺骨牌效应。以此为基础和示范，会派生出一系列与之相对应、相衔接的军语。例如，《中国人民解放军信息通信战备工作规定》一经发布，“信息通信部队”“信息通信战备工作”“信息通信战备制度”“军事斗争信息通信准备”“战场信息通信建设”等相关军语随之见诸报端。

五、规范性原则

军语定名的规范性，主要是指定名要符合国家规定的语言文字规范和标准，以及军队的统一标准，符合我国语言文字的特点和构词规律。以“信息通信”的构词为例，按照术语的构成法则，“信息通信”是个合成词组（合成词组的基本类型有偏正词组、联合词组、动宾词组和主谓词组4种）[①]。其中，偏正词组在军语中占绝大多数。由这种方式构成的军语，其中的两个实词是修饰和被修饰、限制和被限制的关系，如“数字通信”“通信业务”等。而联合词组是由意义相同、相近或相对、对立的词联合组成的，两个

---

① 刘青主编：《中国术语学研究与探索》，北京：商务印书馆，2010年版，第222-223页。

词之间的关系是平等并列的，如“维护管理”“政策法规”等。但若把“信息通信”作为联合词组来理解，那就会产生歧义。例如，2011年版《中国人民解放军军语》对“军事通信”的解释是：“简称通信。为保障作战和其他军事任务，运用通信手段进行信息存储、传输、处理和管理的活动。”①按此理解，通信的本质确实就是沟通传递信息。而把“信息通信”作为偏正词组来理解，即把“信息”作为“信息技术主导”“信息化”“信息时代”来理解，修饰“通信”，“信息通信”就可以成立。换言之，“信息通信”可以理解为“以信息技术为手段的通信”的缩略语，就如宇宙航行——宇航，液态晶体——液晶。至于“信息通信”的英译名，坚持科学性（准确简明）和民族性（充分考虑我国、我军文化特色和中文科技术语特性）原则，应用我们想表达的意思进行翻译，而不是用“information and communication”。

六、协调性原则

军语定名的协调性，通俗地讲，就是解决好与外界的“接轨”问题。即有关专业军语的使用应与国内相关领域使用的术语协调一致，与相关领域学科的同一概念的名词协调一致。关于“信息通信”这个术语，目前，虽然全国科技名词委尚未正式公布，但国内信息产业界，特别是国家工业和信息化部系统确实在使用，而且是“刻意在用”“被广泛应用”（工业和信息化部电信研究院权威专家语）。笔者上网查询“信息通信”，就看到一则信息：“工业和信息化部与中国贸促会将于今年9月23～27日在北京中国国际展览中心举办‘2014年中国国际信息通信展览会’”，这就是一个实例。协调性原则还应体现在相关业务部门之间的协调。例如，信息的获取、传输、处理、对抗、应用是一个全过程，涉及军队各个相关业务部门。若同一概念在不同业务部门中名称不一致，就需要经过协调，达成共识，统一定名。

参考文献

[1] 全国科学技术名词审定委员会. 2012. 科技名词审定工作手册（试用稿）.

（原文发表于2014年11月）

① 全军军事术语管理委员会、军事科学院：《中国人民解放军军语》，北京：军事科学出版社，2011年版，第230页。

关于《军语》随文图表编配的若干问题

《军语》随文图表是构成军语（部分）词条的一个基本要素，是《军语》中不可缺少的组成部分。《军语》随文图表设置合理、清晰美观、布局恰当、简明形象、一目了然，是确保《军语》编纂质量、提高《军语》使用效益的一个关键。

一、《军语》随文图表的基本内容及编配目的

《军语》中的“图”是指用以反映词目释文相关内容的线条图，如“行军序列示意图”“海底地貌图”“机场侧净空剖面图”。“表”是指用以反映与词目释文内容相关的数据、符号的表格，如“风力等级表”“云状分类表”“降水等级划分表”。《军语》词目随文图表是（部分）词条的组成要素，是词目释文的反映、补充和拓展，是表达词目释文有关内容的辅助手段，有些用文字难以或无法解释、处理的内容，可以通过图表来解决和体现。《军语》词目随文图表包括线条图和表格两种类型，以线条图为主。

《军语》中的线条图是墨线绘制出来的图形，主要是反映军事活动、军事标志、军事工程、军事技术、武器装备和军事地理现象等的各种示意图、结构图、原理图、平面图和剖面图。

《军语》中的表格采用三线表（顶线、分栏线、底线），主要是反映与词目释文内容相关的数据、符号等。截至目前出版的综合性《军语》所使用的随文表格，主要是反映军事气象水文中气温、风、云、降水及天气现象等有关的数据和符号。

军语的基本功能是统一军队认知、协调部队行动。军语词条编配图表，主要目的就是配合词目释文表述，形象直观地表达有关内容，做到图示其状、表具其详，把用文字难以表达清楚的复杂问题，简单、明了、透彻地体现出来，起到补充文字的作用，便于《军语》使用者方便快捷、正确理

解和接受词目释文的含义，有利于统一认知、协调行动。

此外，词条的随文图表也可以起到装饰《军语》、美化版面的有益作用。

二、历版综合性《军语》编配随文图表情况

中华人民共和国成立以来，在我军编纂出版的6版综合性《军语》中，自1982年版《中国人民解放军军语》开始编配随文图表，此后编纂出版的1997年版《中国人民解放军军语》、2011年版《中国人民解放军军语》均编配了随文图表，大大增强了这些《军语》的生动性、可读性和使用效益。

（一）1982年版《中国人民解放军军语》编配随文图表情况

1982年版《中国人民解放军军语》有17个类目编配了随文图表，共168幅，开创了综合性《军语》编配随文图表的先河。其中，“进攻”类目配图7幅，“军制”类目配图2幅，“情报”类目配图2幅，“电子对抗”类目配图7幅，“轻武器”类目配图8幅，“导弹·核武器·航天器”类目配图6幅，“三防”类目配图1幅，“军事测绘”类目配图25幅，“气象水文”类目配图13幅、表2幅，“海军”类目配图19幅，“空军”类目配图15幅，“炮兵”类目配图18幅，“装甲兵”类目配图5幅，“工程兵”类目配图25幅，“通信兵”类目配图3幅，“防化学兵”类目配图5幅，“铁道兵”类目配图5幅。其中，“军事测绘”类目配图数量最多。

（二）1997年版《中国人民解放军军语》编配随文图表情况

1997年版《中国人民解放军军语》有24个类目编配了随文图表，共182幅。其中，“综合”类目配图2幅，“国防”类目配图1幅，“战役·战役法”类目配图7幅，“战斗·战术”类目配图18幅，“警戒·行军·宿营”类目配图2幅，“组织指挥”类目配图3幅，“体制编制”类目配图2幅，“侦察·情报”类目配图1幅，“电子对抗”类目配图5幅，“国防科技”类目配图3幅，“射击·轻武器”类目配图11幅，“导弹·核武器·航天”类目配图13幅，“海军”类目配图11幅，“空军”类目配图17幅，“第二炮兵”类目配图4幅，“炮兵”类目配图10幅，“装甲兵”类目配图13幅，

“防空兵”类目配图 9 幅，“陆军航空兵”类目配图 1 幅，“工程兵”类目配图 21 幅，“通信兵”类目配图 7 幅，“防化兵・三防”类目配图 4 幅，“军事地理・测绘”类目配图 13 幅，“军事气象・水文”类目配图 9 幅、表 5 幅。

（三）2011 年版《中国人民解放军军语》编配随文图表情况

2011 年版《中国人民解放军军语》有 13 个一级类目、7 个二级类目编配了随文图表，共 195 幅。其中，“作战（综合）”类目配图 3 幅，“战役・战役法”类目配图 6 幅，“战斗・战术”类目配图 6 幅，“军事通信・指挥控制系统・电磁频谱管理”类目配图 3 幅，“信息对抗”类目配图 7 幅，“行政管理”类目配图 9 幅，“军事地理・测绘・导航”类目配图 8 幅，“军事气象・水文・空间天气”类目配图 7 幅、表 7 幅，“军事技术”类目配图 31 幅，“陆军”类目配图 57 幅（“步兵”二级类目配图 1 幅、“装甲兵”二级类目配图 12 幅、“炮兵”二级类目配图 11 幅、“防空兵”二级类目配图 7 幅、“陆军航空兵”二级类目配图 1 幅、“工程兵”二级类目配图 16 幅、“防化兵”二级类目配图 9 幅），“海军”类目配图 23 幅，“空军”类目配图 24 幅，“第二炮兵”类目配图 4 幅。

三、《军语》编配随文图表的原则和要求

《军语》编配的随文图表首先要姓“军”，即突出军事特色、服务编纂目的。在编配过程中要确保质量，视图表质量与词目释文同等重要，达到学术与视觉相统一、严谨性与高质量相结合。编配的总体原则和要求是必要性、规范性、直观性。

（一）必要性

编配随文图表是《军语》编修过程中一项不可或缺的工作，是达成《军语》有关词目释文内容形象、直观的重要手段，能够起到增强《军语》生动性、可读性的作用。应在选词定词、编制词目表时统一筹划，视有关词目的内容需要编配随文图表，将所编配图表的数量及时确定下来、标注出

来，并在力量投入（指定专人负责编配图表工作，聘请专业人员绘制、审查编配图表）、经费保障上予以关注和支持。

（二）规范性

编配《军语》词目随文图表应规范、科学、主题鲜明。线条图应按国家和军队制定的有关标准绘制，标准中未明确的，按本专业通用标识方法绘制，做到简洁清晰、位置关系准确、线条流畅美观。绘制的粗、细实线和虚线及点画线分明，线条连接准确，比例适当，图幅大小与版面相适应。每幅图都要有与图面内容相符，准确、精炼表述图面的图题，图题通常置于图的正下方。图面内如有需要说明的项目、符号等，应加图注。图注也应准确、简明、易懂。图题、图注的字体、字号应按照有关规定规范。电子原稿的线条图应采用矢量图（具有可任意放缩而不影响质量、能随时编辑、占用储存空间小等优点）的方式。

表格由表题、表头、分栏线、表文及表注组成。表格设计应科学、合理、紧凑、清晰、美观，幅面不宜太大。表头须精练；表文要准确、规范、简洁，字距、行距的排列应一致，文字结尾处不使用句号；表注不宜过多，应能准确、系统、直观、清晰地反映有关的数据和符号等内容。表题、表文、表注的字体和字号的使用也应符合有关规定。

若选用以前绘制的一些线条图和表格，要认真核对，不准确之处应予以订正。

（三）直观性

编配词目随文图表应注重其表现力和感受力。词目随文图表的功能在于其视觉特性，它可以把文字不便于表述的词目释文内容，形象而直观地显示出来，易于为《军语》使用者理解和接受。它还可改善《军语》版面的整体视觉效果。因此，设计词目随文图表特别是线条图时，应完整地表达主题，保持图面视觉平衡，使整个图形的表示产生视觉的明显性，突出图形，有良好的线条轮廓等，清晰美观、一目了然，努力提高图的表现力和感受力，做到科学性、专业性、艺术性和直观性的最佳结合，使《军语》使用者在看图时有一个清晰、易懂的视觉感受效果。

四、《军语》编配随文图表的工作程序

（一）确定框架

根据《军语》编修工作的指导思想和部分词目释文的编配图表需要，各编纂牵头单位在编制词目表的同时，拟制编配随文图表的具体框架（无需单列，编制、标注在词目表中即可）和数量，报全军军语管委会办公室审定。

（二）组织绘制

由各编纂牵头单位和参编单位选聘专业绘图人员，按照编配随文图表的有关要求、工作标准和技术规范，使用计算机技术，绘制线条图和表格。

（三）组织审查、修改

要坚持一丝不苟、严谨配图的工作原则，在各个审次中反复审查、修改，做到精益求精。

（1）组织初审。由各编纂牵头单位或参编单位，组织有关绘图专家，按部门和专业分工，对本单位编配的随文图表进行初审，首先对照词目释文审查是否图文一致，同时审查是否符合编配基本要求，切实把好第一关。之后根据专家意见对随文图表进行修改和增、删调整。

（2）组织汇审。由各编纂牵头单位将各部门专业修改、审定后的编配随文图表汇总，组织有关绘图专家进行审查，研究解决图表是否形象直观且图文一致等问题，并注意审查相关图表之间的内容是否协调。之后根据专家意见酌情对随文图表进行修改和增、删调整。

（3）组织总审。各编纂牵头单位在全军军语管委会办公室的指导和参与下，组织有关绘图专家对汇审后修改的随文图表做进一步的审查修改，之后进行文图编辑加工。

（4）组织终审。各编纂牵头单位编纂委员会组织绘图专家对全部随文图表进行“齐、清、定”的最后审查，符合要求后随词目释文稿报请全军军语管委会审批。

参 考 文 献

[1] 汪继祥. 2004. 科学出版社作者编辑手册. 北京：科学出版社.

（原文发表于 2016 年 1 月）

二、军语研究规范化

军语研究的原则和要求

军语研究是术语研究的重要组成部分，同时也是军事科学研究的一个基本内容。它包括对军语的性质与特征，军语的概念体系、语义规则、语形结构、语用现象、语境规律，军语的产生与发展，军语的功能等基础理论研究；对《军语》的编纂，军语的管理、建设，军语在军队作战和建设中的使用与理解，军语数据库建设等应用问题的研究。习近平主席在哲学社会科学工作座谈会上的讲话中提出，“创新是哲学社会科学发展的永恒主题”“不断推进学科体系、学术体系、话语体系建设和创新”[①]。军语研究作为一个新兴的理论研究领域，在开拓创新过程中需要把握原则、明确要求。

一、坚持党性原则和正确的政治方向

军语研究需要坚持坚定正确的政治方向，围绕强军兴军的根本需求，注重富有内涵的开拓创新，把握质量第一的基本准则，推动学科专家的通力合作。

（一）把握方向

我军军语具有鲜明的政治属性和党性特征。因此，军语研究与政治密不可分，必须坚持党性原则，坚定正确的政治方向。要落实和体现党的军事指导理论特别是习近平强军思想的要求，增强政治鉴别力和敏锐性。要把握时代特征和战略趋向，要分清政治问题与学术问题的界限，正确处理学术争鸣与严格遵守政治纪律的关系，切实做到研究无禁区、学术有纪律，确保军语研究成果不出政治问题，符合政治上明确规定的各项要求。同时要注意保守军事秘密，严格把好保密关。

---

① 习近平：《在哲学社会科学工作座谈会上的讲话》，北京：人民出版社，2016年版，第20页、第22页。

（二）着眼需求

军语研究关系到诠释新军事概念、提炼新军事理论、概括新军事实践，进而关系到现代战争的胜负、军队改革的成效、军队建设的正规统一。习近平主席提出的党在新形势下的强军目标，为我军建设提供了根本遵循。因此，军语研究从宏观上讲，必须着眼实现强军目标需要，着眼军队革命化、现代化、正规化建设和军事斗争准备需要，着眼繁荣发展军事科学需要。从微观上讲，必须着眼《军语》的编纂，着眼军语的使用、管理和建设等诸方面的需要。军语研究只有坚持需求牵引，积极做好理论上和对策上的服务工作，才有存在的价值和意义。

（三）勇于开拓

军语研究是一个需要不断开拓、勇于进取的研究领域，有许多处女地尚需开垦挖掘，有许多理论上的问题尚需明确回答，有许多实践中的问题尚需指导解决。加之军语研究的专业性强、研究力量有限。因此，开展军语研究，要有敢为人先的精神，在认真总结以往我军军语研究经验、注意吸收地方和外军相关研究经验的基础上，在军语的研究内容及研究方法手段等方面积极探索创新，不断推出新的研究成果。

（四）提高质量

军语研究也要讲求质量第一的原则，做到严谨治学、求真务实、精益求精，努力打造研究精品。为此，军语研究的成果应当符合以下基本要求：一是要符合我军建设、改革和未来作战的需要，紧密结合军语工作实际，观点明确，论据充分，资料翔实，要对《军语》编纂、对军语的建设和管理等具有积极的指导作用。二是要有真知灼见，有新思想、新观点、新资料。三是要做到逻辑严谨，表述正确，语法规范，富有文采。

（五）通力合作

军语研究以军事学、术语学、逻辑学、语言学、语义学、辞书学、修辞学等多学科为理论基础支撑，涉及我军军队作战和建设的方方面面，横跨军事科学各主要学科，既有基础理论研究、也有应用理论研究。因此，在一些重点、难点、热点问题的研究上，要有效整合学术资源，充分发扬学术民主，积极发挥各有关单位的科研优势和各方面专家学者的聪明才智，集思广益，协作攻关，适时推出有学术价值和影响力的军语研究成果。

二、处理好基础理论研究与应用理论研究的关系

军语研究要突出重点，妥善处理好基础理论研究和应用理论研究的关系。

（一）正确处理关系

军语的基础理论研究和应用理论研究，是军语研究的两个重要方面，它们相互依托、互相作用、相辅相成。军语的基础理论研究是探索军语工作规律的研究，它为应用理论研究指明方向，提供理论依据和方法。军语的应用理论研究是实用性很强的研究，它是军语基础理论研究的实际应用，是军语基础理论联系军语工作实际的桥梁。在军语研究中，既要重视军语的基础理论研究，也要重视军语的应用理论研究，充分发挥二者对军语工作实践的指导作用，回答和解决《军语》编纂、军语建设和管理中面临的各种实际问题。

（二）突出研究重点

军语研究必须围绕实现强军目标，从规范军事概念、统一全军认知、协调部队行动，为军队建设、改革和未来作战服务的角度考虑问题。当前，要把军语的常态化管理、进行军语更新作为军语应用理论研究的主攻方向和重点，及时跟踪收集和编辑审定颁布国防和军队建设实践中特别是深化国防和军队改革实践中出现的新军事用语，努力实现军语工作与军事实践同步协调发展。同时，要把建立军事术语学学科作为军语基础理论研究的重点，努力探索信息时代学科建设的特点和规律，建立和完善军语的学科体系、学术体系和话语体系。

（原文发表于 2016 年 10 月）

让军语研究星火燎原
——读李苏鸣《军语导论》有感

军语研究包括对军语的性质与特征，军语的概念体系、语义规则、语形结构，军语的产生与发展，军语的功能等基础理论研究；对《军语》的编纂，军语的建设与管理，军语在军队作战和建设中的使用与理解，军语数据库建设等应用问题的研究。军语研究是支撑《军语》编纂的重要基础，然而它在军事科学研究领域是寂寞和艰辛的。在屈指可数的军语研究著作中，李苏鸣同志撰写的《军语导论》是第一部全面系统地研究军语的专著。该书主要依据军事学、术语学和语言学等理论原则，初步构建了军语理论体系框架，重点从语形、语义和语用等视角探讨了《军语》编纂、军语管理和使用的若干问题，同时对武警军语、台军军语等问题的研究独树一帜，具有较高的学术价值和应用价值，堪称当下军语研究领域最具代表性的力作，可谓军语研究领域的燎原星火。这束火也引发了笔者对军语研究现状和未来的思考。

一、军语研究需要投入热情之火

《军语导论》的作者李苏鸣同志是军语研究的业余爱好者，无论是在解放军工作还是在武警部队工作，无论工作岗位怎么变换，他对军语研究始终有着火一般的热情和特殊的情感，坚持业余研究。最初，他是从研究军事语言起步的，早在 1985 年 4 月，就发表了第一篇军事语言研究论文。李苏鸣同志认为，“军事语言的确是一个值得深入探索并具有重要实践意义的研究课题”[①]。此后，他把绝大部分业余时间用于军事语言研究，曾编写出版了《军事语言研究》《毛泽东的语言观》等专著，发表了军事语言研究论文数十篇。随着研究的深入，他逐渐把关注点转向了解放军军语和武警军语研究。

---

① 李苏鸣：《军事语言研究》，北京：人民武警出版社，2006 年版，第 283 页。

军语研究源远流长，但专门化、理论化、系统化的研究自 20 世纪 80 年代初期才起步，军内有关专家学者围绕军语的编写、使用及词源考证等问题开始研究探讨，并陆续发表了一批研究论文。30 多年来，军语研究在不断开拓、不断积累中前行，有了长足的进步。然而，毋庸讳言，由于军语研究的理论性、专业性很强，需具备军事学、术语学、逻辑学、语义学、辞书学、修辞学、语言学等相关学科的基础理论知识，涉及军队作战和建设的方方面面，也涉及各军兵种和各专业领域。同时，军语研究的探索性、创造性也很强，需要揭示军语的本质和规律，探索军语的许多未知领域，为军语研究选择方向、领域和方法，需要建立军事术语学学科。加之军语研究的力量薄弱，据不完全统计，30 多年来，从事过军语研究的专家学者不足百人，发表的军语研究论文也仅有数百篇。因此，军语研究的广度、深度和水平明显落后于形势的发展和时代的要求。难能可贵的是，李苏鸣同志作为长期在武警部队工作的领导干部，在业务工作繁忙、领导任务繁重的情况下，凭着对军语研究一如既往的热情、执着和学术积累，甘于寂寞、不慕虚荣，硬是挤出 3 年的业余时间，收集资料、潜心钻研、攻坚克难，探索了军语研究的基础问题，研究了《军语》的编纂、军语的管理和使用问题，写出了《军语导论》这部在军语研究领域具有学术价值和开拓性贡献的力作。

由此可见：做研究工作需要投入火一样的热情。《军语导论》的作者李苏鸣告诉我们，应有孜孜不倦的学术追求态度，热衷于自己所喜爱的工作，并从自己的工作中享受到真正的乐趣。

二、军语研究需要付出真情之火

李苏鸣同志撰写的《军语导论》分“军语概述”“军事概念”“军语演变”“军语语形”“军语语义”“军语语用”“武警军语”“台军军语”“军语辞书”“军语研究概况”10 章，全书共 22 万字。该书是他付出情感、付出智慧进行军语研究探索的真实写照（如为了研究近代军语，他通过上网、找人帮忙等多种方法，想方设法购买具有古董性质的军语书）。这部军语研究专著的撰写，有如下三个主要特点：一是充分运用深厚的理论基础功底，彰显该书鲜明的学术特色。例如，作者以术语学理论为指导，以术语的概念、特点、种类和概念体系为视角，论述了军语的概念、特征、种类，以及军事概念体系的建构等。又如，作者以语义学和语用学为理论支撑，分别对军语的语形、语义、语用进行了描述分析。再如，作者以社会语言学理论为基础，对军语的演变规律、台军军语属性等做了论述。二是大量运用鲜活的实例和具体的运作方法，体现该书较强的实用价值。例如，作者在解释军语定义的种差界定时，列举了性质种差、发生种差、功能种差、关系种差、空间种差、时间种差、成因种差、结构种差、数值种差 9 个种差的实例。又如，作者在解释军语语义说明时，列举了性质说明、列举说明、发生说明、目的说明、功能说明、上位说明、关系说明、要求说明、摹状说明、举例说明、特指说明 11 种说明类型的实例。再如，作者针对武警军语工作中存在的自身建设与规范、武警军语与解放军军语接轨等问题，提出了若干具有可操作性的处理方法。三是有效运用科学的研究方法手段，展示该书上乘的学术质量。例如，作者采用系统分析的方法，将《军语》的编纂、军语的建设和管理等问题视为一个整体进行了探索研究，同时对古今中外的军语进行了系统研究。有专家评价，该书“对军语的各方面的研究的系统性，是以往相关研究文献所未能企及的”[①]。又如，作者采用比较分析的方法，对我军军语的发展历程及其规律进行了历史比较，并对我军军语与台军军语的差异做了对比研究。再如，作者采用了定量分析的方法，通过计算机处理，分别对我军 1972 年版《军语》（军内试行本）、1982 年版和 1997 年版《中国人民解放军军语》中的军语词长情况（即组成军语名称的单字个数）做了具体数据统计，等等。

由此可见：做研究工作需要付出火一样的真情。读罢《军语导论》的一个体会就是，应以“为天地立心、为生民立命”的学术情怀和经世致用的优良学风，实实在在地对研究工作用真心、投真情、下真功。

三、军语研究亟待引发激情之火

李苏鸣同志撰写的《军语导论》于 2010 年 6 月由军事科学出版社出版后，就使专门从事《军语》编纂和军语研究的我们感受到了一种无形的压力。这部第一次对军语进行综合研究的专著，让一位军语研究的“业余队”队员“捷足先登”，确实让我们这些军语研究的“专业队”队员汗颜。虽然

① 周大军：《军语研究和规范工作的重要参考——李苏鸣著〈军语导论〉介评》，《中国科技术语》，2011（5）。

我们当中的绝大部分人是改行做《军语》编纂和军语研究工作的，而且从事工作的时间也不长，但当时确实有一种难以抑制的激情在涌动，激励着我们要奋起直追、迎头赶上。为此，在2011年版《中国人民解放军军语》编纂出版工作结束后的2012年，我们就确定启动编写《军语概论》一书，并将该课题申请立项为国家社科基金军事学项目，以军事科学院专门从事《军语》编纂、军语研究工作的研究人员为主要成员参与其中。《军语概论》分基础理论、基本实务上下编。我们考虑，要充分发挥组织参与编纂完成2011年版《中国人民解放军军语》的实践优势，有效利用编纂过程中获得的实际经验。与《军语导论》相比，《军语概论》不仅要在军语基础理论研究方面有新发展，更要在军语应用理论研究方面有新突破，力争使其成为集理论性、专业性、实用性和学术性于一体的军语研究权威之作、规范之作。此外，我们正在收集、遴选30多年来军语研究各个领域，包括军事术语学学科建设，《军语》的编纂，军语的使用、建设、管理和研究，军语的历史演变等多个方面闪烁着真知灼见的学术论文，准备汇编成集，以此反映改革开放以来军语研究逐步发展的轨迹，体现军语研究正在走出一条希望之路的奋斗历程。近年来，我们还以撰写学术论文、向上呈报建议等多种形式，呼吁建立包括军语史学、军语基础学、军语编纂学、军语管理学、军语应用学在内的军事术语学学科，并计划编写《军事术语学》学科专著……我们期待，《军语导论》这束星火，以及我们受此激励所做的若干努力，能够在军语研究领域引发更具影响、更有规模的燎原之势。

由此可见，做研究工作需要引发火一样的激情。《军语导论》的一个重要作用就是激励着我们要通过自身不懈的努力，发出军语研究声音、展现军语研究智慧、阐述军语研究理论、推动军语研究创新。

“统一军语及对军语的详解”[①]是军事科学院于1958年成立时，中央军委赋予的五大科研任务之一。军语与大家所做的工作密不可分，军语研究任重道远，在此建议大家关注军语研究、参与军语研究，为军语研究的星火燎原一起努力，共同推动军语研究的发展和军语建设的前行。

（原文发表于2015年2月）

① 叶剑英：《在全军科学研究工作会议上的总结（一九五九年一月二十七日）》，中共中央文献研究室、中国人民解放军军事科学院编：《叶剑英军事文选》，北京：解放军出版社，1997年版，第372页。

网电作战术语研究应把握的基本原则

随着信息技术等高新技术日新月异的飞速发展，网络电磁空间成为军事竞争新的制高点和继陆、海、空、天之后的“第五战场”，开辟了崭新的战略和作战领域，从而引发了网电作战术语研究的兴起。克劳塞维茨指出：“任何理论首先必须澄清杂乱的、可以说是混淆不清的概念和观念。只有对名称和概念有了共同的理解，才可能清楚而顺利地研究问题。”“如果不精确地确定它们的概念，就不可能透彻地理解它们内在的规律和相互关系。”①网电作战术语研究作为一个新兴的研究范畴，是网电作战研究的重要环节和基础支撑，关系到研究的展开与深化，更关系到我军网电作战的胜负。因此，应当严格把握服务作战、体现特色、勇于创新、注重实践、集智攻关、把握规范的基本原则，探究网电作战概念的本质特征，辨析网电作战术语的内涵外延，推出网电作战的名词术语，构建适应时代发展、具有我军特色、符合作战需求的网电作战话语体系。

一、服 务 作 战

网电作战术语研究必须把服务军队作战放在首位。战争是“国之大事”，军队的基本使命就是准备和实施战争。习近平主席提出的“能打仗、打胜仗”②，反映了军队履行职能的根本要求，是军队的头等大事。叶剑英元帅曾明确指出：“军语统一，也就是概念统一……统一军语不仅是为了便于学术研究，更重要的是为了在运用时特别是在作战时不致因产生误解而出乱子。”③刘伯承元帅强调，“没有军事术语的统一，就不能准确地交流思想，就会影响到以后的军事行动和作战指挥”④，“在军事上一字之差也会死很

① [德] 克劳塞维茨：《战争论》第一卷，北京：中国人民解放军军事科学院，1964 年版，第 143-144 页。

② 中共中央宣传部编：《习近平总书记系列重要讲话读本（2016 年版）》，北京：学习出版社、人民出版社，2016 年版，第 244 页。

③ 叶剑英：《深入开展全军军事科学研究工作（一九五九年七月二十二日）》，中共中央文献研究室、中国人民解放军军事科学院编：《叶剑英军事文选》，北京：解放军出版社，1997 年版，第 397-398 页。

④ 杨国宇、陈斐琴等：《刘伯承军事生涯》，北京：中国青年出版社，1982 年版，第 315 页。

多同志，甚至影响战斗的成败”[①]。网电作战术语作为网电作战乃至联合作战领域交流的工具，其研究关系到在网电作战领域相关新军事概念的诠释、相关新军事理论的提炼、相关新军事实践的概括，是全军网电作战的一项重要基础性工作。因此，网电作战术语研究要坚持以服务网电作战、服务一体化联合作战为宗旨，以充分发挥军语在网电作战乃至联合作战中统一认知、协调行动的重要作用。在研究中，须有效减少和防止部门利益、单位利益的干扰和左右，一切以保障国家利益与安全，以夺取信息化战争的胜利为研究的出发点和落脚点。切不可为了部门和单位的利益，有意划分术语归属，任意拓展释义内涵，随意扩大外延空间。同时，在研究中要避免主观臆断和感情用事，力求客观公正和准确明晰，切实将网电作战术语研究成果直接应用到网电作战之中，应用到影响一体化联合作战任务完成的关键决策之中。

二、体 现 特 色

网电作战术语研究涉及我军网电作战顶层概念的确立、主要作战样式和行动的界定等重大问题，必须立足我军军情，充分体现我军特色。毋庸讳言，目前，我军研究和使用的不少网电作战的核心术语最初源自于外军，这些核心术语的出现对我军关于网电作战的认识和研究产生了不同程度的影响。例如，“网络电磁空间”，源自于美军 20 世纪 90 年代首先引用的 Cyberspace（赛博空间）。又如，“网络战”，1993 年，美国兰德公司的阿尔奎拉和轮菲尔特发表了题为《网络战要来了》的论文，第一次提出了“网络战”的概念。之后的十多年，美国国防部和有关智库先后推出对“网络战”的若干种不同的释义。2009 年，美国成立了网络司令部，在网电作战研究和实践活动中，已初步形成网电作战的概念框架。我军网电作战术语研究过程中，对舶来词切不可不加分析地拿来就用、一概照搬。外军语境下的网电作战术语阐释难以确切表述我军网电作战术语的内涵。研究我军的网电作战术语，首先要有来自于我军的、可靠的、现实的材料作为凭借，涵盖我军元素及其特色。要充分结合我军的相关理论和实践经验，在此基础上，对来源于外军的网电作战术语进行参考借鉴，开展比较研究，把握本质特征，推出适合我国国情，符合我军战略方针、作战思想、武器装备、军事技术和体制编制等实际的网电作战术语，做出体现我军自身观察视角

① 杨国宇、陈斐琴编：《刘伯承用兵录》，北京：战士出版社，1982 年版，第 123 页。

和叙述内涵外延的新释义。其次，应注重我军网电作战术语的原创性，确保我军在网电作战领域的话语权，切实满足我军网电作战的实际需求。

三、勇于创新

网电作战术语研究要有勇于创新的精神和魄力。习近平主席明确指出："创新是引领发展的第一动力。""创新能力是一支军队的核心竞争力，也是生成和提高战斗力的加速器。"① "加强前瞻性、先导性、探索性的重大技术研究和新概念研究，积极谋取军事技术竞争优势，提高创新对战斗力增长的贡献率。"②众所周知，科技创新改变了战争和战争获胜的形式，使网络电磁空间成为博弈的新战场，网电作战术语研究随之拓展了军语研究的范围。其中，有许多新概念需要诠释、有许多新理论需要提炼、有许多新实践需要概括。网电作战术语的研究起步时间不长，研究的广度和深度都有待拓展，研究的成果相应比较薄弱。这就需要研究者有锐意创新、敢为人先的精神，进行研究内容的创新。要抓住影响网电作战的难点、重点和热点，从现有网电作战理论中挖掘新概念，从网电训练实践经验中提炼新概念，从外军已有成果中借鉴新概念，然后赋予其适当的名称。在此过程中，要注意区分出网电作战领域的核心术语，以其为抓手，延伸辐射出更多的网电作战基础术语并将它们有机联系起来，逐步建立和完善我军网电作战术语体系。与此同时，还要注意研究方法的创新。应充分运用计算机科学和技术，研发和应用网电作战术语数据库，对网电作战术语信息进行提取、加工、存储、管理、输出、交换、传播等方面的处理。其中可借助计算机专门的程序和软件，进行语义和概念分析，建立和呈现网电作战领域的概念体系。

四、注重实践

网电作战术语研究不仅仅是对相关概念进行描述、给出释义，更重要的是对网电作战的实施和发展具有指导作用。具体而言，一方面，网电作

① 王士彬、杜献洲、安普忠：《习近平在出席解放军代表团全体会议时强调 全面实施创新驱动发展战略 推动国防和军队建设实现新跨越》，《解放军报》，2016-03-14（1）。

② 王士彬、曹智、李宣良：《习近平在中央军委改革工作会议上强调 全面实施改革强军战略 坚定不移走中国特色强军之路》，《解放军报》，2015-11-27（1）。

战术语来源于鲜活的军事实践，是实践的产物，必须符合网电作战和训练的实际，不能脱离实际，不能生搬硬造。另一方面，网电作战术语要服务于军事实践，要充分发挥指导军事实践的作用，通过规范网电作战术语，厘清有关概念，来推动网电作战的实施和发展。因此，研究的逻辑应该是来源于实践、高于实践、再回到实践。随着网电作战理论研究的深入开展，不少网电作战的新概念和新术语相继被提出。在研究中要树立和把握实践意识，注重相关实践，避免“从概念到概念”“从术语到术语”的问题。美军善于战后总结，在实战经验中提炼作战新概念，如“网络中心战”是美军针对信息化战争形态提出的一个作战新概念，被认为是用于界定信息时代实施军事对抗的最准确术语。俄罗斯信息战专家指出，美军在各种冲突中所获得的实战经验是“网络中心战”概念及其理论形成的核心基础，这些战争包括越南战争、索马里战争、波黑战争，他们还总结了苏联和俄罗斯军队在阿富汗战争和车臣战争中的各种经验教训。他山之石，可以攻玉。在网电作战术语研究中，要善于从我军网电作战的实战化训练和演习中进行分析、做出概括，同时要从外军网电作战的实践中总结经验、吸取教训。

五、集智攻关

网电作战术语研究既关系到国家安全战略和军队现代化建设，也涉及网电空间、作战等领域，以战略学、战术学、军事信息学、军事装备学、军事技术学、术语学、语言学等多学科多专业为理论基础支撑，涵盖通信、计算机、微电子、网络安全、人工智能等当今高精尖技术，是一个崭新的研究课题，也是一项跨领域跨学科的集体性工作，不能“单打独斗”，而是需要本领域和其他相关领域的专家及军语专家等的广泛积极参与，需要有理论的思辨和实践的推动，需要广开思路、海纳百川。况且未来作战将是联合作战，研究工作也需要联合实施。因此，在事关网电作战术语研究特别是相关重点、难点、热点问题上，要有效整合学术资源，充分发扬学术民主，积极发挥全军各有关单位的科研优势和相关方面专家学者的聪明才智，认真协商、联合研究，充分沟通、消除分歧，集思广益、协作攻关，汇集一切能为网电作战服务的新术语，采取形式多样、畅所欲言的学术研讨，进行深入系统的思考认识和严谨细致的辨别分析，了解术语的特点和类型，理清各个术语之间的相互关系，把握术语概念的本质特征，掌握其内涵和外延，做出或改出准确、简明、规范的释义，为相关各方普遍接受，逐步形成大家的共识，最终达成全军对网电作战术语的认知统一。

六、把握规范

网电作战术语是网电作战领域的专门用语，为保证其权威性、准确性、系统性，必须讲求质量、把握规范。术语研究本身有一套严谨的工作方法和程序。就以网电作战新术语的认定为例，第一，要确保来源可靠。要重视新术语来源的科学性、权威性、代表性和词条的重现率等，要确定相当数量的代表性文献资料，如相关的军事法律、法规、规章和军用标准，相关的军事教材、军事学术专著、军事学术论文，重要的军事百科全书、军事词典等。第二，要做到认定规范。一方面要重视新术语的科学性、系统性、单义性等特征，另一方面也要兼顾新术语的新颖性、稳定性、时效性等特点，以其可能的网电作战理论价值和应用前景作为辅助标准，加以客观评价和认定，提出新术语的必要性和合法性。第三，要通过专家审定。要做到科学组织、认真实施。应以网电作战领域和军语领域内最具代表性的专家为主，吸纳相关领域的专家参与，按照术语的标准和要求，进行审定。在此过程中，如果新术语无释义或释义不准确，还需根据“准确、简明、规范、统一”的要求，按照“属”加“种差”的模式，先内涵定义、后外延说明的模式，做出或改出清晰易懂、简明实用的释义。再将全部新术语按照概念属种关系、整体–部分关系或空间（位置）关系、时间关系、源流关系等逻辑关系进行排列。在此基础上，再交由中央军委机关职能部门或全军军语管委会等主管部门或权威机构批准，适时、稳妥、统一发布。

（原文发表于 2017 年 6 月）

简论军语的特点和作用

军语是军队在作战、训练及其他工作中统一使用的规范化的军事用语，是全军官兵全员使用、履职使用的标准用语。每一名军人都应努力把握军语的特点，充分认识军语的作用，为学习使用好军语奠定基础。

一、军语的特点

军语是对军事斗争认识的总结。作为军事实践发展的产物，军语是对军事实践活动的理性化、科学化、规范化的表达方式，符合军队和军人的需要。它具有准确性、系统性、权威性、规范性、强制性、简明性、单义性、常态性等诸多特点。把握军语的这些主要特点，对于学习和使用好军语，具有重要意义。

（一）准确性

军语的准确性，指军语的词名恰当、规范，释义正确并与词名相对应。这是军语的首要特性。军语的基本功能是统一军队认知、协调部队行动。军语作为一切军事活动中信息加工、传递与反馈的媒介，其准确与否，将直接关系到军事活动是否协调有序，特别是作战中所使用的军语，其释义是否正确，直接决定着军人对各种作战信息理解的准确与否，关系到军人对作战命令执行的正确与否，从而影响到作战行动的有效与否。军语的准确性主要表现在：一是释义准确。其内涵、外延与词名一致正确地传递了概念的内容，反映了概念的本质特征，同时便于理解执行。例如，“联合作战”准确地表述了两个以上军兵种或两支以上军队的作战力量，在联合指挥机构统一指挥下共同实施的作战这一概念。二是清晰量化。释义不笼统、不模糊。一方面，尽力使某些词名中带有模糊语词的军语清晰化或量化。如“远程导弹”“中程导弹”“近程导弹”词名中的“远程”“中程”“近程”

都是模糊词，而在2011年版《中国人民解放军军语》中，将“远程导弹”定义为“射程在5000～8000千米的导弹”[①]，将“中程导弹”定义为“射程在1000～5000千米的导弹”[②]，将“近程导弹”定义为“射程在1000千米以内的导弹”[③]。通过量化手段，使这3个军语达到精确之意，便于指战员正确理解和把握。另一方面，对于那些意义相近的军语予以清晰界定，使其能够各司其职，不易混淆。如“预设战场”和“预定战场”两个军语词名相近，使用时往往不大好区分。2011年版《中国人民解放军军语》对前者的定义为：“（在敌可能入侵的方向上）预先（设防）的战场。通常根据国家军事战略方针和战略计划选定。”[④]对后者的定义为：“（在主要作战方向上）预先（选定）的战场。通常选择在作战双方可能交战并有利于达成作战目的的区域。”[⑤]从括号内容可以看出，二者定义的界限清晰，外延也是泾渭分明。

（二）系统性

军语不是孤立存在的，而是彼此之间存在着各种形式的联系。每一组军语都是按照一定的逻辑关系构建的一个军语体系。这种逻辑关系包括层级关系和非层级关系，前者可分为属种关系和整体–部分关系，后者可分为序列关系和联想关系。

1. 层级关系

（1）属种关系是一种逻辑关系。例如“枪弹”是属概念，“手枪弹”是种概念，两者构成纵向垂直联系。此外，“手枪弹”与“步机枪弹”“大口径机枪弹”是并列概念，三者构成横向水平联系。上述概念之间的属种关系可用图1表示。

---

① 全军军事术语管理委员会、军事科学院：《中国人民解放军军语》，北京：军事科学出版社，2011年版，第1038页。

② 全军军事术语管理委员会、军事科学院：《中国人民解放军军语》，北京：军事科学出版社，2011年版，第1038页。

③ 全军军事术语管理委员会、军事科学院：《中国人民解放军军语》，北京：军事科学出版社，2011年版，第1038页。

④ 全军军事术语管理委员会、军事科学院：《中国人民解放军军语》，北京：军事科学出版社，2011年版，第97页。

⑤ 全军军事术语管理委员会、军事科学院：《中国人民解放军军语》，北京：军事科学出版社，2011年版，第97页。

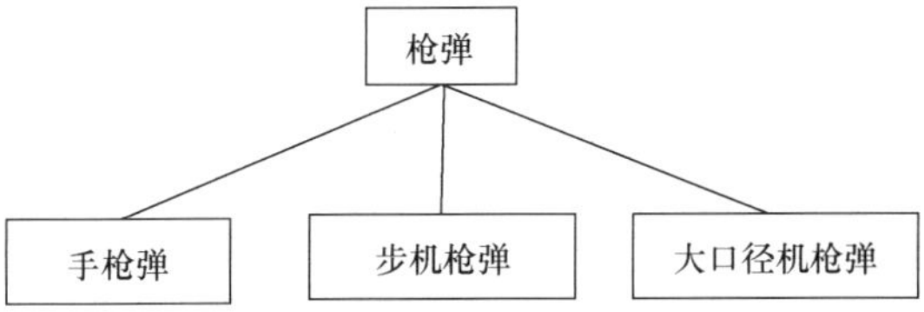

图 1　属种关系示意图

（2）整体–部分关系。这是一种本体关系，构成整体–部分关系的上位概念称为整体概念，而下位概念称为部分概念。例如“导弹”是一个整体概念，“战斗部”“弹体”“推进系统”“制导系统”等是部分概念。上述概念之间的关系可用图 2 表示如下。

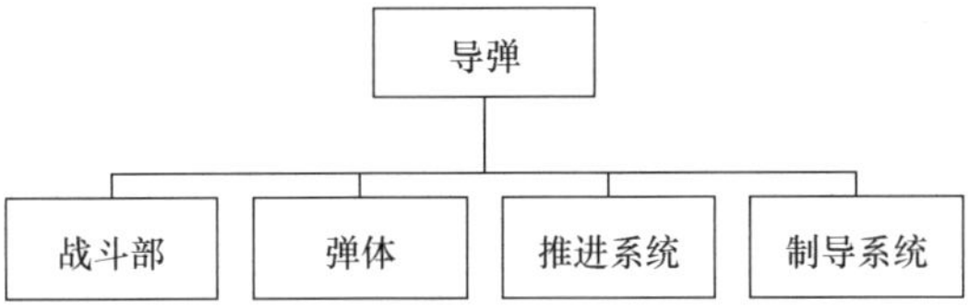

图 2　整体–部分关系示意图

2. 非层级关系

（1）序列关系是指时间、空间和因果联系，以及事物的发展过程阶段等一类关系，如：

时间关系：快速移动目标、慢速移动目标；

空间关系：前卫、侧卫、后卫；

因果关系：侵略战争→反侵略战争。

（2）联想关系。凭借经验在概念之间建立主题联系时就存在联想关系，联想关系类别繁多，如：

结构–功能关系：三结合武装力量体制⟷国防；

行为–动机关系：潜伏⟷伏击；

操作–操作者关系：飞行⟷飞行员；

工具–功能关系：狙击步枪⟷狙击；

工具–使用者关系：坦克⟷坦克兵。

军语通过属种关系、整体–部分关系、序列关系、联想关系等构成整体，形成体系。

（三）权威性

军语的权威性主要体现在两个方面：第一，批准颁发主体权威。《军语》是经中央军委批准颁发的。自 1972 年 10 月，由中央军委批准颁发我军第一部全军统一使用的《军语》（军内试行本）以来，1982 年版、1997 年版、2011 年版《中国人民解放军军语》，都是由中央军委批准颁发的。众所周知，中央军委是领导全国武装力量的最高军事机关，而且，根据法律法规的规定，中央军委具有军事立法权，即中央军委具有制定军事法规的权力。《军语》经中央军委批准颁发，说明其作为军事术语的规范集成得到了具有军事立法权的最高军事机关的认可，代表了军队最高权力的意志，在军队内部也就具有了很大的权威性、高度的统一性和普遍的有效性。第二，编纂主体权威。作为《军语》编纂的主体，军事科学院是中央军委直接领导下的最高军事科学研究机构，是全军军事科学研究中心，是计划和协调全军军事科学研究工作的机构。担负着包括研究军语在内的军事科学研究的重任。早在 1958 年军事科学院成立之初，中央军委就把“统一军语及对军语的详解”①作为五大科研任务之一赋予军事科学院。与此同时，中央军委机关、各军兵种、中央军委直属院校等全军各大单位同为编纂主体的组成部分，具有高级领率机关的官方权威性和最高层次军事学府的学术权威性。具体而言，撰写和审查军语词条的专家、学者和有关领导、人员，绝大多数来自上述单位，这就形成了一流的学术权威队伍和高层次的军语审查把关队伍，依靠全军的智慧和力量，集思广益、精诚合作，确保了军语的权威地位。

（四）规范性

首先，军语的规范性体现为对军语的词名进行统一规定，对其含义进行统一解释。即用准确简明的定义、通俗易懂的文字，对涉及我军作战、建设、军事、政治、后勤、装备、各军兵种等领域的军事用语进行统一规范，为全军提供一个规范化的军事术语文本，使全军部队、机关和指战员对所使用的军语有准确一致的理解，从而有效达成军队的令行禁止和军事

---

① 叶剑英：《在全军科学研究工作会议上的总结（一九五九年一月二十七日）》，中共中央文献研究室、中国人民解放军军事科学院编：《叶剑英军事文选》，北京：解放军出版社，1997 年版，第 372 页。

任务的圆满完成。其次，军语的规范性体现在为全军部队、机关和指战员使用军语提供标准、指明方向。例如用武器将射弹射向目标的行动，作为军人就不能称之为“开火”，而应该使用“射击”这一标准军语。最后，军语的规范性体现在其规范的军语为全军各部队、机关和指战员所共同使用、统一使用，不能有任何部队、机关和指战员搞特殊而不使用规范军语或随便自造、滥用“军语”。此外，军语是现行军事法律、法规、规章的思想和精神的载体。许多军语，或是直接来自于或是源自于现行军事法律、法规、规章，将军事法律、法规、规章中具有根本性、全局性和普遍性的内容和要求进行高度浓缩概括，用简明扼要的军语形式表现出来。因此可以说，军语具有军事法律、法规、规章的规范性特色。

（五）强制性

军语具有一定的强制性，对全军部队、机关和指战员具有普遍的约束力。我们常常在军队的有关文件和领导讲话中看到这样的要求：要使用军语。虽然，军语的强制性与一般的军事法律、法规、规章在性质、范围、程度和方式等方面是不大相同的，但是，它是靠军队的战争实践和自身建设的实际所形成的习惯加以维护的。在当前应对多种安全威胁、完成多样化的军事任务中，在未来信息化条件下局部战争的战场上，军语的使用和使用的快速、准确是圆满完成任务和夺取战争胜利的关键因素之一。特别是在战场上，不使用军语或者军语使用的失误都意味着贻误战机，有可能丧失战役战斗的主动权，甚至造成重大伤亡。因此指战员必须清楚彼此之间要说相同的语言，使用统一的军语。

（六）简明性

军语的简明性主要体现在两方面：第一，是指军语的词名高度凝练，其字数多在 2～6 个字之间，简短明了，使指战员易懂、易记、易写。据统计，4 个字组成的军语在历版《军语》中所占比例最大，为 40%左右，如“国防建设”“战争全局”“作战体系”“联合战斗”，等等。由于军事行动目的明确、时间紧迫，在拟制军用文书、下达战斗命令时，都要使用大量军语，过于繁琐的军语会带来不便，甚至贻误战机。这是军语在形式上的主要特性。第二，是指军语释义简洁。一般指明上位概念（表示属概念或整体概念的概念），写明区别特征即可。有时加必要的外延说明。军语释义的字数通常控制在 20～100 字之间。如上述字数难以完整表述内涵及外延内容时，可适当增加，但不得超过 200 字。例如，袭击战斗指“乘敌不意或不备突然实施攻击的进攻战斗。目的是打敌措手不及，快速歼敌，以小的代价夺取大的胜利”[①]。第一句话为内涵定义，第二句话为外延说明。两句话，共 42 个字。

（七）单义性

军语的单义性是指一个军语通常只表达军事领域中的一个概念，反过来讲，一个概念也只有一个军语与其对应。军语的单义性一方面决定了军语的特定使用面，另一方面也为正确理解和使用军语提供了良好的条件。单义性也是对军语的最基本要求。例如，“军事”这一军语只表达概念“一切与战争、国防、军队直接相关的事项”[②]，反之，这一概念也只能用“军事”来称谓。在 2011 年版《中国人民解放军军语》的 8587 条词目中，绝大部分是单义的，只有 133 条多义的，即具有一个以上的义项，仅占总数的 1.5%。这 133 条多义军语，具有分类的单义性。例如，“复员”这一军语，在“组织编制”类目中，是指“中国人民解放军的干部和士官退出现役、国家不包分配工作，回征集地或在异地安置”[③]。而如果放在“国防”类目中，是指“国家根据形势的需要，将社会诸领域全部或部分由战时状态或紧急状态恢复到平时状态所进行的活动”[④]。又如，“部队”指：“①直接担负作战和保障任务的团级以上建制单位。②军队的一部分。如驻京部队、炮兵部队、空军部队等。③泛指军队。”[⑤]该军语表述了 3 个义项。

① 全军军事术语管理委员会、军事科学院：《中国人民解放军军语》，北京：军事科学出版社，2011 年版，第 132 页。

② 全军军事术语管理委员会、军事科学院：《中国人民解放军军语》，北京：军事科学出版社，2011 年版，第 1 页。

③ 全军军事术语管理委员会、军事科学院：《中国人民解放军军语》，北京：军事科学出版社，2011 年版，第 343 页。

④ 全军军事术语管理委员会、军事科学院：《中国人民解放军军语》，北京：军事科学出版社，2011 年版，第 343 页。

⑤ 全军军事术语管理委员会、军事科学院：《中国人民解放军军语》，北京：军事科学出版社，2011 年版，第 332 页。

（八）常态性

军语涉及军队建设和作战的方方面面，涉及军事、政治、后勤、装备，涉及各军兵种，也涉及各专业领域和众多知识门类、学科范畴，贯穿于军人的生活和各项工作之中，是需要军人经常学习、天天使用的。以基层部队的一日生活制度为例，有“操课”“点名”“查铺查哨”“值日”“值班”“内务设置”“内务卫生”“军容风纪”“军人着装”等军语。这些军语的使用是每天不可或缺的。因此，军语对全军各级机关、部队、院校、科研单位来说，是日常训练及其他工作、生活中的必备要素。

除上述特点外，军语还具有政治性、隐秘性等若干区别于其他领域术语的特点。

二、军语的作用

军语的地位和作用十分重要，它关系现代战争的胜负、涉及军队改革的发展、推进军事文化的建设、体现军官士兵的素质。

关系现代战争的胜负。军语的基本功能是统一军队认知、协调部队行动。其根本目的是为“能打仗、打胜仗”服务的。我军军语体现了军事战略方针中所明确的基本作战思想、重要作战原则、各方向各领域军事斗争运筹谋划等基本精神和要求，诠释了现代战争的制胜机理，概括了符合信息化条件下联合作战特点规律的实在管用战法。叶剑英元帅曾明确指出：“统一军语不仅是为了便于学术研究，更重要的是为了在运用时特别是在作战时不致因产生误解而出乱子。”[①]刘伯承元帅强调，“没有军事术语的统一，就不能准确地交流思想，就会影响到以后的军事行动和作战指挥”[②]，“在军事上一字之差也会死很多同志，甚至影响战斗的成败”[③]。

涉及军队改革的发展。军语能够准确诠释理论上的新创造和实践上的新拓展，解读传递改革发展的新政策和新举措。特别是习近平主席于2015年2月批准颁发的《深化国防和军队改革重要用语释义参考》，准确体现了

---

① 叶剑英：《深入开展全军军事科学研究工作（一九五九年七月二十二日）》，中共中央文献研究室、中国人民解放军军事科学院编：《叶剑英军事文选》，北京：解放军出版社，1997年版，第398页。

② 杨国宇、陈斐琴等：《刘伯承军事生涯》，北京：中国青年出版社，1982年版，第315页。

③ 杨国宇、陈斐琴编：《刘伯承用兵录》，北京：战士出版社，1982年版，第123页。

习近平主席和中央军委关于改革的新思想、新观点和新要求，精炼诠释了改革理论上的新创造和实践上的新拓展，解读传递了改革的新政策和新信息，以本质概括的形式固化了我军改革的实践与理论成果，有效实现了各级对改革的认知和行动的协调一致，起到了为改革研究论证和科学决策服务，为落实改革举措提供基础理论支撑的作用。

推进军事文化的建设。军语是军事文化元素在军事语言中的体现，是军事文化的核心要素和鲜明标志。我军军语既蕴含着博大精深的毛泽东军事思想，也继承发扬了我国源远流长的传统军事文化精华，是体现我军性质宗旨、职能任务、军事理论、体制编制、装备体系、战略战术、管理模式等的军事文化载体。毛泽东在《论持久战》中给“运动战”下定义，指导我军打运动战。这个定义现在还在使用。其他诸如“党对军队的绝对领导”“军事辩证法”“人民战争”“三大任务”“三大民主”等由毛泽东创造和赋予其内涵的军语，至今仍具有强大的生命力，体现在现行《中国人民解放军军语》中，历久弥坚，熠熠生辉。“知彼知己”“审时度势”等具有我国优秀军事文化传统的军语也传承至今。因此，军语对于提高军事软实力具有重要意义。在国家发展由大向强的关键阶段，习近平主席提出了“建设世界一流军队”①的重要思想。这一思想是对新时期我军建设发展的最新要求。建设世界一流军队的任务之一就是建设一流军事文化。创造军语、学习军语、使用军语，可以推动军事文化的普及和军事知识的传播，进一步增强我军软实力，加强我军军事文化建设。

体现军官士兵的素质。军语是军事领域的专门用语，是进行军事思想交流、传递军事信息的重要媒介，是从事一切军事活动须臾不能离开的基本工具。无论是平时还是战时，军人都必须准确规范使用军语。掌握和使用军语，是每一名军人必须具备的基本素质。军人的素质是指军人在政治觉悟、军事技能、战斗精神、作风纪律、文化知识、军事理论、体能等方面的水平和能力。其中，能够熟练掌握军语、做到正确使用军语，是军人必备的基本功，是军人具有良好军事素养的具体体现。与此同时，落实学习使用军语的要求是各级领导的基本职责。

---

① 中共中央宣传部编：《习近平总书记系列重要讲话读本（2016年版）》，北京：学习出版社、人民出版社，2016年版，第246页。

参考文献

[1] 李庆山. 1997. 军语概说——写在新版《中国人民解放军军语》问世之前. 中国军事科学，（4）.

[2] 李苏鸣. 2010. 军语导论. 北京：军事科学出版社.

[3] 刘青主编. 2015. 中国术语学概论. 北京：商务印书馆.

[4] 周大军. 2008. 军语的认知研究：军语的产生、发展和理解. 北京：外语教学与研究出版社.

（原文发表于2016年8月）

略论军语的特殊作用

众所周知，军语作为军事组织和军事人员交流军事思想、传递军事信息的重要工具，对于表述军事概念、统一军队认知、协调部队行动具有十分重要的作用。其实，军语所具有的启智功能、工具功能、预示功能，对于引领军事理论创新、确定军事基本知识、预示军事领域发展，也能发挥独特的重要作用。

一、引领军事理论创新

军语是军事理论的组成部分，是军事理论的内核和核心表达。军事理论创新离不开军语的引领。军语是指称军事理论概念的手段，是一种认知结构，可以构建作为反映对象的物质世界的认知形象，具有参与军事科学认识和发现真理的作用。而军事理论则可以说是相互联系、数量众多的军语的系统集成。中外军事理论的发展实践有力证明：一个新的、有价值的军语的提出，必将引领和推动相关军事理论的创新和发展。

在军事领域内，军语是表达某一个特定概念的语词形式。概念是对客观现实能动的、创造性的反映。包含人类认识和实践活动的意向。比如，中国共产党和毛泽东从领导武装斗争开始，就提出了“游击战”这一军语并在频繁的游击战实践中进行卓有成效的探索，由此产生了“敌进我退，敌驻我扰，敌疲我打，敌退我追”[①]的游击战“十六字诀”。这是毛泽东在及时总结农村游击战争经验的基础上进行的理论概括，使红军找到了自己的作战方法，成为指导红军作战的基本思想，被誉为“毛泽东兵法的第一块重要基石”[②]。1938 年，毛泽东在总结 10 年土地革命战争时期和抗日战

① 中共中央文献研究室、中国人民解放军军事科学院编：《毛泽东军事文集》第一卷，北京：军事科学出版社、中央文献出版社，1993 年版，第 61 页。

② 谭一青：《毛泽东兵法》，北京：中国青年出版社，2013 年版，第 32 页。

争初期的经验的基础上，写出了《抗日游击战争的战略问题》《论持久战》《战争和战略问题》等军事著作，首次把“游击战”提高到战略地位，全面系统地论述了游击战的基本原则，主要是：主动地、灵活地、有计划地执行战略防御中的战役和战斗的进攻战，战略持久战中的战役和战斗的速决战，战略内线作战中的战役和战斗的外线作战；与正规战争相配合；建立根据地；实行战略防御和战略进攻；向正规战争转变；战略的集中指挥和战役战斗的分散指挥等[①]。形成了具有我军特色的游击战理论，不仅统一和提高了全党全军对抗日游击战争战略地位的认识，而且推动了抗日战争时期我军作战理论的创新，对指导游击战发挥了重大作用。毛泽东也因此被外国人誉为“现代游击战争之父”[②]。抗日战争时期，周恩来、刘少奇、朱德、任弼时、彭德怀、刘伯承、贺龙、陈毅、徐向前等围绕“游击战”问题也做过不同程度的论述，极大地丰富和发展了游击战理论，对指导抗日军民开展游击战发挥了重要作用。

美军十分重视在战争实践中提炼军事新概念（新军语）、在外军成果中借鉴军事新概念，在民用领域中发掘军事新概念，并以军事新概念为基点，形成新的作战理论。世纪之交，美军根据世界形势的进一步发展、武装力量的此消彼长和其认为面临的威胁，先后提出“快速决定性作战”“网络中心战”“混合战争”“空海一体战”等军事新概念，引发美国智库或军方人士对这些新概念的深入探讨，由此逐步形成系统的相对应的作战理论。比如，2010 年 2 月，美国国防部发布的《四年防务评估报告》中首次明确表示，美国空军和海军正在共同研究制定一种新的联合空海一体战概念。不久，作为美国智库的战略预算与评估中心发表了题为《为什么要运用空海一体战？》《空海一体战：初始作战概念》的两份研究报告，对实施“空海一体战”的目的、意义、措施和方法进行了全面阐述，由此基本形成“空海一体战”理论，使其成为美国为应对中国等国的所谓“反进入”和“区域拒止”战略而采取的反制措施。

二、确定军事基本知识

军语是军事知识在军事语言中的结晶。没有军语，也就没有军事知识。

① 参见毛泽东：《毛泽东选集》第二卷，北京：人民出版社，1991 年版，第 407 页。
② 贾若瑜主编：《游击战》，北京：军事科学出版社，1985 年版，第 31 页。

确定军事知识，是军语所体现的一个基本而独特的作用。军语赋予军事概念以名称，认知形象由于被相应的军语固定下来而成为思维对象，人们借助于军语而感知、熟悉、测算、衡量新的军事知识并最终将新的军事知识确定下来。

比如，信息化催生的精确作战是影响现代战争制胜能力的一个重要因素，是近年来军队学术界的一些共识。军内许多专家学者曾围绕“精确作战”概念及其思想进行了系统研究，出版、发表了一批学术专著和论文，基本形成了共识。在此基础上，2015 年，全军军语管委会办公室在组织全军各有关单位编纂的《中国人民解放军军语》（2015 •增补）“作战（综合）”类目中，收录了“精确作战”这一军语。即以“精确作战”定名，其释义为“在组织实施的各环节力求精细、准确的作战。主要表现为精确侦察、精确指挥、精确行动、精确保障等。目的是提高作战效益，减少附带损伤”①。该军语明确：精确作战已经成为信息化条件下联合作战的一种基本作战样式，强调的是要精细、准确地实施侦察预警、筹划决策、力量应用、行动控制、综合保障等，从而使有关“精确作战”的基本军事知识以军语的形式确定下来。

又如，“混合战争”这一军事新概念，是美国军事专家霍夫曼于 2007 年 12 月首次提出的，并定义为：为实现政治目的，在战场上同时协调运用常规武器、游击队、恐怖分子和犯罪活动的复杂组合②。美国军方对这一军事新概念高度重视，2008 年美军联合部队司令部发布的《联合作战环境》、2009 年美军参谋长联席会议发布的《联合作战顶层概念 3.0 版》和 2010 年美国国防部发布的《四年防务评估报告》，均吸收了“混合战争”的思想。混合战争理论引发了美军战争理念和指导思想的变革，为美军的战略规划和战争准备提供了新的指南。2015 年美国《国家军事战略》正式提出“混合战争”概念，表明正规军队以非国家行为体身份展开的行动将成为未来战争的新模式，这种冲突将传统战斗行动同非正规战斗行动相结合，通过创造更大的不确定性来掌握主动权。俄罗斯也接受了“混合战争”这一军事新概念，认为这是军事理论和实践的最新成果，并运用本国军事理论进行解读，加以批判性地吸收利用。俄军通过 2014 年 2～3 月的收复克里米

① 军事科学院：《中国人民解放军军语》（2015 • 增补），第 8 页。
② 李抒音：《俄罗斯发力混合战争》，《解放军报》，2016-02-19（7）。

亚军事行动和2015年9月30日开始在叙利亚境内实施的军事行动，以及把应对混合战争作为重要内容的新年度军事训练等诸多实践，来具体验证“混合战争”新概念及其理论的正确性和可行性。

三、预示军事领域发展

军语作为军事领域的专业用语，能够直接反映军事领域的发展现状，预示发展趋势，推进对军事领域认识的发展和不断深化。有些军语还可为军事技术的改进和突破指明方向。因此，研究军语的使用、分析军语的状态，可以从一个侧面揭示军事领域发展的潜在方向和已知对象中尚未认识到的某些特性，从而更加深入军事事物的本质，预示军事学术和军事技术的发展趋势，并有效发挥出对军事发展的前瞻引导和基础支撑作用。

比如，有军语专家运用计算机技术对2000～2014年《解放军报》中军事用语的使用情况进行了统计，在前1000个用语中，“信息化”一词的使用率位居前列。这充分表明进入21世纪，以信息化为核心的世界新军事变革推动着战争形态从机械化向信息化转变。建设信息化军队、打赢信息化战争成为我军关注和聚焦的重点；同时也预示着，我军将按照中央军委和习近平主席的指示要求，在改革强军实践中，准确把握和积极适应世界军事发展新趋势，努力改变机械化战争的思维定势，树立信息化战争的思想观念，与时俱进大力推进军事创新，构建能够打赢信息化战争、有效履行使命任务的中国特色现代军事力量体系，加强以信息化为主导的机械化、信息化复合发展，提高基于信息系统的体系作战能力，走以机械化为基础、以信息化为主导的跨越式发展道路。

又如，“空天飞机”这一军事概念，最早在美国国防部和国家航空航天局于1982年提出的“国家空天飞机”计划中正式出现。作为采用水平起降方式、能在大气层和外层空间机动飞行的可重复使用的载人航天器，“空天飞机”被认为是航空与航天相结合的新型飞行器，美国、英国、德国等国先后开始了研究工作。由于技术复杂、经费过高，截至目前（注：此处指2016年），它仍是一种处在技术研究与发展阶段的概念飞行器，但具有很大军事潜力，将可能发展成为一种集航空航天轰炸、运输、战斗于一身的全新机型，其作战空域扩大到整个地球近空和太空，并具有多方位、高速度机动优势，可在几小时内抵达地球上任意目标，目前（注：此处指

2016 年）的地面防御系统很难对其进行有效防御。预计未来 10～20 年主要以关键技术研究试验为主，并有可能进入实用机型研究阶段。“空天飞机”概念的提出及技术研究的开展，从一个方面充分说明，信息化战争的战场已经延伸到近空和太空，同时预示着，空天等领域的竞争将占据主导地位并日趋激烈。

参考文献

[1] 中国空军百科全书编审委员会编. 2005. 中国空军百科全书. 北京：航空工业出版社.

[2] 中国军事百科全书编审委员会编. 2014. 中国军事百科全书（第二版）作战卷. 北京：中国大百科全书出版社.

[3] 中国军事百科全书编审委员会编. 2014. 中国军事百科全书（第二版）军事技术卷. 北京：中国大百科全书出版社.

[4] 朱成虎、孟凡礼主编. 2012. 当代美国军事（修订版）. 北京：社会科学文献出版社.

（原文发表于 2016 年 3 月）

简论《军语》的法律属性

《军语》是经中央军委批准颁发全军的军事术语集，是全军指战员统一使用的规范化、标准化用语集成。《军语》虽然不以法规的形式呈现，但其具有军事法律属性，即权威性、规范性、强制性、公开性与保密性相结合等。因此，从一定意义上说，全军部队、机关和指战员应视其为“法”，并要做到知“法”守“法”。

一、《军语》具有权威性

（一）批准颁发主体权威

《军语》是经中央军委批准颁发的。自 1972 年 10 月，由中央军委批准颁发我军第一部全军统一使用的《军语》（军内试行本）以来，1982 年版《中国人民解放军军语》和 1997 年版《中国人民解放军军语》，均由中央军委批准颁发。根据《中华人民共和国宪法》，中央军委是领导全国武装力量的国家最高军事机关。根据《中华人民共和国立法法》规定，中央军委享有制定军事法规的权力。《军语》经中央军委批准颁发，说明其作为军事术语的规范集成得到了享有立法权的最高军事机关的认可，在我国武装力量中具有相当于军事法规的权威性和有效性。

（二）编纂组织程序权威

早在军事科学院建院之初，“统一军语及对军语的详解”[①]就被确定为该院担负的五项主要科研任务之一。自 20 世纪 70 年代初开始，中央军委正式赋予军事科学院负责组织协调编纂和修订《军语》的任务以来，军事科学院组织协调各总部、各军兵种、中央军委直属院校等全军各有关单位，顺利完成了 1972 年版《军语》（军内试行本）、1982 年版和 1997 年版《中

① 叶剑英：《在全军科学研究工作会议上的总结（一九五九年一月二十七日）》，中共中央文献研究室、中国人民解放军军事科学院编：《叶剑英军事文选》，北京：解放军出版社，1997 年版，第 372 页。

国人民解放军军语》编修任务。目前（注：此处指 2009 年），正在组织协调全军各有关单位对 1997 年版《中国人民解放军军语》进行修订。担负《军语》编修组织协调工作的军事科学院，是中央军委直接领导下的最高军事科学研究机构，是全军军事科学研究中心，也是全军军事科学研究工作的计划和协调机构；参与《军语》编修工作的各总部、各军兵种、中央军委直属院校等全军各大单位都是军队高级领率机关和最高军事学府，具有领导管理相关领域工作和学术研究的高度权威性。同时，参加撰写和审查《军语》词条的专家、学者和有关领导、人员，都是来自上述大单位的公认的第一流学者和高层次专家，按照科学合理的程序编修，广泛听取意见，集思广益，凝聚全军的智慧。《军语》的编修质量得到高度评价，1997 年版《中国人民解放军军语》荣获中国人民解放军军事科研优秀成果特等奖。科学合理的编修组织程序、高水平的编修专家学者队伍、高质量的编修成果，为《军语》的权威性奠定了深厚的基础。

二、《军语》具有规范性

（一）规范军队作战和建设的统一用语

《军语》是有关军队作战和建设的军事术语的规范集成，它根据军事活动的一般规律和我军作战、建设的丰富实践，对军事术语的选定和解释做出了基本规范。首先，《军语》的规范性体现在为全军使用军事术语做出明确的选择。其次，《军语》的规范性体现在全军应当统一和规范使用《军语》确定和解释的军事术语，任何部队、机关和指战员不得增删、生造“军语”。第三，军语的规范性还体现在对军事术语的含义进行统一解释。它用准确简明的定义、通俗易懂的文字，对我军军事、政治、后勤、装备各领域以及各军兵种作战、建设的军事术语进行规范化，向全军提供一个科学、适用的军事术语文本，使全军部队、机关和指战员对所使用的军语有准确一致的理解，以利于加强军队建设，圆满完成各项军事任务。

（二）体现现行军事法律、法规和规章的规范性内容

《军语》可以说是现行军事法律、法规和规章的适用性载体。《军语》中的许多军事术语，凡是在军事法律、法规和规章中已经做出明文解释的，就直接依据军事法律、法规和规章的解释进行编写；在军事法律、法规和

规章中使用而未做出明文解释的，按照军事法律、法规和规章的立法精神进行编写。军事法律、法规和规章对军事术语的规定发生变化的，《军语》及时进行调整和修改，使《军语》的词目名称和定义内容与现行军事法律、法规和规章始终保持一致，形成有机衔接。例如，2011年版《中国人民解放军军语》“行政管理”类目中依据《中国人民解放军安全工作条例》的相关内容，增设了一组关于安全工作的术语，如“军队安全建设”“部队安全教育”“部队安全训练”等。可以说，《军语》具有军事法律、法规和规章的规范性特征。

三、《军语》具有强制性

《军语》作为权威性、法规性的军事术语集，还具有一定的强制性，对全军部队、机关和指战员具有普遍的约束力。我们常常在军队的有关文件中看到“要使用军语”这样的要求。虽然，《军语》的强制性与一般的军事法律、法规和规章在性质、范围、程度和方式等方面有所不同，但它的强制性是以军队的战争实践和自身建设的实际所形成的习惯为基础的，能够得到切实有效的维护。在当前应对多种安全威胁、完成多样化的军事任务中，在未来信息化条件下局部战争的战场上，军语的严格、准确和熟练使用是圆满完成任务和夺取战争胜利的关键因素之一。特别是在战场上，不准确使用军语或者军语使用的失误有时可能贻误战机，丧失战役战斗的主动权，造成重大伤亡。因此，指战员必须清楚彼此之间要说相同的语言，使用统一的军语。作战命令必须清晰地传达和准确地理解。例如，“火力”是指“弹药经发射、投掷或引爆后所产生的杀伤力和破坏力”[①]。在作战时，指挥员下达作战指示，必须准确无误地使用某一火力选项，如“正射火力”“侧射火力”“斜射火力”“倒射火力”等。叶剑英元帅曾明确指出：“统一军语……更重要的是为了在运用时特别是在作战时不致因产生误解而出乱子。”[②]刘伯承元帅曾经语重心长地指出：“在军事上一字之差也会死很多同志，甚至影响战斗的成败。”[③]因此，作为军人，无论是在日常工作、生活中，还是在作战、训练中，都必须准确无误地使用军队特定的语言——军语。

---

① 全军军事术语管理委员会、军事科学院：《中国人民解放军军语》，北京：军事科学出版社，2011年版，第81页。

② 叶剑英：《深入开展全军军事科学研究工作（一九五九年七月二十二日）》，中共中央文献研究室、中国人民解放军军事科学院编：《叶剑英军事文选》，北京：解放军出版社，1997年版，第398页。

③ 杨国宇、陈斐琴编：《刘伯承用兵录》，北京：战士出版社，1982年版，第123页。

四、《军语》具有军事法规所特有的公开性与保密性相结合的特征

法律具有指引、评价、教育、预测和强制作用。因此，公开性是法律的一个基本属性，也是法律得以施行的前提条件。

军事法规通常坚持法律的公开性，但由于军事法规是在武装力量内部施行的，当军事法规的内容涉及秘密事项时，还必须注意其保密性，因而军事法规具有公开性与保密性相结合的重要特征，在必要范围内充分公开，同时又对公开范围有所限制。《军语》作为全军指战员需要了解和掌握的规范化、标准化军事术语的集成，在军队内部需要公开，使全军指战员知晓、熟悉和便于规范使用军语，并对规范使用军语情况进行一定程度的监督，充分体现《军语》的公开性特征。同时，《军语》以作战及相关用语为中心，涉及我军作战和建设的方方面面，体现国防和军队建设的方针政策和新特点、新规律，涉及部队建设、作战、训练、政治工作、后勤、装备、行政管理、组织编制等各个领域的军事术语。因此，《军语》具有一定程度的保密性，它的公开性是相对的，公开程度要控制在一定对象和范围内，即只在军队内部公开，而不是对全社会所有组织和人员公开。这是为了维护国家的军事利益和安全利益。基于《军语》的这一特征，1957 年由刘伯承元帅批准印发的《军语画一》（初稿）封面的右上方专门标注了“秘密”，1972 年版《军语》注明是“军内试行本”，1997 年版《中国人民解放军军语》也特别注明是“内部发行”。正如孙子所言，战争是“国之大事”，是“死生之地，存亡之道”[①]。我们在使用和保管《军语》时，不要忽视它具有公开性和保密性相结合的重要特征。

（原文发表于 2009 年 3 月）

---

①（春秋）孙武：《孙子兵法》，上海：上海古籍出版社，2006 年版，第 2 页。

《军语》与《军事百科全书》的异同

《军语》和《军事百科全书》是经中央军委批准（中央军委审批），由全军各相关单位参与编纂的权威性军事术语集（军事工具书），是军事科学研究领域的两大品牌，代表着权威、准确，意味着标准、规范。二者既有相同之点，也有不同之处。了解和掌握这些异同，有利于编纂出个性鲜明、富有特色的《军语》和《军事百科全书》，有助于推动军语事业和军事百科全书事业在新世纪新阶段的发展。同时也使广大读者在使用和阅读时更好地理解二者的本质属性和功用所在。

一、编纂工作的比较

《军语》和《军事百科全书》是代表国家、军队军事科研水平和军事软实力的权威性军事术语集（军事工具书），二者的编纂工作都是系统工程、精品工程，都要求把质量放在编纂工作的首位，视质量为其生命，在每一个编纂工作环节都要严把质量关，无论是释文内容、汉语拼音、英文译名，还是配图、目录、索引，等等，都要做到高质量、高标准。刘伯承元帅曾经指出："在军事上一字之差也会死很多同志，甚至影响战斗的成败。"[①]中央军委明确要求《中国军事百科全书》（第一版）要达到"两个高水平"，即在世界同类百科全书当中质量达到高水平，在中国百科全书当中质量达到高水平。

就编纂工作的流程而言，《军语》和《军事百科全书》的前期编纂工作没有什么大的区别。包括制定编纂方案、论证编纂体系、编制词目（条目）总表、遴选编纂牵头单位（学科主编单位）、区分编纂任务、组织词目（条目）撰写、组织编辑编审等。但进入后期出版阶段，二者就有了比较明显的差异。《军语》编纂工作的最终标志和成果就是一本厚厚的《军语》。因此，终审定稿后，就直接进入了"原汁原味"的出版阶段，属于"一步到

① 杨国宇、陈斐琴编：《刘伯承用兵录》，北京：战士出版社，1982 年版，第 123 页。

位”。而《军事百科全书》是大型工具书，其编纂工作的最终目标是出版发行数本或十数本乃至数十本的卷本。为确保全书卷本的质量和满足部队的现实需要，出版工作要分“两步走”。即先期要组织力量编审出版各学科分册，用于广泛征求意见，为卷本总编做好准备，同时也是展示编纂的阶段性成果，满足部队和各学科领域理论、实践的需要。在出版发行学科分册的基础上，再通过跟踪研究、整体论证、调整补充、交叉审稿和通审统编，按知识门类和统一的规定分别总编成卷本出版发行。

二、编纂体系的比较

《军语》和《军事百科全书》作为权威性军事术语集（军事工具书），分别有各具特色的编纂体系。编纂体系是组织《军语》和《军事百科全书》编纂工作的基本依据，体现了二者的性质和职能。军语是军队各专业领域和职能部门工作中的专门用语，这是其基本性质。因此，《军语》的编纂体系是按专业领域和职能部门分工来建立的，基本涵盖了我军各专业领域和职能部门的工作范围，实践性、实用性比较突出。《军事百科全书》是军事知识的总汇和集成，是按知识门类和学科编纂的。因此《军事百科全书》的编纂体系主要是依据军事科学体系和军事知识体系的分类来建立的，基本覆盖了军事科学各门类、各学科的知识面，比较全面系统地反映了军事知识体系，理论性、知识性比较突出。

具体而言，2011 年版《中国人民解放军军语》的编纂体系是在继承 1997 年版《中国人民解放军军语》编纂体系的基础上，借鉴新的军事科学体系、军事百科全书编纂体系，根据军队建设和发展的实际情况，兼顾自身编纂工作的需要，在深入调查研究，广泛听取各总部和各军兵种机关等相关单位意见的基础上形成的。包括“综合”“国防”“战争·战略”“作战（综合）”“战役·战役法”“战斗·战术”“危机与突发事件处置”“指挥”“侦察情报”“军事通信·指挥控制系统·电磁频谱管理”“信息对抗”“军事训练”“组织编制”“行政管理”“军事地理·测绘·导航”“军事气象·水文·空间天气”“军队政治工作”“军事后勤”“装备工作”“军事法制”“军事技术”“陆军”“海军”“空军”“第二炮兵”“军事外交”26 个类目，其中“陆军”类目又下设 9 个子目。

《中国军事百科全书》(第二版)编纂体系是在融合军事知识体系、军事科学体系、军事学教学体系的基础上，突出其编纂的自身特点和规律，立足其编纂工作的实际需要，以有利于百科编纂、有利于任务区分、有利于组织撰写为原则，经过认真调研、反复论证、广泛征求意见而形成的。共设军事思想、战略、作战、国防建设、军事工作、中国人民解放军政治工作、军事后勤、军事装备、军事技术、军事法、国际军事、军事历史、军事人物、军事著作、军事环境 15 个知识门类及 101 个学科。

三、编纂体例的比较

《军语》和《军事百科全书》是权威性军事术语集（军事工具书），必须遵循规范的编纂体例。二者都有自己的编纂体例而且各有特点。下面仅从五个方面加以比较。

（一）表现形式的比较

《军语》和《军事百科全书》都以词目（条目）体为基本表现形式，但二者的称谓不同。在《军语》的编纂体例中，军语的表现形式称“词目”；在《军事百科全书》的编纂体例中，军事百科全书的表现形式叫“条目”。按照《现代汉语词典》等有关权威性工具书的解释，“词目”是指词典中作为注释对象的词语，是词典的基本查检单位。“条目”是指百科全书中由条头及其释义等组成的整体，是百科全书的基本查检单位。从字面上就能感觉到“词目”是“短”的，“条目”是“长”的。

（二）收词设条的比较

《军语》和《军事百科全书》收词设条都比较注重科学性、时代性、稳定性、实用性。《新版〈军语〉编修体例》规定，收词要适应我军革命化、现代化、正规化建设和信息化条件下联合作战的需要，反映军事领域的发展与变化，以统一规范军队基本用语为目的。同时，收词应以全军各级指战员必须掌握的综合性用语和需要了解的各专业性术语为主，重要的、基本的术语必须收入，避免遗漏。从中可以看出，《军语》收词强调的是“必要”，词目的选定以军队作战和建设需要为出发点，以统一规范为落脚点。

《〈中国军事百科全书〉（第二版）编纂工作条例》规定，条目设置应涵盖古今中外军事科学领域的知识，既要注意突出我国我军特色、突出新知识，又要妥善处理稳定与求新的关系、历史与现实的关系、基础理论与现实的关系、中国与外国的关系，并高度重视前沿问题。据此理解，军事百科全书设条强调的是“广博”，条目要具备主题性、整体性知识内容。

（三）词目（条目）编排的比较

《军语》和《军事百科全书》的词目（条目）都按照一定的逻辑关系编排，具有层次性。《新版〈军语〉编修体例》规定，词目按先综合后专业的顺序排列，同类属性的词目按概念属种关系排列，如“武装力量”“武装力量体制”“军队”“武警部队”“民兵”。

《〈中国军事百科全书〉（第二版）编纂工作体例》规定，条目结构设5～6层，即总领条为第1层，各门类领条为第2层，各学科领条为第3层，以下分设2～3层。例如，“军事”（为总领条，属第1层）、“军事法”（为门类领条，属第2层）、“军事法学”（为学科领条，属第3层）、“军事法基础理论”（为一般条目的上位条，属第4层）、“军事法渊源”（为一般条目的上位条，在此系列中同时也是下位条，属第5层）、“宪法军事条款”（为一般条目的下位条，属第6层），在条目表中就是按上述规定排列的，读者一看就明白它们之间的层次关系。

（四）释文的比较

《军语》是集成军事领域专业用语的权威性军事术语集。其词目释文简明扼要，只由定义和适当的说明性文字组成。具有准确性、单义性、简明性、统一性等特点。《新版〈军语〉编修体例》规定，军语释文字数一般在20～100字之间，最长不超过200字。释文要符合准确、简明、规范、统一的要求。例如2011年版《中国人民解放军军语》中“军事”的释文是这样写的：“一切与战争、国防、军队直接相关的事项和活动的统称。主要包括准备战争、实施战争、遏制战争，国防建设与军队建设等。”[①]整个

① 全军军事术语管理委员会、军事科学院：《中国人民解放军军语》，北京：军事科学出版社，2011年版，第1页。

释文包括标点符号在内共 55 个字，准确、客观、简明地概括了“军事”的本质特征。

《军事百科全书》是集成古今中外军事领域知识的权威性军事工具书。百科条目包括定性叙述、历史沿革、主体内容（基本事实、基本概念或基本理论）和发展趋势等基本要素。具有知识性、科学性、系统性、规范性等特点。百科条目最长的达一两万字，最短的也有几百字。《〈中国军事百科全书〉（第二版）编纂工作条例》规定，除参见条外，条目分为以下 6 种条型：特长条（1 万～2 万字）、长条（5000～8000 字）、中长条（2200～3000 字）、中条（1200～2000 字）、中短条（800～1000 字）、短条（300～600 字），以中短条、短条为主。释文要完整、准确地表述条目的知识内容，做到释文观点正确，结构严密，逻辑清晰，文字精练，表达准确，通俗易懂，可读性强。例如，《中国军事百科全书》（第二版）的“军事”是全书的总领条，该条目的内容包括军事的定性叙述、军事的基本问题（军事的要素、军事的特征、军事的任务、军事的作用）、军事的产生和发展（古代的军事、近代的军事、现代的军事）、军事的发展趋势等，总字数为 2 万余字，全面、系统、准确地反映了“军事”这一重要的主题内容，起到了把军事领域的所有内容领起来、统起来的作用。

从《军语》和《军事百科全书》的编纂体例可以看出，《军语》是释“义”的，《军事百科全书》则是释“物”的。《军语》的释文仅限于为军人提供规范统一军事用语所必需的信息，《军事百科全书》的条目则作为基本的知识单元，具有主题特征，重在知识介绍，要对条目所反映的整个知识主题进行系统概述，这反映出简明性和知识性分别是《军语》和《军事百科全书》的重要属性。

《军语》和《军事百科全书》的释文还有一个重要区别就是对内外的把握不同。《军语》主要介绍我军的内容，外军、外国的内容基本不涉及，内外有别。《军事百科全书》在涉及中外的条目中则突出我军、涵盖外军，突出中国、涵盖世界，内外兼顾。

（五）图表的比较

为了有助于说明或理解释文，体现文字难以完全表达的某部分内容，《军语》和《军事百科全书》的编纂体例都规定要配图表。《军语》只要求配线条图和表格，在数量上未作统一要求。《军事百科全书》则要求图文并茂，配图的类型比较丰富，除了线条图和表格外，还有照片和地图，而且以照片为主，文图比例根据门类卷本条数和字数确定。例如，1997 年版《中国人民解放军军语》收词 6562 个，配图表 182 幅，《中国军事百科全书》（第一版）设条 1.1 万余个，配图近 1 万幅。2011 年版《中国人民解放军军语》配图表 195 幅，《中国军事百科全书》（第二版）配图约 2 万幅。

四、编纂体制机制的比较

《军语》和《军事百科全书》都有数十年的编纂历史，在长期的编纂实践中，已经形成了各自行之有效的编纂体制机制。从一定意义上说，二者的编纂体制机制大同小异。

《军语》编纂起步较早，发端于中国人民解放军建立初期，正式起步于中华人民共和国成立初期。1958 年，军事科学院成立。中央军委决定，由军事科学院负责统一编纂全军《军语》。从 20 世纪 70 年代初开始，军事科学院担负了组织协调各总部、各军兵种机关和有关院校、科研院所共同编纂《军语》的任务。1972 年版《军语》（军内试行本）、1982 年版《中国人民解放军军语》、1997 年版《中国人民解放军军语》的编纂，采取的是临时性的编纂体制，即中央军委批准《军语》编纂任务后，组成临时性编纂组织机构，赋予全军各有关单位具体编纂任务，展开撰写和审稿，组织出版发行。整个编纂任务完成后，编纂机构自行解散，编纂人员各就原位。至 2007 年修订 1997 年版《中国人民解放军军语》时，经中央军委批准，确立了常态化的编纂体制。这一年 5 月，中央军委办公厅发出通知，成立全军军语管委会，负责统一领导全军《军语》的修订和管理，同时成立全军军语管委会办公室，具体承办全军军语管委会的日常工作，并组织协调全军各编修单位完成《军语》编修任务。《军语》的编纂队伍以各总部、各军兵种机关的职能部门为主，全军有关科研院所和院校参加。

《军事百科全书》的编纂始于 20 世纪 80 年代初。按照“全军动手、专业对口、军地结合、分工协作”[①]的方针，经中央军委批准，《军事百科

① 中国军事百科全书编审委员会：《中国军事百科全书》第一版・军事思想卷，北京：军事科学出版社，1997 年版，“前言”第 2 页。

全书》编纂工作由中国军事百科全书编审委员会领导，中国军事百科全书编审室负责组织协调，全军各学科主编单位共同完成。在编纂实践中形成了如学科主编单位和主编负责制，撰写单位、学科主编单位、编委会三级审稿制等编纂机制。以学科主编单位负责制为例，按照“让最合适的作者撰写最合适的条目”的编纂原则，自 1986 年至 1997 年的 11 年间，《中国军事百科全书》（第一版）各学科主编单位共动员和组织军内外的权威专家学者 5000 余人参与了条目释文的撰写工作，其中，中国科学院和中国工程院院士计 40 余名，许多军队高级将领包括中央军委、总部的领导同志都担任一些重要条目释文的撰写工作。此外，《军事百科全书》编纂在 20 世纪 80 年代起步初期及之后的近 20 年，以各总部、各军兵种机关的职能部门和全军各有关院校、科研院所为主承担。进入 20 世纪 90 年代末，中央军委决定，《军事百科全书》编纂工作原则上由军事科学院和军队有关院校组织完成。

五、编纂功用的比较

《军语》和《军事百科全书》是国防和军队建设不可或缺的权威性军事术语集（军事工具书）。《军语》的特点是“精”，《军事百科全书》的特点是“全”，二者互为参照，相得益彰。二者的基本功能都是供读者查检，起到规范统一和答疑解惑的作用。

《军语》作为军事领域专业用语的集成，是统一军事术语的名称和释义的基本依据。它是由中央军委批准颁发的权威性、法规性的军事术语集，是统一军队认知的基本要求、协调部队行动的基本保证，对于统一全军战备建设、作战指挥、教育训练和部队管理等各项工作的军事用语，能够起到重要的规范作用。编纂《军语》的目的，主要是统一军事用语的使用和解释，为保证军队高度集中统一服务，为协调信息化条件下联合作战服务，为维护部队正规战备、训练、工作、生活秩序服务，为提高官兵综合素质服务。而且从某种意义上说，编纂《军语》也是统一军事思想、军事学术的一项基本建设。

《军事百科全书》作为全面系统地介绍古今中外军事知识的巨著，编纂的目的就是为军队革命化、现代化、正规化建设服务，为提高我军广大官兵的综合素质和全民国防教育服务，为推动军事科学发展服务，为国际军事文化交流服务。实践中，《军事百科全书》作为军事领域的综合性百科全书，确实发挥了传递军事信息、普及军事知识、完善军事科学体系、弘扬军事文化、推动军事交流的重要作用。

此外，由于《军语》和《军事百科全书》的编纂功用不同，读者对象也有差异。《军语》是限定在军内使用，读者对象为全军指战员，而且更多的使用者是全军各级指挥员和参谋人员。《军事百科全书》则是适合军内外乃至国内外“大众阅读使用的实用工具书”，其读者对象要比《军语》宽泛得多。

参 考 文 献

[1] 全军军事术语管理委员会办公室. 2008. 军语编修工作手册.

[2] 谢正浩. 1981. 建设与战争相适应的司令部——刘伯承同志关心司令部工作建设的片段//刘伯承回忆录. 上海：上海文艺出版社.

[3] 中国军事百科全书编审委员会. 1997. 中国军事百科全书（第一版）. 北京：军事科学出版社.

[4] 中国军事百科全书编审委员会. 2003. 中国军事百科全书编纂体系论证报告.

[5] 中国人民解放军军事科学院. 1997. 中国人民解放军军语. 北京：军事科学出版社.

（原文发表于2010年10月）

创建军事术语学学科的思考

军事术语学学科是由以研究军语的基本特征、编纂及其发展规律为范围的学术、科学、学问构成的门类，是一个独立的知识体系，有其特定范围的研究对象、研究方法与研究目的。基于新世纪新阶段军事理论的不断创新发展，以及军队建设和军事斗争准备的实际需求，我们有必要也有可能使军事术语学学科在军事科学体系中取得一席之地，并创造条件使之蓬勃发展。这也是时代赋予我们的历史使命。

一、创建军事术语学学科的必要性

（一）繁荣军事科学体系的需要

军事科学体系是军事理论形态的系统机构，是由多层次和众多学科组成的有机整体。随着军事实践的不断发展，军事科学体系需要进一步繁荣发展，特别是需要努力创建国防和军队建设需要并符合学科建设规律的新兴学科和特色学科。胡锦涛在接见军事科学院第六次党代表大会全体代表时的讲话中要求："努力构建具有我军特色、体现时代特征、充满发展活力的军事科学体系"[①]。因此，创建体现我军特色、反映时代特点、合乎科学规范的新兴学科和特色学科——军事术语学，确立其在军事科学体系中的地位和作用，对于繁荣军事科学体系，推进军事基础理论研究的进步，促进军事科研事业的发展显得尤为必要。

（二）总结《军语》编纂理论和实践经验的需要

《军语》是军事科学院的一个学术品牌，组织编纂《军语》是中央军委

① 徐生、包国俊：《胡锦涛在会见军事科学院第六次党代会代表时强调 积极推进军事理论创新发展 把军事科研工作提高到新水平》，《解放军报》，2006-12-09（1）。

赋予军事科学院的一项主要科研任务，是该院的一个科研强项和独特优势。早在1959年1月，军事科学院首任院长叶剑英元帅就指出，军事科学院的五项任务之一就是"统一军语及对军语的详解"①。几十年来，军事科学院先后组织编纂了1972年版《军语》（军内试行本）和1982年版、1997年版、2011年版《中国人民解放军军语》。因此，军事科学院组织编纂《军语》具有长期的、丰富的理论和实践经验，由此奠定了较为雄厚的学术基础和历史基础。近些年来，军内外学术界不少专家学者围绕军语的理论和实践问题，进行了多方面的研究和探索，取得了一批有价值的学术成果。通过创建军事术语学学科，就可以对上述军语理论和实践经验进行系统总结、科学升华，进而指导《军语》编修工作，把《军语》这个品牌做得更大更强、更响更亮。

（三）培养军事人才的需要

军语是交流军事思想、传递军事信息的重要媒介，也是掌握军事知识、进行军事理论研究和军事实践的基本工具。对军语及其相关理论的了解和掌握，是培养军事人才的基础和前提条件。创建军事术语学学科，开设军事术语学课程，有利于提升军事人才的军事知识素养，培养大家使用规范军语的良好习惯。与此同时，《军语》的编纂和理论研究迫切需要专业人才支撑。中央军委办公厅〔2007〕9号通知确定，今后，对《军语》的跟踪研究和修订将作为一个常态化工作任务。而这项工作是一项专门学问，没有专业精通、训练有素的人才和队伍，是难以有效组织和开展的，编纂高质量的《军语》也就无从谈起，实现我军军语事业的可持续发展就是一句空话。通过创建军事术语学学科，开展军事术语学教育，特别是研究生教育，可以培养高素质的军语专业人才，推进军语事业的繁荣发展。

二、创建军事术语学学科所应涉及的研究领域和学科体系

通常，一个学科所涉及的研究领域至少包括：历史研究、理论研究、

① 叶剑英：《在全军科学研究工作会议上的总结（一九五九年一月二十七日）》，中共中央文献研究室、中国人民解放军军事科学院编：《叶剑英军事文选》，北京：解放军出版社，1997年版，第372页。

方法研究、相关知识研究等。遵循国家标准《学科分类与代码》(GB/T 13745-2009）规定的分类原则：科学性原则、实用性原则、简明性原则、兼容性原则、扩延性原则、唯一性原则，具体到军事术语学学科而言，所涉及的研究领域和学科体系应包括：

（1）军语史学。主要研究军语产生和发展的历史。具体包括：军语史、军语编纂史、军语理论史、军语应用史等。

（2）军语基础学。是军事术语学的基础理论体系，由军语基础理论组成。它的研究内容包括军语和军事术语学的概念，军语的起源、性质和特征，军语的功能和价值，军事术语学的研究对象、范围、目的、任务，军事术语学的学科属性及其在军事科学体系中的地位，军事术语学与其他学科的关系，军事术语学学科体系的构成及其构架依据，军事术语学的方法论等。

（3）军语编纂学。主要研究《军语》编纂和修订的基本理论。具体包括军语的整理与规范，《军语》的编写，《军语》的编辑和评审、出版等。

（4）军语管理学。主要研究《军语》编纂的规划、建设和管理（包括军语系列化建设管理等），军语人才管理，军语的标准化，《军语》编纂平台和语料库建设等。

（5）军语应用学。主要研究军语在各方面应用的规律性问题，解决军语如何为国防和军队建设服务的一系列理论问题。包括军语运用的基本法则和在不同语境下的运用规律，军语在军队作战和建设中的作用，《军语》的宣传推广和使用，《军语》的开发利用等。

三、创建军事术语学学科的基本思路

创建军事术语学学科是一个较为复杂的系统工程，任重而道远。2009年实施的国家标准《学科分类与代码》（GB/T 13745-2009）中对学科的定义为“相对独立的知识体系”。根据该标准，创建学科“应具备其理论体系和专门方法的形成；有关科学家群体的出现；有关研究机构和教学单位以及学术团体的建立并展开有效的活动；有关专著和出版物的问世等条件”。为此，要通过3年左右的时间，构建符合标准、适应要求，内容比较完善、结构比较合理的军事术语学学科体系。

（一）制定建设规划

科学制定学科建设规划是创建军事术语学学科的首要问题。要着眼当前和今后一个时期军队建设和军事斗争准备对军事理论的需求，依照学科建设的规律，研究提出军事术语学学科建设的指导思想、基本任务和主要举措，为创建军事术语学学科提供基本遵循。此外，要加强舆论宣传，以此展示军内外学术界已有的军语研究成果，扩大军事术语学的影响，提高其知名度，为创建该学科提供良好的学术氛围。

（二）搞好队伍建设

创建学科的关键和核心是学术队伍的建设。要加强军语研究专业队伍建设，为创建和完善军事术语学学科提供人才保障。通过培训和学术交流，提高现有研究人员的研究素质和能力，推出学术造诣深、治学严谨、具有创新学术思想的本学科带头人。同时采取积极措施，改善研究队伍的结构，形成学科人才的知识、学历、年龄的合理梯次配置。此外，要把分散于机关、院校、科研院所的军语研究人员，通过学术交流的形式凝聚起来，充分发挥合力攻关的作用，为创建军事术语学学科奠定必要的组织基础。

（三）组织学术活动

要以全军军语管委会办公室的名义有组织、有计划地在全军范围内开展以军语研究为主题的学术研讨会或学术年会。在现阶段，可开展军事术语学学科建设基本问题的专题讨论。例如军语发展史、军事术语学研究对象、军语性质和功能、军语管理、军语使用、军事术语学与其他学科的关系、军事术语学的下属学科等，并围绕军语的理论与实践问题，积极与军内外相关研究机构进行学术交流，加强学术合作。同时，要加强对军语研究动态的跟踪和掌握。力争通过几年的不懈努力，把全军军语管委会办公室建成全军军语研究中心，使之成为全军军语研究的权威机构和权威专家聚集之地。

（四）编写学科专著

要组织专门的科研力量认真研究军语的基础理论和应用理论，总结军语工作的新情况、新问题，积极探索其特点和规律，编写出有代表性、权威性的军事术语学学科专著。同时要想方设法，充分调动现有军语研究人员的积极性和创造性，加大研究力度，不断推出有影响的军语理论研究和应用研究著作、教材及学术论文，为创建军事术语学学科打好坚实的学术基础。

参 考 文 献

[1] 刘继贤，刘扬. 2002. 军队学位与研究生教育研究. 北京：海潮出版社.

[2] 刘青. 2010. 开展术语学学科建设，促进科技名词工作可持续发展. 中国科技术语，（1）：5-7.

[3] 全军哲学社会科学规划办公室. 2004. 21世纪初军事学学科建设与创新. 北京：军事科学出版社.

（原文发表于2011年2月）

毛泽东军事思想中的军语精华

在博大精深的毛泽东军事思想中，荟萃了军事统帅毛泽东创造和赋予其特定内涵的许多耳熟能详、脍炙人口的军语。这些军语深深影响了中国革命和革命战争的进程，至今仍具有强大的生命力，体现在现行《中国人民解放军军语》中，作为统一军队认知、协调部队行动的科学指南，历久弥坚，熠熠生辉。

一、逐步形成理论精髓的“军事辩证法”

“军事辩证法”，是指关于军事问题的辩证唯物主义的认识论与方法论的学说。主要揭示构成军事领域矛盾运动各种因素相互对立、依存、渗透和转化的一般规律。为认识战争和实践战争提供认识论与方法论上的指导。这一军语，是毛泽东1936年在陕北红军大学讲课时首次提出来的，并做了讲解。毛泽东运用辩证唯物主义和历史唯物主义的原理，指导和研究中国革命战争的伟大实践，用客观、全面和发展的观点，揭示军事领域矛盾运动的一般规律，特别是中国革命战争的一般规律，触及军事辩证法问题。为此，毛泽东根据战争矛盾运动的辩证过程，撰写了《中国革命战争的战略问题》《抗日游击战争的战略问题》《论持久战》《战争和战略问题》等一系列重要军事著作，其中，对“军事辩证法”进行了科学总结和理论概括。毛泽东指出：“战争的胜负，主要地决定于作战双方的军事、政治、经济、自然诸条件，……还决定于作战双方主观指导的能力。”[①]“军事家不能超过物质条件许可的范围外企图战争的胜利，然而军事家可以而且必须在物质条件许可的范围内争取战争的胜利。军事家活动的舞台建筑在客观物质条件的上面，然而军事家凭着这个舞台，却可以导演出许多有声有色威武雄壮的活剧来。”[②]“军事辩证法”概念，逐步形成了博大精深的军事哲学

---

① 毛泽东：《毛泽东选集》第一卷，北京：人民出版社，1991年版，第182页。

② 毛泽东：《毛泽东选集》第一卷，北京：人民出版社，1991年版，第182页。

理论体系，成为毛泽东军事思想的理论精髓。毛泽东将“军事辩证法”得心应手地运用于指导中国革命战争的伟大实践，取得了巨大的成功。

二、准确代表毛泽东军事思想核心内容的“人民战争”

“人民战争”，是指为谋求阶级解放、反抗外来侵略或维护国家统一，组织、武装和依靠广大人民群众进行的战争。无产阶级及其政党领导下的人民战争是群众基础最为广泛的人民战争。“人民战争”是毛泽东军事思想的核心，是中国共产党领导武装斗争的指导路线。作为军语，“人民战争”是毛泽东军事思想核心内容的代名词，蕴含着毛泽东创立的一整套人民战争的理论。毛泽东指出：“因为革命战争是群众的战争，只有动员群众才能进行战争，只有依靠群众才能进行战争。”①“战争的伟力之最深厚的根源，存在于民众之中。”②毛泽东认为：“由于中国政治经济发展的不平衡，产生了革命发展的不平衡。革命的胜利总是从那些反革命势力比较薄弱的地方首先开始，首先发展，首先胜利。”③毛泽东强调：“统一战线和武装斗争，是战胜敌人的两个基本武器。统一战线，是实行武装斗争的统一战线。”④毛泽东要求：“实行以人民军队为骨干，与地方武装、群众武装相结合的武装力量体制。”他指出：“这个军队之所以有力量，还由于有人民自卫军和民兵这样广大的群众武装组织，和它一道配合作战。”⑤“我们党已经能够把武装斗争这个主要斗争形式同其他许多的必要的斗争形式直接或间接地配合起来，就是说，把武装斗争同工人的斗争，同农民的斗争（这是主要的），同青年的、妇女的、一切人民的斗争，同政权的斗争，同经济战线上的斗争，锄奸战线上的斗争，思想战线上的斗争，等等斗争形式，在全国范围内或者直接地或者间接地配合起来。”⑥毛泽东创立的“人民战争”理论成为我们党领导几十年武装斗争的制胜之道，“人民战争”这一军语在我军发展史上处于十分重要的地位。

---

① 毛泽东：《毛泽东选集》第一卷，北京：人民出版社，1991年版，第136页。
② 毛泽东：《毛泽东选集》第二卷，北京：人民出版社，1991年版，第511页。
③ 毛泽东：《毛泽东选集》第一卷，北京：人民出版社，1991年版，第152页。
④ 毛泽东：《毛泽东选集》第二卷，北京：人民出版社，1991年版，第613页。
⑤ 毛泽东：《毛泽东选集》第四卷，北京：人民出版社，1991年版，第1040页。
⑥ 毛泽东：《毛泽东选集》第一卷，北京：人民出版社，1991年版，第609页。

三、始终坚持的“党对军队的绝对领导”

“党对军队的绝对领导”，是指中国共产党对中国人民解放军实施的独立的全面的集中统一领导。中国人民解放军必须置于中国共产党的绝对领导之下，其最高领导权和最高指挥权属于中国共产党中央委员会和中央军事委员会。“党对军队的绝对领导”是中国人民解放军建军的根本原则和永远不变的军魂。这一军语的提出，起源于 1927 年 9 月，毛泽东领导三湾改编时，创造性地提出支部建在连上的原则，在军队中建立党的各级组织。1929 年 12 月，毛泽东主持制定的《古田会议决议》，则从理论上阐明了党对军队领导的原则制度和方法。1936 年 12 月，毛泽东在《中国革命战争的战略问题》中明确指出：“共产党的这种绝对的领导权，是使革命战争坚持到底的最主要的条件。”①1938 年 11 月，毛泽东针对张国焘的分裂主义错误，明确规定：“共产党员不争个人的兵权（决不能争，再也不要学张国焘），但要争党的兵权，要争人民的兵权。”②他强调：“我们的原则是党指挥枪，而决不允许枪指挥党。”③1947 年 10 月，毛泽东在《中国人民解放军宣言》中再次强调：“我全军将士必须时刻牢记，我们是伟大的人民解放军，是伟大的中国共产党领导的队伍。只要我们时刻遵守党的指示，我们就一定胜利。”④中国人民解放军建军 80 多年（注：此处指 1927～2015 年）来，始终坚持毛泽东提出的“党对军队的绝对领导”的原则，在党的绝对领导下行动和战斗。“党对军队的绝对领导”这一军语，也成为我军一以贯之听党指挥的鲜明见证。

四、科学概括我军职能的“三大任务”

“三大任务”，是指中国人民解放军担负的打仗、做群众工作和生产三项基本任务。我军创建不久，毛泽东就规定了打仗、做群众工作、筹款（后改为生产）的“三大任务”。1927 年 12 月，毛泽东在总结茶陵战斗的经验

① 毛泽东：《毛泽东选集》第一卷，北京：人民出版社，1991 年版，第 184 页。
② 毛泽东：《毛泽东选集》第二卷，北京：人民出版社，1991 年版，第 546 页。
③ 毛泽东：《毛泽东选集》第二卷，北京：人民出版社，1991 年版，第 547 页。
④ 毛泽东：《毛泽东选集》第四卷，北京：人民出版社，1991 年版，第 1239 页。

教训时，规定和宣布了“工农革命军三项任务：第一、打仗消灭敌人；第二、打土豪筹款子；第三、做群众工作。”[①]概括我军职能的“三大任务”这一军语由此诞生。1929 年 12 月，毛泽东主持制定的《古田会议决议》中明确提出：“红军决不是单纯地打仗的，它除了打仗消灭敌人军事力量之外，还要负担宣传群众、组织群众、武装群众、帮助群众建立革命政权以至于建立共产党的组织等项重大的任务。”[②]抗日战争时期，毛泽东指出：“只要我们全体英勇善战的八路军新四军，人人个个不但会打仗，会做群众工作，又会生产，我们就不怕任何困难，就会是孟夫子说过的：‘无敌于天下。’”[③]中华人民共和国成立前夕，毛泽东明确指出：“人民解放军永远是一个战斗队。就是在全国胜利以后，在国内没有消灭阶级和世界上存在着帝国主义制度的历史时期内，我们的军队还是一个战斗队。对于这一点不能有任何的误解和动摇。人民解放军又是一个工作队，特别是在南方各地用北平方式或者绥远方式解决问题的时候是这样。”[④]中国人民解放军建军 80 多年（注：此处指 1927～2015 年）来，充分履行毛泽东概括的战斗队、工作队、生产队“三大任务”，并取得了巨大成就。“三大任务”这一军语，将在新的历史时期服务于我军实现强军目标的征程。

五、充分体现我军政治工作威力的“官兵一致”“军民一致”“瓦解敌军”

“官兵一致”，是指中国人民解放军处理官兵关系的原则。主要内容包括：官兵之间、上下级之间政治上和人格上完全平等，军官关心和爱护士兵，士兵尊重和服从军官，团结互助，同甘共苦，实行有领导的民主，建立自觉的纪律，共同为军队建设和完成各项任务负责。

“军民一致”，是指中国人民解放军处理军民关系的原则。主要内容包括：履行全心全意为人民服务的宗旨，拥护地方党委和政府，热爱人民群众，遵守国家的法律法规和军队的群众纪律，密切军政军民关系，巩固和

---

① 中共中央文献研究室编：《毛泽东年谱》（一九八三——一九四九）上卷，北京：人民出版社、中央文献出版社，1993 年版，第 228 页。

② 毛泽东：《毛泽东选集》第一卷，北京：人民出版社，1991 年版，第 86 页。

③ 毛泽东：《毛泽东选集》第三卷，北京：人民出版社，1991 年版，第 929 页。

④ 毛泽东：《毛泽东选集》第四卷，北京：人民出版社，1991 年版，第 1426 页。

发展军政军民团结。

“瓦解敌军”，是指中国人民解放军对敌军斗争的原则。主要内容包括：配合军事打击，对敌军实施政治攻势，开展舆论战、心理战、法律战，实行宽待俘虏政策，从政治上、组织上分化敌军，动摇敌人军心，促使敌军官兵反战、怠战、厌战、恐战，直到停止抵抗、投诚起义，以削弱和瓦解敌军战斗力。

“官兵一致”“军民一致”“瓦解敌军”，是毛泽东为我军制定的政治工作的三大原则，是毛泽东军事思想的重要组成部分，是我军的优良传统。这三大原则是毛泽东把历史唯物主义的基本原理运用到人民军队建设和人民战争实践中，逐步确立、形成和发展而来的。1937 年 10 月，毛泽东在《和英国记者贝特兰的谈话》中，完整地提出了“官兵一致”“军民一致”“瓦解敌军”这三大原则。毛泽东指出：“八路军的政治工作的基本原则有三个，即：第一、官兵一致的原则，这就是在军队中肃清封建主义，废除打骂制度，建立自觉纪律，实行同甘共苦的生活，因此全军是团结一致的。第二、军民一致的原则，这就是秋毫无犯的民众纪律，宣传、组织和武装民众，减轻民众的经济负担，打击危害军民的汉奸卖国贼，因此军民团结一致，到处得到人民的欢迎。第三、瓦解敌军和宽待俘虏的原则。我们的胜利不但是依靠我军的作战，而且依靠敌军的瓦解。”①自此，“官兵一致”“军民一致”“瓦解敌军”这三条军语，成为有效体现团结自己、战胜敌人，发挥我军政治工作强大威力的集合名词。

六、切实增强军队凝聚力的“三大民主”

“三大民主”，是指中国人民解放军内部实行的政治民主、经济民主、军事民主。主要是经过集中领导下的民主，达到政治上高度团结、生活上获得改善、军事上提高技术和战术、巩固和提高战斗力的目的。是人民军队性质和宗旨的体现。政治民主、经济民主、军事民主，这“三大民主”是毛泽东为我军制定的民主制度，是毛泽东创造性地把马克思主义唯物史观运用于人民军队的建设之中，并在长期革命斗争实践中形成、发展和完善起来的，是党的群众路线在军队中的具体运用。1928 年 11 月，毛泽东在《井冈山的斗争》中指出，“红军的物质生活如此菲薄，战斗如此频繁，

① 毛泽东：《毛泽东选集》第二卷，北京：人民出版社，1991 年版，第 379 页。

仍能维持不敝，除党的作用外，就是靠实行军队内的民主主义。……中国不但人民需要民主主义，军队也需要民主主义。军队内的民主主义制度，将是破坏封建雇佣军队的一个重要的武器。”①1938 年 5 月，毛泽东在《论持久战》中指出：“军队应实行一定限度的民主化，主要地是废除封建主义的打骂制度和官兵生活同甘苦。”②1948 年 1 月，毛泽东在为中共中央军事委员会起草的《军队内部的民主运动》的指示中指出：“部队内部政治工作方针，是放手发动士兵群众、指挥员和一切工作人员，通过集中领导下的民主运动，达到政治上高度团结、生活上获得改善、军事上提高技术和战术的三大目的。”③在这一指示中，毛泽东把军队内部的民主生活科学地概括为政治民主、经济民主、军事民主“三大民主”。自此，“三大民主”成为反映我军调动官兵积极性、增强军队凝聚力光辉历程的重要军语。

七、确保统一行动的“三大纪律八项注意”

“三大纪律八项注意”，是指中国人民解放军纪律的基本内容之一。三大纪律是：一切行动听指挥；不拿群众一针一线；一切缴获要归公。八项注意是：说话和气；买卖公平；借东西要还；损坏东西要赔；不打人骂人；不损坏庄稼；不调戏妇女；不虐待俘虏。是人民军队性质和宗旨的体现。“三大纪律八项注意”作为我军统一的革命纪律，行动的基本准则，是毛泽东在中国革命战争实践中提出并不断充实而形成的。1927 年 10 月，毛泽东在工农革命军第一军第一师第一团离开三湾向宁冈古城开进前，向部队宣布了“行军纪律：说话要和气，买卖要公平，不拿群众一个红薯”④。1928 年春，工农红军在井冈山的时候，毛泽东规定了“三项纪律”：第一，行动听指挥；第二，不拿工人农民一点东西；第三，打土豪要归公。1928 年夏提出了“六项注意”：一、上门板，二、捆铺草，三、说话和气，四、买卖公平，五、借东西要还，六、损坏东西要赔。1929 年以后，毛泽东又将“三大纪律”中的“不拿工人农民一点东西”，改为“不拿群众一针一线”；“打土豪要归

① 毛泽东：《毛泽东选集》第一卷，北京：人民出版社，1991 年版，第 65 页。

② 毛泽东：《毛泽东选集》第二卷，北京：人民出版社，1991 年版，第 511 页。

③ 毛泽东：《毛泽东选集》第四卷，北京：人民出版社，1991 年版，第 1275 页。

④ 中共中央文献研究室编：《毛泽东年谱》（一八九三——一九四九）上卷，北京：人民出版社、中央文献出版社，1993 年版，第 222 页。

公”改为“筹款要归公”，后来又改为“一切缴获要归公”。对于“六项注意”，增加了“洗澡避女人”和“不搜俘虏腰包”两项内容，从而成为“三大纪律八项注意”。[1]由此，“三大纪律八项注意”成为我军指战员经常使用的一条重要军语。1947 年 10 月，毛泽东起草了《中国人民解放军总部关于重行颁布三大纪律八项注意的训令》。训令明确了“三大纪律八项注意”现在的内容。“三大纪律八项注意”这一军语的提出，对于正确处理军队内部关系和军民关系，加强人民军队建设，起到了重要作用。

八、明确作为我军建设发展目标和要求的“军队现代化”“军队正规化”

“军队现代化”，是指运用现代文明创造的科技、教育、管理、文化等优秀成果，使军队在武器装备、人员素质、军事理论、体制编制等方面达到当代先进水平的目标、要求及其相应活动和过程的统称。信息化是当今军队现代化的核心内容。

“军队正规化”，是指按照现代作战要求，用法规制度统一规范军队战备、训练、工作和生活秩序的目标、要求及其相应活动和过程的统称。主要包括实行统一指挥、统一制度、统一编制、统一纪律和统一训练；加强组织性、计划性、准确性、纪律性；坚持依法治军、从严治军，完善军事法规，加强科学管理。

随着中国革命战争的胜利和我军的发展壮大，中华人民共和国成立初期，毛泽东适时提出了建设正规化、现代化军队的我军建设发展目标和要求。1952 年 7 月，毛泽东在给军事学院的训词中明确提出：“建设正规化、现代化的国防部队。”[2]毛泽东指出：“我们现在已经进到了建军的高级阶段，也就是进到掌握现代技术的阶段，……与现代化装备相适应的，就是要求部队建设的正规化，就是要求实行统一的指挥、统一的制度、统一的编制、统一的纪律、统一的训练……”[3]1953 年 1 月，毛泽东在给总高级步兵学

① 参见毛泽东：《毛泽东选集》第四卷，北京：人民出版社，1991 年版，第 1241-1242 页注释。

② 中共中央文献研究室、中国人民解放军军事科学院编：《毛泽东军事文集》第二卷，北京：军事科学出版社、中央文献出版社，1993 年版，第 314 页。

③ 中共中央文献研究室、中国人民解放军军事科学院编：《毛泽东军事文集》第二卷，北京：军事科学出版社、中央文献出版社，1993 年版，第 314 页。

校的训词中指出："为了保卫祖国免受帝国主义者的侵略，依靠我们过去和较为落后的国内敌人作战的装备和战术是不够的，我们必须掌握最新的装备和随之而来的最新的战术。"[①]中华人民共和国成立 60 多年（注：此处指 1949～2015 年）以来，根据毛泽东提出的建设现代化、正规化军队的目标，"军队现代化""军队正规化"这两个军语作为使用频率颇高的"热词"，始终伴随着我军建设不断走向发展强大的步伐而出现。

九、切实具有长远指导意义的"积极防御"

"积极防御"，是指以积极主动的攻势行动对进攻之敌进行的防御。通常表现为战略上的内线的持久的防御战与战役战斗上的外线的速决的进攻战相结合，并适时将战略防御转为战略反攻和进攻，以夺取战争的最后胜利。"积极防御"是毛泽东从中国革命战争的客观实际出发，制定的战略指导总方针。作为我军使用的军语，"积极防御"出现于 1936 年 12 月毛泽东所写的《中国革命战争的战略问题》著作中。毛泽东在该著作中指出："积极防御，又叫攻势防御，又叫决战防御。消极防御，又叫专守防御，又叫单纯防御。消极防御实际上是假防御，只有积极防御才是真防御，才是为了反攻和进攻的防御。"[②]他强调："基本的原则是承认积极防御，反对消极防御。"[③]为了实行"积极防御"的战略方针，在土地革命战争、抗日战争、解放战争和抗美援朝战争等不同的历史时期，毛泽东针对敌我斗争的不同形势，提出了不同的阶段性的具体方针，使"积极防御"的战略思想不断得到发展、完善和补充。时至今日，我军继续实行"积极防御"战略，毛泽东"积极防御"的战略思想对新的历史条件下的军事斗争仍具有现实的指导意义，"积极防御"这一军语还将一如既往地发挥其不可替代的重要作用。

十、有效打击敌人的"运动战"

"运动战"，是指在长的战线和大的战区进行战役、战斗的外线速决进攻战的作战形式。其中包括起辅助作用的运动防御作战和阵地攻防作战。

---

① 中共中央文献研究室、中国人民解放军军事科学院编：《毛泽东军事文集》第二卷，北京：军事科学出版社、中央文献出版社，1993 年版，第 337 页。

② 毛泽东：《毛泽东选集》第一卷，北京：人民出版社，1991 年版，第 198 页。

③ 毛泽东：《毛泽东选集》第一卷，北京：人民出版社，1991 年版，第 200 页。

是中国革命战争中的重要作战形式。这一定义和外延直接引自毛泽东于1938年5月撰写的《论持久战》这篇指导全国抗日战争的纲领性文献中关于“运动战”的表述。毛泽东指出：“运动战，就是正规兵团在长的战线和大的战区上面，从事于战役和战斗上的外线的速决的进攻战的形式。同时，也把为了便利于执行这种进攻战而在某些必要时机执行着的所谓‘运动性的防御’包括在内，并且也把起辅助作用的阵地攻击和阵地防御包括在内。它的特点是：正规兵团，战役和战斗中的优势兵力，进攻性和流动性。”[①]这一军语释义作为实行运动战指导思想的精髓，为八路军、新四军和人民解放军对敌组织实施运动战指明了正确方向。在抗日战争中，八路军、新四军正是遵照这一指导思想进行运动战，对实现战略上的持久战起到了决定性的作用。在解放战争中，运动战始终是人民解放军的主要作战形式。在战略防御阶段，以“大踏步进退”的运动战大量歼灭敌人有生力量。在战略进攻阶段，以大规模的运动战与大规模的阵地战相结合，赢得了解放战争的胜利。毛泽东为“运动战”下定义，指导我军打胜仗的伟大贡献，已载入我军军语建设的史册。

参考文献

[1] 全军军事术语管理委员会，军事科学院. 2011. 中国人民解放军军语. 北京：军事科学出版社.

（原文发表于2015年1月）

① 毛泽东：《毛泽东选集》第二卷，北京：人民出版社，1991年版，第497页。

毛泽东纵论“纸老虎”

1946 年 8 月，蒋介石的百万大军正在关内各个战场上猛烈地进攻人民解放军。

6 日下午 3 点许，延安杨家岭雨过天晴。毛泽东在窑洞前一颗苹果树下的石桌旁会见了第五次到访中国的美国进步作家和记者安娜·路易斯·斯特朗。

为了表示对客人的礼貌，毛泽东那天特意穿了件稍好的蓝布衣服，显得十分和蔼和自信。谈话是从毛泽东向客人询问美国国内的情况开始的。斯特朗惊奇地发现“对于美国的许多事，我发现他比我了解得还要多”[①]。

主客间在交流了对中国内战和前途的看法后，话题由国内形势转到国际形势方面。毛泽东对斯特朗提出的“美国是否可能进行反苏战争”的问题做了比较深入和系统的回答。

这时，斯特朗提出这样一个问题：“如果美国使用原子炸弹呢？如果美国从冰岛、冲绳岛以及中国的基地轰炸苏联呢？”毛泽东自信地回答说：“原子弹是美国反动派用来吓人的纸老虎，看样子可怕，实际上并不可怕。”毛泽东进一步解释道：“一切反动派都是纸老虎。看起来，反动派的样子是可怕的，但是实际上并没有什么了不起的力量。从长远的观点看问题，真正强大的力量不是属于反动派，而是属于人民。”[②]

当时担任临时翻译的美国医生马海德最初把“纸老虎”一词译成“稻草人”，斯特朗一时不理解，脸上显露出迷惑的神情。毛泽东忙请斯特朗解释英文中“稻草人”是何意思。听了斯特朗的解释后，毛泽东摇了摇头，告诉斯特朗，他所说的纸老虎，不是插在田地里用来赶鸟和吓唬小孩子的稻草人，而是样子看起来像只可怕的老虎，但实际上是纸糊的，一受潮它就发软，一下雨雨水就会把它冲跑。

---

① [美]安娜·路易斯·斯特朗：《中国人征服中国》，北京：北京出版社，1984 年版，第 40 页。

② 毛泽东：《毛泽东选集》第四卷，北京：人民出版社，1991 年版，第 1194-1195 页。

毛泽东解释后，在谈话中继续使用“纸老虎”这个词。他说：“在一九一七年俄国二月革命以前，俄国国内究竟哪一方面拥有真正的力量呢？从表面上看，当时的沙皇是有力量的；但是二月革命的一阵风，就把沙皇吹走了。归根结蒂，俄国的力量是在工农苏维埃这方面。沙皇不过是一只纸老虎。”毛泽东接着说：“希特勒不是曾经被人们看作很有力量的吗？但是历史证明了他是一只纸老虎，墨索里尼也是如此，日本帝国主义也是如此。”毛泽东坚定地说：“蒋介石和他的支持者美国反动派也都是纸老虎。”①

毛泽东娓娓而谈，斯特朗听得津津有味，认真地记着……谈话结束时，已是深夜。

后来，斯特朗撰写了《中国人征服中国》一书，其中介绍了这次访谈，向全世界传播毛泽东“一切反动派都是纸老虎”的著名论断。这个论断，很快传遍国内外，并且武装了中国人民的思想，增强了中国人民胜利的信心，在人民解放战争中，起到了极其伟大的作用。1960 年，斯特朗在撰写的文章《一个现时代的伟大真理》中，又满怀深情地回忆起这次谈话。她在文章中这样写道：“毛主席是 14 年前在延安时说帝国主义和一切反动派都是纸老虎的。现在这已成为有历史意义的历史名言了。”②时至今日，“一切反动派都是纸老虎”的著名论断对当前的军事斗争准备仍具有十分现实的指导意义。

（原文发表于 2013 年 12 月）

① 毛泽东：《毛泽东选集》第四卷，北京：人民出版社，1991 年版，第 1195 页。

② [美]安娜·路易斯·斯特朗：《一个现时代的伟大真理——忆毛主席谈纸老虎》，《世界知识》，1960（22）。

“战斗队”等军语的内涵、由来和联系

习近平主席明确提出军队“能打仗、打胜仗”[①]的目标，揭示了我军的根本职能和战略任务，能打胜仗成为党在新形势下的强军目标的核心。自此，与其相关的“战斗队”“战斗力标准”等军语经常见诸军队报刊、电视、网络等媒体和文件中，成为时下全军广大官兵使用的“热词”。

一、“战斗队”“战斗力标准”“打得赢、不变质”“新世纪新阶段我军历史使命”“能打仗、打胜仗”的内涵

“战斗队”是指执行作战任务的部队，意即执行作战任务是人民军队最经常、最重要的一项根本任务。这是毛泽东对我军根本职能和任务的精辟概括。

“战斗力标准”是指在军队建设中以是否有利于提高战斗力作为衡量一切工作的根本标准。这是邓小平为我军建设确立的重要指导原则。

“打得赢、不变质”是指“打赢现代条件特别是高技术条件下的局部战争”，“永远保持人民军队性质、本色和作风”[②]。这是江泽民提出的在新的历史条件下我军建设必须着力解决好的两个历史性课题。

“新世纪新阶段我军历史使命”是指我军在新世纪新阶段的根本职能和任务。内容是：“为党巩固执政地位提供重要力量保证”，“为维护国家发展的重要战略机遇期提供坚强安全保障”，“为维护国家利益提供有力战略支撑”，“为维护世界和平与促进共同发展发挥重要作用”[③]。这是胡锦涛对新世纪新阶段我军根本职能和任务的科学而完整的概括。

---

① 中共中央宣传部编：《习近平总书记系列重要讲话读本（2016年版）》，北京：学习出版社、人民出版社，2016年版，第244页。

② 参见中国人民解放军总政治部：《江泽民国防和军队建设思想学习纲要》，北京：解放军出版社，2003年版，第165页。

③ 参见胡锦涛：《胡锦涛文选》第二卷，北京：人民出版社，2016年版，第256-260页。

“能打仗、打胜仗是强军之要，必须按照打仗这个标准搞建设抓准备，确保军队能够做到召之即来、来之能战、战之必胜。”[①]这是习近平主席在新的历史起点上对我军根本职能和任务的新概括新定位。

二、“战斗队”“战斗力标准”“打得赢、不变质”“新世纪新阶段我军历史使命”“能打仗、打胜仗”的由来

“战斗队”源自于毛泽东 1949 年 3 月 5 日在中国共产党第七届中央委员会第二次全体会议上的报告。他在报告中指出“人民解放军永远是一个战斗队。就是在全国胜利以后，在国内没有消灭阶级和世界上存在着帝国主义制度的历史时期内，我们的军队还是一个战斗队。对于这一点不能有任何的误解和动摇。”[②]早在我军建军初期，毛泽东就将红军的性质概括为“执行革命的政治任务的武装集团”[③]，并且明确提出，“革命军人应当担负起三大任务：第一、打仗消灭敌人；第二、打土豪筹款子；第三、做群众工作”[④]。其中打仗消灭敌人是最重要、最紧迫的任务。

“战斗力标准”源自于邓小平 1988 年 12 月在中央军委扩大会议上的讲话。他在讲话中指出：“必须把提高战斗力作为军队改革和建设的出发点和落脚点，作为检验军队各项工作的根本标准。”[⑤]在抗日战争时期，邓小平就提出，“提高正规军的战斗力与顽强性”[⑥]的思想。他强调：“建设我们的军队，重心应放在正规军的加强，游击战争的发展与军区工作的健全上。一切努力为着提高我们的战斗力。”[⑦]

---

① 中共中央文献研究室编：《习近平关于全面深化改革论述摘编》，北京：中央文献出版社，2014 年版，第 113 页。

② 毛泽东：《毛泽东选集》第四卷，北京：人民出版社，1991 年版，第 1426 页。

③ 中共中央文献研究室、中国人民解放军军事科学院编：《毛泽东军事文集》第一卷，北京：军事科学出版社、中央文献出版社，1993 年版，第 87 页。

④ 中共中央文献研究室编：《毛泽东传（1893—1949）》，北京：中央文献出版社，1996 年版，第 167 页。

⑤ 黄国柱，贾永，曹智：《邓小平与中国特色精兵之路》，《解放军报》，2004-08-17（2）。

⑥ 中共中央文献研究室、中国人民解放军军事科学院编：《邓小平军事文集》第一卷，北京：军事科学出版社、中央文献出版社，2004 年版，第 183 页。

⑦ 中共中央文献研究室、中国人民解放军军事科学院编：《邓小平军事文集》第一卷，北京：军事科学出版社、中央文献出版社，2004 年版，第 132 页。

“打得赢、不变质”源自于江泽民1997年12月7日在中央军委扩大会议上的讲话。他在讲话中指出：“对于新时期的军队建设，有两个最重要的问题是我始终关注的：一个是在复杂的国际环境中，我军能不能跟上世界军事发展的趋势，打赢未来可能发生的高技术战争；一个是在对外开放和发展社会主义市场经济的条件下，我军能不能保持人民军队的性质、本色、作风，始终成为党绝对领导下的革命军队。”①

“新世纪新阶段我军历史使命”源自于胡锦涛2004年12月24日在中央军委扩大会议上的讲话。他在讲话中提出“认清新世纪新阶段我军历史使命”②。这是胡锦涛着眼于实现党的三大历史任务，站在军队建设全局的高度，确立的我军在新的历史条件下所要担负的“三个提供一个发挥”的使命任务。

“能打仗、打胜仗”源自于习近平主席2012年12月5日在会见第二炮兵第八次党代表大会代表时的讲话。他在讲话中指出：“要坚决完成担负的各项军事斗争任务，以国家核心安全需求为导向，按照‘能打仗、打胜仗’的要求，真抓实备、常备不懈，扎实推进军事斗争准备各项工作。”③2013年3月11日，习近平主席在出席十二届全国人大一次会议解放军代表团全体会议时强调：“实现党在新形势下的强军目标，能打胜仗是核心，反映军队的根本职能和军队建设的根本指向。”④

三、“战斗队”“战斗力标准”“打得赢、不变质”“新世纪新阶段我军历史使命”“能打仗、打胜仗”的联系

“战斗队”“战斗力标准”“打得赢、不变质”“新世纪新阶段我军历史使命”“能打仗、打胜仗”都体现了我军建设的根本原则和根本职能，在不同时期引领着我军建设的发展。随着国际战略形势和国家安全环境的发展变

① 江泽民：《江泽民文选》第二卷，北京：人民出版社，2006年版，第90页。

② 中国人民解放军总政治部编印：《军队高中级干部理论学习读本》下册，北京：解放军出版社，2010年版，第305页。

③ 刘声东、梁蓬飞：《习近平会见第二炮兵第八次党代会代表时强调 深入学习贯彻党的十八大精神 建设强大的信息化战略导弹部队》，《解放军报》，2012-12-06（1）。

④ 中共中央文献研究室编：《习近平总书记重要讲话文章选编》，北京：中央文献出版社、党建读物出版社，2016年版，第38页。

化，我军肩负的历史使命也在发展变化，这些军语被赋予了鲜明的时代内涵，但军队是战斗队的思想一以贯之，提高战斗力是我军建设的永恒课题。

（一）军队是战斗队的思想始终没有改变

“战斗队”“战斗力标准”“打得赢、不变质”“新世纪新阶段我军历史使命”“能打仗、打胜仗”作为军语的产生和使用，经历了不同的历史时期，从中可以看出，我们党在建设人民军队的长期实践中，始终强调军队必须履行战斗队的根本职能，坚决捍卫国家主权、安全和领土完整。从毛泽东强调“人民解放军永远是一个战斗队”，到邓小平确立“战斗力标准”，从江泽民提出“打得赢、不变质”两个历史性课题，到胡锦涛要求“全面提高履行新世纪新阶段我军历史使命的能力”，当前，习近平主席强调“能打仗、打胜仗”是强军之要，我们党关于军队是战斗队的思想是一脉相承的。

（二）提高战斗力是军队建设的永恒课题

我军在不同时期担负的具体任务各不相同，但“战斗队”“战斗力标准”“打得赢、不变质”“新世纪新阶段我军历史使命”“能打仗、打胜仗”作为军语的产生和使用，可以反映出，我们党坚持把提高战斗力作为军队各项建设的出发点和落脚点，使战斗力标准在全军各项建设和工作之中得到了贯彻，使我军始终保持了克敌制胜的强大战斗力。中华人民共和国成立后，我军胜利进行剿匪平叛、解放沿海岛屿，赢得抗美援朝战争和多次边境自卫作战的胜利，有效震慑和打击危害国家安全和统一的各种分裂、破坏活动，全面履行了保卫祖国、保卫人民和平劳动的根本职能。

（原文发表于 2013 年 9 月）

“9·3”大阅兵军语解读*

2015年9月3日，纪念中国人民抗日战争暨世界反法西斯战争胜利70周年大阅兵，在北京天安门广场盛大举行。随着受阅部队、装备等依次通过天安门广场，“阅兵式”“分列式”“徒步方队”“装备方队”“空中梯队”和“主战坦克”“地空导弹”“舰空导弹”“核导弹”“无人机”“预警机”“舰载机”等很多军语出现在解说词中。这些军语不仅诠释了阅兵式的基本进程和强大阵容，更是从中反映出我军建设的新发展、新成就、新变化，成为体现国威、军威、士气的代名词。

一、“9·3”大阅兵中军语的解析

“9·3”大阅兵中使用的军语主要包括两类，一类是与阅兵本身有关的军语，从中反映了阅兵的基本形式、主要程序和受阅部队的组成；另一类是与受阅装备有关的军语，从中展示出受阅装备的基本情况和主要特色。具体如下。

（一）涉及阅兵本身的军语

“阅兵”是指首长对部队、院校进行检阅的仪式。包括阅兵式和分列式。通常在重大节日、迎送国宾或军队出征、凯旋、校阅、授旗、授奖、演习、院校学员毕业典礼时举行。阅兵是一种隆重的军事仪式，特别是重大节日、演习等组织的阅兵，是对国防和军队建设成果的综合检阅，是军事能力和军队形象的集中展示。中华人民共和国成立至2015年，共举行了16次大阅兵。其中，举行了14次国庆大阅兵（包括1949年至1959年连续11次的国庆大阅兵，1984年、1999年和2009年的3次国庆大阅兵）、1981年华北大阅兵和2015年以“纪念抗战伟大胜利、弘扬抗战伟大精神、实现民

---

* 本文参阅了《人民日报》（2015年9月4日）、《解放军报》（2015年9月4日）和《新京报》（2015年9月4日）。

族伟大复兴”为主题的阅兵。

“阅兵式”是指阅兵首长从受阅部队或分队队列前通过，进行检阅的仪式。这次大阅兵，习近平主席作为阅兵首长，乘红旗牌检阅车，依次检阅了 11 个徒步方队、27 个装备方队。

“分列式”是指受阅部队或分队依次从检阅台前通过，接受阅兵首长检阅的仪式。这次大阅兵，阅兵式结束后，随即进行了分列式。由三军仪仗队和抗战英模部队组成的 10 个方队，由坦克、战车、火炮、导弹、无人机等 500 余台各型装备组成的地面装备方队，依次通过天安门广场接受检阅。来自五大洲 17 个国家的军队方队或代表队也参加了分列式。

“空中阅兵”是指受阅航空兵按照规定的序列和队形，在空中依次通过检阅台，接受阅兵首长检阅的仪式。这次大阅兵，除了空中护旗方队率先亮相，揭开阅兵分列式的序幕外，由陆海空三军航空兵编成的 9 个空中梯队，在分列式结束后，按照预警机、轰炸机、加油机、歼击机、舰载机等 183 架战机，70 架武装直升机的顺序，依次低空飞过天安门广场接受检阅。

“仪仗队”是指军队中执行礼仪任务的部队或分队。由陆海空三军人员共同组成，或由某一军种人员单独组成。这次大阅兵，陆海空三军仪仗队高擎八一军旗，率先通过天安门广场。其中，女仪仗队员首次亮相大阅兵。

“徒步方队”是指步行受阅部队或分队按照一定的序列和队形（通常为方形）排列所形成的编队。这次大阅兵，11 个徒步方队由三军仪仗队和 10 个前身为八路军、新四军、东北抗日联军、华南人民抗日游击队的现役英模部队组成。

“装备方队”是指受阅装备按照军兵种序列或装备类型等排列所形成的编队。这次大阅兵，27 个装备方队首次按照作战体系编组，由地面突击、防空反导、海上攻击、战略打击、信息支援、后装保障等 6 个模块组成。

“空中梯队”是指参加空中阅兵的飞机或直升机在空中按照规定的间隔、距离和高度差组成的编队。这次大阅兵，10 个空中梯队包括空中护旗方队、领队机梯队、预警指挥机梯队、轰炸机梯队、歼击机第一梯队、歼击机第二梯队、海军舰载机梯队、海上巡逻机梯队、加受油机梯队、直升机梯队。

（二）涉及受阅装备的军语

“主战坦克”是指主要遂行地面突击任务的坦克。是现代条件下地面作战的主要突击兵器。这次大阅兵，有着“陆战之王”美誉的99A式主战坦克组成箭型编队，引领27个装备方队通过天安门广场。

“两栖突击车”是指具备陆地和海上战斗性能的战车。此次参加受阅的05式两栖装甲突击车，是两栖作战的利器。

“加榴炮”是指兼有加农炮和榴弹炮两种火炮弹道性能的火炮。具有射程远、威力大、射击精度高、机动性强等特点。这次大阅兵，受阅的05A式155毫米履带自行加榴炮，被誉为“战争之神”。

“反恐突击车”是指在反恐现场运送兵力并能起到一定辅助攻击作用的警用特种车辆。这次大阅兵，受阅的新型武警反恐突击车是受阅装备中最年轻的新型战车，是执行城市防暴、反恐等任务的利器。

“地空导弹”是指从地面发射攻击空中目标的导弹。这次大阅兵，展示了红旗-9地空导弹、红旗-12地空导弹和红旗-6弹炮防御系统。

“舰空导弹”是指以水面舰艇为发射平台，用于攻击空中目标的导弹。主要用于海空作战，是舰艇主要防空武器之一。这次大阅兵，展示了海红旗-9B导弹和红旗-10导弹。

“反舰导弹”是指用于攻击水面舰艇的导弹。包括舰舰导弹、潜舰导弹、岸舰导弹和空舰导弹。这次大阅兵，展示了鹰击-12A舰舰导弹、鹰击-62A岸舰导弹和鹰击-83K空舰导弹。

“常规导弹”是指携带常规战斗部的导弹。是相对于核导弹而言的。主要用于战场突击作战，打击重要军事目标。这次大阅兵，展示了东风-15B、东风-16、东风-21D常规导弹和长剑-10A巡航导弹。

“核导弹”是指携带核战斗部的导弹。这次大阅兵，展示的被称为“战略铁拳”的东风-31A 固体洲际弹道导弹、被称为“大国重器”的东风-5B分导式多弹头洲际战略核导弹，是我国国防实力的显著标志，是维护国家主权、捍卫民族尊严的坚强盾牌。

“预警雷达”是指用于发现和跟踪远距离目标，担负预先警报任务的警戒雷达。这次大阅兵，展示的305A雷达和305B雷达，主要担负对空作战引导和对空警戒的机动作战任务。

“无人机”是指由遥控设备或自备程序控制装置操纵的不载人的飞机。主要用于侦察、预警、科研及充当靶机，有的还可携带导弹等武器直接攻击目标。有空中“敢死英雄”的美誉。这次大阅兵，展示了高空长航时战略侦察无人机、攻击型中空长航时无人侦察攻击机和低空近程战术无人机。这三型无人机是我军现役最新装备（注：此处时间节点为 2015 年）。

“指挥信息系统”是指以计算机网络为核心，由指挥控制、情报、通信、信息对抗、综合保障等分系统组成，可对作战信息进行实时的获取、传输、处理，用于保障各级指挥机构对所属部队和武器实施科学高效指挥控制的军事信息系统。指挥信息系统是未来信息化战争的“中枢神经”。这次大阅兵，受阅的指挥信息系统装备包括轮式轻型分队指挥车、频谱监测车、轮式装甲无线电接入节点车和卫星通信车载站。

“后勤保障”是指军队为满足作战、建设和生活需要而在后勤方面组织实施的保障。包括财务、物资、卫勤、军事交通运输、基建营房等方面的保障。这次大阅兵，受阅的后勤综合保障车、整体自装卸运加油车、机场综合保障车、野战运水车、高机动急救车等，代表着我军最新型后勤保障装备（注：此处时间节点为 2015 年）。

“装备保障”是指军队为满足作战及其他任务的需要而在装备调配、维修等方面组织实施的保障。由拆装修理车、轮式抢救车、轮式抢修车、履带抢救车等组成的装备保障方队，是我军阅兵史上第一次参加大阅兵。

“预警机”又称空中预警指挥机，是指装有机载预警雷达和电子侦察设备，专门用于搜索、监视空中、地面或海上目标，并可指挥引导己方飞机遂行作战任务的作战飞机。预警机是现代空战的“空中指挥所”，对空战的胜负具有举足轻重的作用。空警-2000、空警-200、空警-200H、空警-500 预警机参加了这次空中阅兵。

“轰炸机”是指以空地导弹、航空导弹、航空鱼雷为基本武器，具有轰炸能力的作战飞机。分为战略轰炸机和战术轰炸机。其中，战略轰炸机是指用于对敌纵深和战略目标实施攻击的中、远程轰炸机，具有威力非凡的突击能力和远距离奔袭能力，是从空中进攻敌战略后方目标的主要力量和航空兵实施空中突击的主要机种。被誉为“战神”的新型战略轰炸机——轰-6K 参加了这次空中阅兵。

“空中加油机”是指装有空中加油设备，专门用于给飞行中的飞机或直升机补给燃油的军用飞机。空中加油机的使用，提升了战斗机的续航能力，进而扩大了战斗机的作战半径，提高了战斗机的远程突袭能力。轰油-6 空中加油机参加了这次空中阅兵。

“歼击机”是指以空空导弹、航空火箭弹和航炮为基本武器，具有空战能力的作战飞机。其特点是速度快、机动性好、火力强。歼-11、歼-10A战斗机参加了这次空中阅兵。

“舰载机”是指以航空母舰或其他水面舰船为活动基地的飞机、直升机的统称，是在海洋上夺取和保持制空权、制海权的重要力量。歼-15舰载机首次参加了这次空中阅兵，也是这次阅兵的一大亮点，标志着我军实现了固定翼战斗机从岸基到舰基的跨越。

“武装直升机”是指装有机载武器系统，主要用于攻击空中、地面、水面及水下目标的直升机。直-9、直-19、直-10、直-8B武装直升机参加了这次空中阅兵。其中，后3种机型还是首次亮相大阅兵。

二、“9·3”大阅兵中军语传递的信息

“9·3”大阅兵中有关军语的使用，不仅传递了阅兵仪式的基本信息，更重要的是反映出我军建设的发展变化，同时预示着军队改革将以确保我军“能打仗、打胜仗”[①]的要求拉开序幕并不断深化。

（一）传递了阅兵仪式的基本信息

军语作为表达军事信息的语词，统一军事认知的媒介，在“9·3”大阅兵中得到了充分使用，成为向出席阅兵仪式的中外领导人和各界代表以及广大观众，传递仪式的基本形式和主要程序，传递受阅部队、装备的基本情况和主要特色等军事信息的重要工具。从习近平主席检阅受阅部队的阅兵式开始，到70架直升机组成的编队最后通过天安门广场的空中阅兵结束，在历时近80分钟的阅兵仪式中，解说员使用了涉及阅兵式和受阅装备的一个又一个军语，传递了一则又一则军事信息，使大家从中形成了对大阅兵的认知，特别是对中国军队的基本认知。

（二）反映出我军建设的发展变化

军语反映了我军建设的发展变化，成为军事领域不断创新的重要标志。

① 中共中央宣传部编：《习近平总书记系列重要讲话读本（2016年版）》，北京：学习出版社、人民出版社，2016年版，第244页。

“9·3”大阅兵中使用的军语，与之前中华人民共和国的 15 次大阅兵作对比，鲜明反映出我军建设的新发展新成就，充分展示了受阅方队、受阅人员军服、受阅武器装备的新变化新突破。从“陆军方队”“海军方队”“空中梯队”增加了“第二炮兵方队”“预备役部队方队”“民兵方队”“武警部队方队”，再转为“地面突击方队”“防空反导方队”“海上攻击方队”“战略打击方队”“信息支援方队”“后装保障方队”；从“骑兵方队”“摩托步兵方队”改变为“装甲输送车方队”“轮式装甲突击车方队”；从“50 式军服”“55 式军服”“58 式军服”“65 式军服”先后换装成“85 式军服”“97 式军服”“04 式军服”“07 式军服”；从“‘万国牌’武器装备”“‘苏式’武器装备”逐步发展到“国产武器装备”“国产高科技武器装备”“国产信息化武器装备”；从中华人民共和国第一种冲锋枪——“1950 年式冲锋枪”跨越发展出大国重器——“东风-5B 分导式多弹头洲际战略核导弹”……反映出 60 多年间，16 次大阅兵，16 次军语使用的大变化。

（三）预示着军队改革的不断深化

军语能够反映军事领域的现状，揭示军事领域的潜在方向，预示军事领域的发展。习近平主席在阅兵仪式开始前的重要讲话中对“裁军”军语的使用，标志着此时军队深化改革的大幕即将拉开，预示着将通过裁减 30 万的军队员额，进一步调整优化规模结构，把我军编得更加精干、编成更加科学，构建中国特色现代军事力量体系，以适应未来打赢信息化战争的要求。在此后的阅兵式中，“地面突击方队”“防空反导方队”“海上攻击方队”“战略打击方队”“信息支援方队”“后装保障方队”等有关阅兵装备方队的军语首次使用，改变了以往大阅兵中按照陆军、海军、空军、第二炮兵诸军兵种及武警部队、预备役部队和民兵等进行编组的惯例，不仅体现了信息化战争的联合性特点和我军打赢信息化局部战争能力，而且彰显出我军作战理念的变化，规模结构和力量编成也将日益优化，预示着我军将按照中央军委和习近平主席的决策指示，吹响改革号角，加快重要领域和关键环节改革步伐，进一步提高战斗力，进一步增强军队活力。

（原文发表于 2015 年 10 月）

“全面抗战”等军语的提出及其在抗日战争中的重要作用

军语是表达交流军事思想、生成传递军事信息、思考确定军事问题的最基本工具和媒介，具有表述军事概念、统一军队认知、协调部队行动的主要功能。在铁血烽火、艰苦卓绝的抗日战争时期，以毛泽东为主要代表的中国共产党人及其领导的抗日军民，创造和发展了诸如“全面抗战”“持久战”“战略防御”“战略相持”“战略反攻”“游击战”“伏击战”“破袭战”“地雷战”“地道战”“麻雀战”“敌后战场”“抗日根据地”等一批具有鲜明特色的军事用语，这些军语充分发挥了摹写抗日战争现实、统一国内各方认知、引领抗日军民行动、促进军事理论创新等重要作用，深深影响了抗日战争的进程，为取得抗日战争的胜利做出了独特的贡献。这些军语也作为勾勒和描述抗日战争的“主题词”，诠释了这场波澜壮阔战争的指导路线、战略方针、战略战术、基本进程、特征优势等主要内容，展示出军语的称名、符号和传递等基本功能。

一、“全面抗战”——体现抗日战争的指导路线

“全面抗战”是指抗日战争全面爆发后，为了动员全国一切抗日力量，中国共产党积极主张实行的全面的全民族抗战路线，即实行人民战争的路线。七七事变后的第二天，1937 年 7 月 8 日，中共中央即发表通电提出：“只有全民族实行抗战，才是我们的出路！”[①]鲜明提出了“全面抗战”思想。1937 年 8 月，中共中央召开的洛川会议正式确定了“全面抗战”路线，指出“只有这种全面的全民族的抗战，才能使抗战得到最后的胜利”[②]。会议

① 中共中央文献研究室、中央档案馆编：《建党以来重要文献选编》（一九二一——一九四九）第十四册，北京：中央文献出版社，2011 年版，第 356 页。

② 毛泽东：《毛泽东选集》第二卷，北京：人民出版社，1991 年版，第 446 页。

通过的《中国共产党抗日救国十大纲领》，具体阐述了全面抗战路线，其主要内容是："打倒日本帝国主义""全国军事的总动员""全国人民的总动员""改革政治机构""抗日的外交政策""战时的财政经济政策""改良人民生活""抗日的教育政策""肃清汉奸卖国贼亲日派，巩固后方""抗日的民族团结"[①]。由此产生了"全面抗战"的军语。

"全面抗战"这一军语作为抗日战争的指导路线提出，表明了中国共产党抗战的指导路线与国民党实行的单纯依靠政府和军队并依靠外援的"片面抗战"指导路线的原则区别，为动员和指导全国抗日军民以弱胜强，争取抗日战争的胜利指明了正确的前进方向。正是在"全面抗战"路线的指导下，全国人民同仇敌忾、共御外侮，结成最广泛的抗日民族统一战线，形成全民族抗战的生动局面，取得了抗日战争的最后胜利。

二、"持久战"——概括抗日战争的战略总方针

"持久战"通常是指战争中整体力量处于劣势的一方所采取的战略指导方针。主要是指通过持续时间较长的作战，逐步消耗、削弱敌方的力量，变劣势为优势，最后夺取战争的胜利。这一享誉中外的军语，最早出自于全国抗战开始之前中共中央在1935年12月召开的瓦窑堡会议。中共中央在此次会议上号召全党"为着同敌人作持久战而准备自己的艰苦工作"[②]。在会后召开的党内活动分子会议上，毛泽东发表了《论反对日本帝国主义的策略》的报告，第一次明确指出："打倒日本帝国主义和中国反革命势力的事业，不是一天两天可以成功的，必须准备花费长久的时间。""中国革命战争还是持久战，帝国主义的力量和革命发展的不平衡，规定了这个持久性。"[③]1937年8月，毛泽东在洛川会议上所作的军事问题的报告中再次指出："我们的方针最基本的是持久战，不是速决战，持久战的结果是中国胜利。"[④]洛川会议正式确定了"持久战"是抗日战争的战略总方针。经过集中全党智慧和认真反复思考，翌年5月，毛泽东在其著名的军事论

① 毛泽东：《毛泽东选集》第二卷，北京：人民出版社，1991年版，第354-356页。

② 中央档案馆编：《中共中央文件选集》第十册，北京：中共中央党校出版社，1991年版，第603页。

③ 毛泽东：《毛泽东选集》第一卷，北京：人民出版社，1991年版，第152页、第153页。

④ 中共中央文献研究室编：《毛泽东传（1893—1949）》，北京：中央文献出版社，1996年版，第463页。

著《论持久战》中又对什么是“持久战”、怎样进行“持久战”等进行了详细论述。在抗日战争刚刚进行10个月，面对悲观的“亡国论”和无知的“速胜论”等错误观点时，为了正确指导这场战争，毛泽东详细分析了20世纪30年代中日战争双方的社会性质、历史发展、实力对比、国际援助等各种条件，从中日战争双方多样的、错综复杂的条件中预见战争的趋势；回答了日本强而为什么不能胜，中国弱而为什么不会败；日本的不利条件多而为什么不会轻易失败，中国有利条件虽多而为什么不能速胜等问题；预见战争发展要经历三个阶段，并对这三个阶段做了具体描述。

“持久战”这一军语的提出及由此形成的系统、完善的理论，对抗日战争的战略总方针进行了概括，廓清了民众思想上的迷雾，坚定了中国人民持久抗战的胜利信心和决心，为全民族抗战提供了正确的理论指引，为抗日战争指明了胜利方向。“持久战”不仅统一了中国共产党党内的认知，获得了全党的高度肯定和坚决拥护，还得到了蒋介石、白崇禧等国民党高层的肯定，在蒋介石的支持下，白崇禧把“持久战”的精神归纳成两句话：“积小胜为大胜，以空间换时间”[①]，并由军事委员会通令全国，作为抗日战争中的战略指导思想。

三、“战略防御”“战略相持”“战略反攻”——预见抗日战争的三阶段

“战略防御”是指在战略全局上对敌实施的防御。“战略相持”是指敌对双方的力量对比处于相对平衡，战争或战略全局呈现相持不下的状态。“战略反攻”是指对进攻之敌实施的战略性攻势行动。抗日战争期间，这3个军语首次一同出现在毛泽东军事思想的代表著作——《论持久战》中，用来预示和体现抗日战争的三个阶段。毛泽东指出，抗日战争“将具体地表现于三个阶段之中。第一个阶段，是敌之战略进攻、我之战略防御的时期。第二个阶段，是敌之战略保守、我之准备反攻的时期。第三个阶段，是我之战略反攻、敌之战略退却的时期”。“第一阶段，现在还未完结……第二阶段，可以名之曰战略的相持阶段……第三阶段，是收复失地的反攻阶段。”[②]

---

① 军事科学院军事历史研究部：《中国抗日战争史》中卷，北京：解放军出版社，1994年版，第65页。

② 毛泽东：《毛泽东选集》第二卷，北京：人民出版社，1991年版，第462-465页。

毛泽东在《论持久战》中提出的“战略防御”“战略相持”“战略反攻”这3个军语，英明地预见出和实际体现了全国抗战的发展进程：从1937年7月7日的卢沟桥事变至1938年10月广州、武汉失陷的“战略防御”阶段，从1938年10月至1943年7月的“战略相持”阶段，进而发展到1943年，随着世界反法西斯战争形势发生根本性变化和日军逐渐丧失战略主动权，抗日战争进入的“战略反攻”阶段。这3个军语也同时反映出抗日战争的持久和惨烈，真实地谱写了中华民族同仇敌忾、抗击侵略的历史交响曲的3个乐章。

四、“游击战”——牵引一系列人民战争的战术战法

“游击战”是指以分散流动的袭击为主要手段的非正规作战形式。通常以消耗、疲惫、扰乱敌方为主要目的。抗日战争时期，毛泽东和老一辈无产阶级革命家在总结土地革命战争时期红军游击战争经验的基础上，丰富和发展了“游击战”的科学理论。全国抗战开始不久的1937年8月1日，毛泽东在给同国民党谈判的中共代表周恩来、博古、林伯渠的电报中即提及“游击战”。他提出：“在整个战略方针下执行独立自主的分散作战的游击战争。”①在此后不久召开的洛川会议上，毛泽东再次提出，我军实行“独立自主的山地游击战争”②。同年9月21日，毛泽东致电在山西前线的彭德怀，强调：“今日红军在决战问题上，不起任何决定作用，而有一种自己的拿手好戏，在这种拿手戏中，一定能起决定作用，这就是真正独立自主的山地游击战（不是运动战）。”③翌年，毛泽东又在总结10年土地革命战争时期和抗日战争初期的经验基础上，写出了《抗日游击战争的战略问题》《论持久战》《战争和战略问题》等军事著作，把“游击战”提高到战略地位，规定了一系列战略原则，对指导游击战发挥了重大作用。毛泽东也因此被外国人誉为“现代游击战争之父”④。抗日战争时期，周恩来、刘少奇、朱德、

① 中共中央文献研究室、中国人民解放军军事科学院编：《毛泽东军事文集》第二卷，北京：军事科学出版社、中央文献出版社，1993年版，第20页。

② 中共中央文献研究室、中国人民解放军军事科学院编：《毛泽东军事文集》第二卷，北京：军事科学出版社、中央文献出版社，1993年版，第44页。

③ 中共中央文献研究室、中国人民解放军军事科学院编：《毛泽东军事文集》第二卷，军事科学出版社、中央文献出版社，1993年版，第53页。

④ 贾若瑜主编：《游击战》，北京：军事学院出版社，1985年版，第31页。

任弼时、彭德怀、刘伯承、贺龙、陈毅、徐向前等围绕"游击战"问题也做过不同程度的论述，极大地丰富和发展了游击战理论，对指导抗日军民开展游击战发挥了重要作用。

"游击战"这一军语在抗日战争期间的提出及其形成的科学理论，牵引和创造出"伏击战""破袭战""地雷战""地道战""麻雀战"等一系列人民战争的战术战法。抗日战争期间，中国共产党领导的人民抗日武装发展了"游击战"，广泛和灵活机动地开展"伏击战""破袭战""地雷战""地道战""麻雀战""水上游击战""铁道游击战"等，共进行游击战等对敌作战 12.5 万次，歼灭日军 52.7 万人，伪军 118.7 万人，缴获各种枪支 69.4 万余支，各种炮 1800 余门[①]。

五、"伏击战""破袭战""地雷战""地道战""麻雀战"——诠释人民战争的特征优势

抗日战争期间，在"游击战"军语的广泛运用及其理论的正确指引下，广大抗日军民发挥了无穷的智慧，创造了"伏击战""破袭战""地雷战""地道战""麻雀战"等各种克敌制胜的新战法，充分展现了人民战争的特征和优势，在人类战争史上演出了空前伟大的一幕，也由此产生了一系列抗日战争新军语。

"伏击战"是指以设伏的方式歼灭运动之敌的战斗。1937 年 9 月，八路军第 115 师在晋东北要隘平型关预先设伏，待敌进入伏击地区后，堵头截尾，向敌两翼实施猛攻，歼灭日军第 5 师团第 21 旅团一部 1000 余人，击毁汽车 100 余辆，缴获一批辎重和武器[②]，取得了全国抗战开始以来中国军队的第一次大胜利。"平型关大捷"打破了日军不可战胜的神话，鼓舞了全国军民的抗日斗志，也使抗日战争中"伏击战"的游击战斗形式应运而生，并由此产生了"伏击战"这一军语。1938 年 4 月，朱德在《论抗日游击战争》著作中指出，"从隐蔽配置中，突然动作向正在行动之敌施行袭击，就叫伏击"[③]。

① 参见中共中央党史研究室：《中国共产党历史》第一卷（1921—1949）下册，北京：中共党史出版社，2011 年版，第 668 页。

② 中国军事百科全书编审委员会编：《中国军事百科全书》第二版・军事历史卷，北京：中国大百科全书出版社，2014 年版，第 722 页。

③ 军事科学院战争理论研究部：《游击战参考资料选编》(三)，1981 年，第 71 页。

他强调，“伏击是抗日游击队对敌人的运动部队采取的一种进攻战术”[①]。抗日战争期间，八路军、新四军广泛开展了“伏击战”，取得了一个又一个胜利。例如，1938 年，八路军第 129 师第 386 旅在不到 40 天内，先后在敌后晋察冀地区的长生口、神头岭、响堂铺进行了 3 次较大规模的伏击战，共毙伤日伪军 2000 余人，击毁汽车 180 余辆，缴获一批武器和军用物资[②]。

“破袭战”是指以破坏、袭击敌后方或纵深重要目标为主的战斗。1937 年 10 月 19 日夜，八路军第 129 师第 769 团对山西代县阳明堡日军飞机场实施破袭战，击毁、击伤日军飞机 24 架，歼灭日军 100 余人[③]，有力地打击了日军的嚣张气焰，也使抗日战争中“破袭战”的游击战斗形式应运而生，并由此产生了“破袭战”这一军语。1938 年 4 月，朱德在《论抗日游击战争》著作中充分肯定，袭击阳明堡飞机场“是游击战的好例子”。他同时提出了抗日游击队的“破坏敌人后方交通，破坏仓库，袭击飞机场”“破坏敌人的经济、给养”[④]等七点活动方针。抗日战争期间，“破袭战”具有突出的作用和地位。广大抗日军民通过各种“破袭战”，以暗袭明、以小击大、以少胜多，积极打击、迟滞和消耗侵华日军，破坏其交通运输补给线，牵制和分散敌人。

“地雷战”是指使用地雷同敌人做斗争的作战方法，是晋察冀抗日根据地的民兵在反“扫荡”中创造的一种游击战战法。1940 年春季，反“扫荡”斗争已经开始，河北安国县东赵、西寇两村民兵将手榴弹埋在大道上，用线拉火，炸死两个伪军。此后，各地民兵纷纷仿效，利用罐子、玻璃瓶、破铁壶等装上炸药，埋在进出道路、田边地头等敌人可能经过和触动之处，打击前来“扫荡”的日伪军。“地雷战”的军语由此产生。抗日战争时期，“地雷战”在敌后战场游击战中得到普遍运用。广大根据地军民自力更生、就地取材，大量制造各式各样的地雷，并巧妙地利用地形，灵活地选择埋雷地点，恰当地掌握埋雷时机，严密组织协同，采取多变的布雷手段，地雷与火力相结合，消灭了大量日伪军，并创造了地雷保卫战、地雷破交战、地雷伏击战等多种地雷战战法。

---

① 军事科学院战争理论研究部：《游击战参考资料选编》（三），1981 年，第 60 页。

② 中国军事百科全书编审委员会编：《中国军事百科全书》第二版·军事历史卷，北京：中国大百科全书出版社，2014 年版，第 114 页、第 818 页、第 1044 页。

③ 中国军事百科全书编审委员会编：《中国军事百科全书》第二版·军事历史卷，北京：中国大百科全书出版社，2014 年版，第 1095-1096 页。

④ 朱德：《朱德军事文选》，北京：解放军出版社，1997 年版，第 369 页、第 372 页。

“地道战”是指依托构筑的地道进行的作战，是华北抗日根据地军民继“地雷战”之后在开展平原游击战中开创的有效战法，是抗日游击战争的重要方式之一，被聂荣臻誉为“华北人民保家卫国，开展游击战争，在平原地带战胜顽敌的伟大创举”①。1941年，随着反“蚕食”斗争的日趋尖锐、残酷，冀中抗日民众将藏人、藏物的地洞挖通，形成地道，与敌展开斗争。冀中区将此作为保存自己消灭敌人的伟大创造，认为对坚持平原游击战有巨大意义。为此，冀中行署、冀中军区、冀中武委会于1942年3月联合发出《关于开展地道斗争的指示信》，在全冀中区进行推广。“地道战”这一军语由此而来。自此，“地道战”在冀中平原成燎原之势，并迅速推广到晋绥乃至整个华北抗日根据地。华北抗日根据地军民在一家一户挖掘的土洞、地窖的基础上，建成户户相通、村村相连，能打能藏、可攻可守的地道网，并利用这样的地道网，广泛实施联防作战，神出鬼没地打击敌人。例如河北清苑县冉庄地道战，冉庄民兵从1942年至抗日战争胜利，共进行地道战11次，毙伤敌96人，并缴获许多武器、弹药和其他军用物资②，以致当时日伪军哀叹“宁走黑风口，不从冉庄走”。

“麻雀战”是指三五成群、忽聚忽散、时隐时现、出没无常，从四面八方灵活机动地杀伤、消耗、迷惑、疲惫敌人的作战方法。1937年11月26日，日军步兵五六百人和一个骑兵中队向山西长治县附近的范村进犯，八路军第129师第771团以一个连的兵力，分散埋伏在10多里长的道路附近，三人一组、五人一群，聚散不定地打击敌人，使日军伤亡近百人，一辆汽车被击毁③。翌年7月7日，刘伯承在所作第129师《抗战一周年的战术报告》中，专门提到范村战斗，称之为“发明了打麻雀仗”，由此产生了“麻雀战”这一军语。抗日战争时期，抗日根据地军民运用“麻雀战”，打得日军惶惶不可终日。例如，1943年9月的河北曲阳县尖地角村民兵“麻雀战”，该村只有17户人家，他们组成民兵游击小组，凭借山丘密林和人熟地熟的有利条件，机智灵活地开展“麻雀战”打击敌人，迫使敌人撤出山区，取得了那场反“扫荡”斗争的胜利④。

---

① 河北省档案馆：《地道战档案史料选编》，石家庄：河北人民出版社，1987年版，题词第1页。

② 中国军事百科全书编审委员会编：《中国军事百科全书》第二版·军事历史卷，北京：中国大百科全书出版社，2014年版，第761页。

③ 孙阳：《麻雀战：“啄”得鬼子团团转》，《解放军报》，2015-07-27（8）。

④ 参见贾若瑜主编：《游击战》，北京：军事学院出版社，1985年版，第563-564页。

六、“敌后战场”——展示救亡图存的希望

“敌后战场”是指在抗日战争时期，中国共产党领导下的八路军、新四军所开辟、发展并坚持下来的解放区战场。它相对于国民党主导的“正面战场”而言。1943 年 7 月 2 日发表的《中国共产党中央委员会为抗战六周年纪念宣言》中指出：“整个中国战场上，六年来的作战，实际上是被划分为正面与敌后两大战场。”[①]中国共产党领导开辟的“敌后战场”和国民党指挥的“正面战场”，是抗日战争的显著特点。两个战场协力合作，形成了共同抗击日本侵略者的战略局面，成为“一个伟大的创造”。特别是“敌后战场”钳制和歼灭日军大量兵力，歼灭大部分伪军，逐渐成为抗日战争的主战场，展示出全民族救亡图存的希望。开辟“敌后战场”，是全面抗战开始不久的 1937 年 8 月召开的洛川会议确定的战略任务，这也是“敌后战场”这一军语的首次正式提及。

“敌后战场”这一军语作为战略任务提出，指引八路军迅速挺进，实施战略展开，开辟了广阔的华北敌后战场，指引新四军由皖南和鄂豫皖边挺进，开辟了华中敌后战场，变日军的后方为前线，广泛开展游击战，与正面战场相配合，对日军形成战略夹击的战略格局。在战略防御阶段，敌后战场有力配合了正面战场作战，创建了敌后抗日根据地，迫使日军不得不长期而不是暂时分散兵力两面作战。进入战略相持阶段后，敌后战场逐步上升为抗日战争的主战场，成为敌我力量消长变化的关键因素。在战略反攻阶段，敌后战场抗击了 60%以上的侵华日军和几乎全部伪军，成为实施全面反攻和夺取抗日战争最后胜利的决定性因素。

七、“抗日根据地”——摹写长期武装斗争的篇章

“抗日根据地”是指据以长期进行抗日武装斗争的基地，是抗日战争时期各地抗日民主政权所控制的地区。它是八路军、新四军等人民抗日武装赖以生存、发展，进行备战和训练，消灭和驱逐敌人的战略基地，是积蓄和发展抗日民主力量的阵地。毛泽东是中国共产党创建根据地的先驱，他

① 中央档案馆编：《中共中央文件选集》第十二册，北京：中共中央党校出版社，1986 年版，第 240 页。

关于创建根据地的思想在土地革命战争时期萌芽、形成，在抗日战争中得到重大发展。“创造根据地”是毛泽东于 1937 年 8 月在洛川会议所作的军事问题报告中，对我军提出的第一项基本任务。同年 10 月 6 日，毛泽东致电八路军第 120 师师长贺龙和副师长萧克，明确要求在晋西北“创造抗日根据地”[①]。这也是“抗日根据地”这一军语首次正式出现。1938 年 5 月，毛泽东在《抗日游击战争的战略问题》等军事著作中，对建立“抗日根据地”的必要性和重要性、条件和途径、根据地的巩固和发展等问题又进行了深入阐述。

“抗日根据地”这一军语摹写了中国共产党领导的八路军、新四军等人民抗日武装进行长期艰苦抗日斗争的光辉篇章。抗日战争时期，在日军大举入侵的情况下，八路军、新四军等人民抗日武装深入敌后，与当地党组织相结合，分兵发动群众，先后在华北、华中、华南等地建立了面积约 100 万平方公里、人口近 1.2 亿的陕甘宁、晋绥、晋察冀、冀热辽、晋冀豫、冀鲁豫、山东、苏北、苏中、苏南、淮北、淮南、皖中、浙东、广东、琼崖、湘鄂赣、鄂豫皖边、河南等 19 个抗日根据地，以此为基地，坚持了持久战，至抗日战争胜利时，人民军队发展到 120 余万、民兵发展到 260 余万[②]。“抗日根据地不仅成为游击战争最能长期支持的坚强阵地和全国抗战的重要堡垒，而且成为抗日民主建设的典范，并为建立新中国提供了丰富借鉴。”[③]

参 考 文 献

[1] 《“大抗战”知识读本》编写组. 2015.“大抗战”知识读本. 北京：学习出版社.

[2] 《中国抗日战争史简明读本》编写组. 2015. 中国抗日战争史简明读本. 北京：人民出版社.

[3] 步平，荣维木. 2010. 中华民族抗日战争全史. 北京：中国青年出版社.

[4] 军事科学院军事历史研究部. 1991. 中国抗日战争史. 北京：解放军出版社.

[5] 全军军事术语管理委员会，军事科学院. 2011. 中国人民解放军军语. 北京：军事科

① 中共中央文献研究室、中国人民解放军军事科学院编：《毛泽东军事文集》第二卷，北京：军事科学出版社、中央文献出版社，1993 年版，第 74 页。

② 参见沙健孙主编：《中国共产党与抗日战争》下，北京：中央文献出版社，2005 年版，第 861 页。

③《中国抗日战争史简明读本》编写组：《中国抗日战争史简明读本》，北京：人民出版社，2015 年版，第 10 页。

学出版社.

[6] 沙健孙. 2005. 中国共产党与抗日战争（下）. 北京：中央文献出版社.

[7] 中共中央党史研究室. 2011. 中国共产党历史（第一卷）（1921—1949）下册. 北京：中共党史出版社.

[8] 中国军事百科全书编审委员会. 1997. 中国军事百科全书（第一版）. 北京：军事科学出版社.

（原文发表于 2015 年 12 月）

“国家”和“祖国”的异同

“国家”和“祖国”两个词，在日常生活中耳熟能详。它们与军队和军人更是密不可分。军队的基本职能就是巩固政权，维护国家主权、安全、发展利益，抵抗外敌入侵等。同样，军人从穿着军服的第一天起，就意味着按照国家法律规定，义不容辞地肩负起保卫祖国的神圣职责。因此，在军事统帅的题词、讲话中，在军事法律法规的条文里，在军事报刊的字里行间，在军事歌曲的歌词之中……这两个词的使用频率都很高。例如，有军队语言专家曾运用语料库方法做过统计，在1956～2014年近60年的《解放军报》中，使用最多的前1000个词里，“国家”和“祖国”都位列其中，且居前列。那么，从语言学的角度看，两者有哪些异同呢？

首先，从两者的词源上看，根据《辞源》之述，“国家”是“阶级压迫的工具，指实施统治的组织。古代诸侯称国，大夫称家。也以国家为国之通称”。而“祖国”为“祖籍所在之国。……今指自己的国家为祖国”。[①]

其次，从两者的语形上看，“国家”和“祖国”都是合成词。其中，“国家”由两个不同的词根，即“国”和“家”构成，属于合成词中的联合型词，且这两个词根组合成词后，只有一个词根的意义，即“国”的意义在起作用，另一个词根“家”的意义则完全消失；而“祖国”也由两个不同的词根，即“祖”和“国”构成，属于合成词中的偏正型词，即前一词根“祖”，修饰、限制后一词根“国”。此外，从语法属性上看，“国家”和“祖国”都是名词。

再次，从两者的语义上看，由于“国家”和“祖国”均有“国”这一词根。而“国”在《现代汉语词典》（第6版）中的第一个语义为“国家”，并用“国内”和“祖国”举例说明。因此，在这一层面上可以说，两者都有“国”之语义。

---

① 辞源修订组、商务印书馆编辑部编：《辞源》（修订本），北京：商务印书馆，1988年版，第310页、第1231页。

但两者的语义也有不同之处。“国家”，在《现代汉语词典》（第 6 版）中有两义：“①阶级统治的工具，同时兼有社会管理的职能。国家是阶级矛盾不可调和的产物和表现，它随着阶级的产生而产生，也将随着阶级的消灭而自行消亡。②指一个国家的整个区域。”[①]“国家”在《法律辞典》中的解释为：“社会发展一定历史阶段上产生的政治组织形式。”[②]而“祖国”，在《现代汉语词典》（第 6 版）中只有一义，即：“自己的国家。”[③]从“祖”具有“祖宗”之义讲，“祖国”也可以理解为祖先开辟的生存之地。从上述两者的语义可以看出，“国家”是兼具政治、法律、地理意义的名词，而由于人们对自己国家的感情，使“祖国”较“国家”更具文化意义和感情色彩。例如在中文语境中，锦绣的河山、悠久的历史、灿烂的文化……都会增进中华儿女对伟大祖国的感情，以至于人们总是把“祖国”比作母亲，而军人也因此会燃起为保卫祖国、建设祖国献出一切的壮志豪情。两者语义的这一区别，在具体语用中体现得更为明显。

最后，从两者的语用上看，总体而言，“国家”的使用频次比“祖国”高。具体如下。

（1）以《中华人民共和国国防法》对两者的使用为例。在《中华人民共和国国防法》中，“国家”比“祖国”的使用频率要高很多。在具体法条中，“国家”的使用频次为 64 次，如“国家独立自主、自力更生地建设和巩固国防，实行积极防御战略，坚持全民自卫原则”“国家通过开展国防教育，使公民增强国防观念、掌握国防知识、发扬爱国主义精神，自觉履行国防义务”，等等。而“祖国”的使用频次仅为 4 次，全部列举如下：“保卫祖国、抵抗侵略是中华人民共和国每一个公民的神圣职责。”“中华人民共和国的武装力量属于人民。它的任务是巩固国防，抵抗侵略，保卫祖国，保卫人民的和平劳动，参加国家建设事业，全心全意为人民服务。”“现役军人必须忠于祖国，履行职责，英勇战斗，不怕牺牲，捍卫祖国的安全、荣誉和利益。”

（2）以《军语》对两者的使用为例。在 2011 年版《中国人民解放军军

---

① 中国社会科学院语言研究所词典编辑室编：《现代汉语词典》第 6 版，北京：商务印书馆，2012 年版，第 496 页。

② 中国社会科学院法学研究所法律辞典编委会编：《法律辞典》简明本，北京：法律出版社，2004 年版，第 260 页。

③ 中国社会科学院语言研究所词典编辑室编：《现代汉语词典》第 6 版，北京：商务印书馆，2012 年版，第 1739 页。

语》中，"国家"也比"祖国"的使用频率要高。有7条词目名称包含"国家"，如"国家安全""国家防空体系""国家军用标准"等。有385条词目释文中涉及"国家"，如"国防"的定义为"国家为防备和抵抗侵略，制止武装颠覆，保卫国家的主权、统一、领土完整和安全所进行的军事及与军事有关的政治、经济、外交、科技、文化、教育等方面的活动。是国家生存与发展的安全保障"[①]。而"祖国"，在词目名称中没有涉及，在词目释文中也只有"立功创模""爱国奉献教育""烈士""社会主义荣辱观教育""军地两用人才"5条涉及，且都在"军队政治工作"类目，如"爱国奉献教育"的词目释文为"中国人民解放军开展的以热爱祖国、忠于祖国、保卫祖国，献身国防与军队建设事业为主要内容的教育"[②]。

（3）以《解放军报》对两者的使用为例。同样，"国家"比"祖国"的使用频次要高很多。以《解放军报》2000～2014年词频统计表为例，"国家"的使用频次为137248次，而"祖国"的使用频次为30171次，前者大约是后者的4.5倍。

但是，在具有感情色彩的特殊语境中，"祖国"的作用就凸显出来了。举例如下。

（1）1953年8月10日，毛泽东欣然为中国人民解放军公安部队首届功臣模范代表会议题词"提高警惕，保卫祖国"[③]。

（2）2014年1月26日，马年春节来临之际，习近平主席专程来到内蒙古军区边防某部，走巡逻线路，登观察哨所，进连队班排，亲切看望慰问戍边官兵，代表党中央、国务院、中央军委，向在祖国边海防坚守战斗岗位的全体指战员致以诚挚问候，向解放军和武警官兵、民兵预备役人员致以新春祝福。[④]

（3）"我爱祖国的蓝天，晴空万里，阳光灿烂，白云为我铺大道，东风送我飞向前……"由著名词作家阎肃作词的《我爱祖国的蓝天》是一首豪情万丈、气势如虹的爱国军旅歌曲。

---

① 全军军事术语管理委员会、军事科学院：《中国人民解放军军语》，北京：军事科学出版社，2011年版，第17页。

② 全军军事术语管理委员会、军事科学院：《中国人民解放军军语》，北京：军事科学出版社，2011年版，第466页。

③ 中共中央文献研究室、中国人民解放军军事科学院编：《建国以来毛泽东军事文稿》中卷，北京：军事科学出版社、中央文献出版社，2010年版，第167页。

④ 王士彬：《习近平春节前夕冒严寒踏冰雪慰问边防官兵》，《解放军报》，2014-01-29（1）。

（4）2016 年 11 月 12 日，空军歼-10 飞行员余旭在飞行训练中不幸牺牲后，空军新闻发言人在深表痛惜、深表哀悼的同时，表示“空军要继续坚持从难从严训练，忠实履行使命责任，不负祖国和人民对空军的期望”①。

（5）2017 年 4 月 27 日，突破和验证了空间站货物运输、推进剂在轨补加等关键技术，标志着我国载人航天工程第二步胜利完成的天舟一号飞行任务圆满成功后，中共中央、国务院、中央军委专门发出贺电，向参加该任务的全体科技工作者、干部职工、解放军指战员表示热烈的祝贺和亲切的慰问，并提出：“祖国和人民感谢你们！”②

综上所述，只有正确领悟“国家”和“祖国”词义的内涵特性和语境特点，使用时才能把它们表达得准确、鲜明、生动，对于增强全民的国家认同感和祖国亲近感，必将产生良好的宣传效应。

参考文献

[1] 辞源修订组，商务印书馆编辑部. 1988. 辞源（修订本）. 北京：商务印书馆.
[2] 黄伯荣，廖序东. 2007. 现代汉语（增订四版）. 北京：高等教育出版社.
[3] 李苏鸣. 2010. 军语导论. 北京：军事科学出版社.
[4] 全军军事术语管理委员会，军事科学院. 2011. 中国人民解放军军语. 北京：军事科学出版社.
[5] 向音，黄海波. 2015. 我国军事领域语言状况研究. 北京：蓝天出版社.
[6] 中国社会科学院法学研究所法律辞典编委会. 2004. 法律辞典（简明本）. 北京：法律出版社.
[7] 中国社会科学院语言研究所词典编辑室. 2012. 现代汉语词典（第 6 版）. 北京：商务印书馆.

（原文发表于 2018 年 1 月）

① 高立英：《空军歼-10 飞行员余旭在飞行训练中不幸牺牲》，《解放军报》，2016-11-13（2）。
② 《中共中央、国务院、中央军委对天舟一号飞行任务圆满成功的贺电》，《解放军报》，2017-04-28（1）。

作战概念影响未来战争形态发展演变

作战概念是作战理论的组成部分，是作战理论的内核和核心表达，是将作战理论中的抽象元素形式化的手段，具有启智功能，能够引领作战理论创新。同时，作战概念具有预示功能，能够预示作战领域的发展趋势，指引军事技术的改进和突破方向。在信息化战争逐步向智能化战争转变的今天，我们应当对包括作战概念在内的军事理论、军事技术的发展和融合给未来战争形态带来的革命性变化及其发展演变趋势有明晰的了解；对未来战争形态的发展变化给我国军事安全、我军作战建设带来的严峻挑战有清醒的认识；对习近平主席“要适应军事科研工作新体制新要求，坚持军事理论和军事科技紧密结合”[①]的要求有深刻的感悟。

一、深刻认识作战概念已成为影响未来战争形态发展演变的一个重要因素

作战概念的不断创新，牵引推动了技术装备的研制开发；而作战概念的成功实施，需要相关技术的有力支撑，这种形式的军事理论与军事技术的融合，从一个方面推动了未来战争形态的发展演变。

（一）作战概念的不断创新牵引技术装备研制开发

作战概念是对作战行动本质特性的理性认识与思考，是作战理论研究的逻辑起点。例如，美军从越南战争的失败以及第四次中东战争的新特点中总结出“概念驱动”的模式，即作战概念（作战理论）创新——军事技术发展——作战系统变革，牵引推动技术装备的研制开发和作战系统的变

① 王士彬：《习近平向军事科学院国防大学国防科技大学授军旗致训词出席座谈会并发表重要讲话》，《解放军报》，2017-07-20（1）。

革，进而推动了战争形态的发展，从中体现了以作战概念为依据的技术装备研制开发的思想和实践。近些年来，美军为了适应形势的变化，先后提出“快速决定性作战”“战略瘫痪战”“网络中心战”“混合战争”“空海一体战”“跨域协同战”“全球一体化作战”“全球公域进入与机动”“多域战”等一系列新的作战概念。通过作战概念的不断创新，投入科研力量，牵引和推动技术装备的研制开发。例如，“空海一体战”概念的提出，使美军在2020年前后，将有一大批可以代表下一代的武器技术和作战平台及其武器载荷完成研制和列装。包括远程打击系统，战斗机，对地攻击、反舰、反潜战武器，电子战，高能机载指挥、控制和通信中继网络，实时侦察监视和降低对GPS的依赖，定向能武器系统，增程无人潜艇器，增加全球精确制导武器储备等。又如，美国智库——新美国安全中心“20YY战争形态倡议小组”研究员、项目主管保罗•斯查瑞在其撰写的《20YY：新概念武器与未来战争形态》报告中提出了“隐蔽与发现”“认知与迷惑”“网络弹性与网络失能”“攻击与拦防”“行动速度与决策速度”“争取民心与动摇士气”[①]这六种作战概念，并指出：上述作战概念是“信息技术进一步发展的产物。军队一方面利用这些技术获取优势、发现战场敌人、开展精确打击；另一方面，研发对抗措施，掩藏部队，扰乱敌方军心，破坏敌方网络，拦截来袭导（炮）弹”[②]。在报告中出现的“网络弹性”和“网络失能”就是出现的新作战概念，作者随之指出，技术是应对网络压力的重要保证，并提出了“进一步提高干扰技术”[③]等具体建议。

（二）作战概念的老词新用反映技术领域深刻变化

作战概念是动态的，这体现在随着科学技术的发展进步、人们认知水平的不断提高，一方面，会出现新的作战概念；另一方面，作战概念的同一“物质外壳”（语形）却表示了一个全新的、同过去所表示的不一样的内涵。同一作战概念，在不同时代有不同含义。例如作战概念“远战”在古

① [美]简森•埃利斯、保罗•斯查瑞等，邹辉译：《20YY：新概念武器与未来战争形态》，北京：国防工业出版社，2016年版，第94页。

② [美]简森•埃利斯、保罗•斯查瑞等，邹辉译：《20YY：新概念武器与未来战争形态》，北京：国防工业出版社，2016年版，第94页。

③ [美]简森•埃利斯、保罗•斯查瑞等，邹辉译：《20YY：新概念武器与未来战争形态》，北京：国防工业出版社，2016年版，第100页。

代、近代和现代，都表达“远距离作战”之意，但随着时代的发展特别是科技的进步，其内涵发生了极大变化。从1906年北洋陆军督练处编纂的《军语》定义的“两军相距远时用枪炮轰击也”[①]，到20世纪50年代初我军第一部综合性军语——《军语汇编》（初稿）中定义的“在远距离，敌我互以炮火进行战斗”[②]，再到现行《中国人民解放军军语》中定义的“在远距离上使用远射程武器和其他手段进行的作战。如炮战、导弹战等”[③]。冷兵器时代，远战主要体现在作战双方使用弓箭、弩、抛石机等在数百米距离上进行。火器出现后，远战的距离增大。第一次、第二次世界大战时期，火炮改进，飞机运用于作战，特别是导弹的出现，使远战在传统意义上有了突破性发展。随着洲际导弹的出现和卫星、精确制导技术的广泛运用，远战扩展到数千千米以外的距离进行。深海和外层空间成为远战战场，卫星、激光、粒子束等高技术兵器成为远战的重要手段。例如，《20YY：新概念武器与未来战争形态》报告中所涉及的六种作战概念中，除了“网络弹性”和“网络失能”是属于新词外，其他都是耳熟能详的老词，而且有些很早就出现了。时至今日，虽然这些作战概念的语形依旧，但随着科学技术的迅猛发展和武器装备的不断进步，它们的语用（语义、语境）却发生了深刻的变化。以作战速度为例，冷兵器战争和信息化战争的作战速度（无论是行动速度还是决策速度）简直不可同日而语。今天，信息以光速传递，战争已进入发现即摧毁的“秒杀”时代，谁能够创造和拥有速度优势，谁就更容易获取战场主动权。正如作者所言：“（速度）这一概念自古有之，中国古代军事家孙子曾写道，‘兵贵神速’。许多新兴技术都有可能使作战速度进一步提升，如高超声速技术、定向能武器、网络武器、自主系统。”[④]“千余年来，欺骗一直都是军事行动的重要组成部分，未来仍将如此。这些技术会给迷惑对手带来新的机会。”[⑤]

---

① 北洋陆军督练处：《军语》，北洋陆军编译局印，1906年版，第3页。

② 中央人民政府人民革命军事委员会军训部：《军语汇编》（初稿），北京：中央人民政府人民革命军事委员会军训部军事出版局，1951年版，第43页。

③ 全军军事术语管理委员会、军事科学院：《中国人民解放军军语》，北京：军事科学出版社，2011年版，第77页。

④ [美]简森•埃利斯、保罗•斯查瑞等，邹辉译：《20YY：新概念武器与未来战争形态》，北京：国防工业出版社，2016年版，第102页。

⑤ [美]简森•埃利斯、保罗•斯查瑞等，邹辉译：《20YY：新概念武器与未来战争形态》，北京：国防工业出版社，2016年版，第98页。

（三）作战概念的成功实施需要相关技术有力支撑

作战概念要成功实践，需要与相关技术相结合，实现从空中楼阁到坚实地面的脚踏实地转变。在《20YY：新概念武器与未来战争形态》报告中，作者把有关作战概念视为影响未来战争形态的决定性因素，强调这六种作战概念“将决定未来的战争形态”①。但是，实现这些作战概念，必然要与相关技术结合，有相应的技术领域和条件提供支撑和保证，通过大量技术特别是新兴技术发展、实验、改进，最终付诸实施。换句话说，作战概念只有与相关新兴技术相融合，才能使抽象的军事概念、军事理论具体化，才能把纸上的概念工具变为现实的作战成果和效果。仅作者在报告中列举的这六种作战概念所涉及的技术领域和武器装备，就有 62 种之多，如可以增强隐蔽或发现的技术领域分别包括 8 个和 9 个，与认知或迷惑有关的技术领域分别包括 9 个和 4 个，影响网络弹性和失能的技术领域分别包括 9 个和 4 个，影响攻击与拦防的技术领域分别包括 7 个和 4 个，而高超声速技术、定向能武器、网络武器、自主系统等许多新兴技术可进一步提升作战速度，社交媒体、互联网、网络博客以及无所不在的智能手机已成为争取民心与动摇士气的关键因素，等等。

二、注重开发具有我军特色的原始作战概念并借鉴跟踪外军相关作战概念

在作战概念已成为影响未来战争形态发展和演变的重要因素的新背景下，我军需要本着“面向战场、面向部队、面向未来”②的理念，充分运用现有的全军军语工作管理机制，学习借鉴外军作战概念开发的有益经验，认真搞好顶层设计，注重开展理技融合，有效发挥全军各有关机关、部队的优势进行集智攻关。一方面，挖掘提炼具有我军特色的原始作战概念；另一方面，借鉴转换源自外军的相关作战概念，紧密跟踪外军相关作战概念创新动向，逐步构建和完善包括作战概念在内的我军军事概念开发机制，

---

① [美]简森•埃利斯、保罗•斯查瑞等，邹辉译：《20YY：新概念武器与未来战争形态》，北京：国防工业出版社，2016 年版，第 94 页。

② 李宣良、王逸涛：《习近平在视察国防大学时强调 围绕实现强军目标推进军队院校改革创新 为实现中国梦强军梦提供人才和智力支持》，《解放军报》，2016-03-24（1）。

为提高我军基于网络信息系统的联合作战能力、全域作战能力，有效遏制战争，打赢战争服务。

（一）挖掘提炼具有我军特色的原始作战概念

作战概念已成为影响未来战争形态的有关重要因素，其关键是“设计战争”。我们应根据国家安全和我军作战的实际需求，在加强对前瞻性、先导性、探索性的重大技术研究的基础上，加强对新作战概念的研究和开发，把原始作战概念研发作为作战理论、军事技术创新和理技融合的切入点，抓住影响未来战争形态的难点、重点和热点，从现有作战理论中挖掘新概念，从训练实践经验中提炼新概念，然后赋予其适当的名称，研究开发出类似“体系破击战”“超限战”这样的具有我军特色的原始作战概念，构建并逐步完善具有我军原创特色的作战概念体系，确保我军在作战领域的话语权，打通从作战概念到未来战争形态的路径。例如，“超限战”概念的提出，正是作者基于近十年对时代变化和世界军事革命发展的关注和思考。作者通过研究认为：“由于技术的大量发明和综合运用，金融战、新恐怖战等非传统战争与军事性的战争的组合，以及非国家组织和国家一道成为战争主体，使战争发生了重大变化，形成了一种全新形态的战争——‘超限战’。”[①]

（二）借鉴转换源自外军的相关作战概念

对来源于外军的作战概念，应充分结合我军的相关理论和实践经验，开展比较研究，把握本质特征，审视其是否具有准确性和适用性，并做出体现我军自身观察视角和叙述内涵外延及符合中文语言习惯的新释义。例如，“信息作战”是基于信息和网络技术取得的爆破性发展并在军事领域得到广泛应用，而后发展成为对现代战争进程与结局产生重大影响的作战样式。而其是首先由美军陆军训练与条令司令部于 20 世纪末提出的作战概念。美军《军语》中对此给出的释义是：“综合运用电子战、计算机网络战、心理战、军事欺骗和作战保密等核心能力，在特定的支援和相关能力配合下，影响、破坏、扰乱和剥夺敌方人工和自动决策能力，同时保护己方决

① 乔良、王湘穗：《超限战与反超限战——中国人提出的新战争观美国人如何应对》，武汉：长江出版传媒、长江文艺出版社，2016 年版，第 270 页。

策的能力。”[①]而该作战概念在我军《军语》中的释义是：“综合运用电子战、网络战、心理战等形式打击或抗击敌方的行动。目的是在网络电磁空间干扰、破坏敌方的信息和信息系统，影响、削弱敌方信息获取、传输、处理、利用和决策能力，保证己方信息系统稳定运行、信息安全和正确决策。主要包括信息作战侦察、信息进攻和信息防御。”[②]我军对“信息作战”概念的释义，无论是内容，还是形式，都与美军的有所区别，体现了自身的特色。

（三）紧密跟踪外军相关作战概念创新动向

应紧密跟踪外军相关作战概念创新动向及其在牵引推动技术装备研发和作战中的具体应用。例如，美军经过不断的作战理论创新和实践，已经逐步构建和完善了其作战概念体系，该体系纵向由上而下构成指导关系、横向构成相互支撑关系。从美国国防部于 2003 年 11 月颁布第一份《联合作战概念》以来，美军联合作战概念快速发展，之后相继颁布《大规模作战联合行动概念》《稳定作战联合行动概念》《国土安全联合行动概念》《联合指挥与控制功能概念》《联合战场感知功能概念》等 13 份未来联合作战概念文件。到 2009 年，这 13 份概念文件均推出了修订本，并增添了 21 份新概念文件[③]，采用“概念驱动”方式，牵引推动军事技术发展和作战系统变革。美军还形成了较为成熟的确定选题、研究与撰写、评估、协调与批准、实施等作战概念开发的机制化流程。其中，注重作战概念的模拟验证和客观评估。同时，应深入研究相关作战概念对未来战争形态特别是对我军造成的可能危害和影响，积极寻求有效、合理的应对之策。例如，“多域战”是美军在武器装备性能进一步发展基础上新近提出的作战概念。这一新作战概念所带来的作战影响重大，需要密切跟踪其发展动态。

（原文发表于 2018 年 2 月）

① 美军参谋长联席会议：《联合信息作战条令》（JP3-13），2006 年版。

② 全军军事术语管理委员会、军事科学院：《中国人民解放军军语》，北京：军事科学出版社，2011 年版，第 259 页。

③ 樊高月：《美军联合作战概念出现重大调整》，《外国军事学术》，2009 年第 8 期，第 39-40 页。

三、军语管理规范化

军语工作的体系化设计、工程化实施、常态化发展机制探究

经过多年的积极探索和不断实践，我军军语工作已基本形成了体系化设计、工程化实施、常态化发展的机制（以下简称“三化”工作机制），步入了体现我军特色、符合工作实际的制度化、规范化轨道，取得了可喜的成绩，积累了一定的经验。

一、构建“三化”工作机制的重要意义

构建“三化”工作机制，对于有效实施军语工作管理、不断提高军语工作质量、深入推进军语工作发展等，都具有重要意义。

（一）实施军语工作管理的有效方式

机制是一个工作系统的组织或部分之间相互作用的过程和方式。军语工作具体项目多、来源层次高，参与人员多、协调任务重，专业涉及面广、工作难度大，研究周期长、延续性强，质量要求高、规范性强，是一项庞大复杂的系统工程，必须要建立一个有机联系、有效运转的工作机制实施统筹管理、科学管理，使参加军语工作的全体人员根据统一的行动号令和方案，把握规范的质量标准和要求，按照确定的任务分工和程序，有条不紊、协调一致地开展工作，齐心协力、按时保质地完成任务。

（二）提高军语工作质量的重要保证

军语的基本功能是统一军队认知、协调部队行动，关乎着现代战争的胜负，影响到军队建设的发展。因此，质量是军语权威性、规范性的关键，是军语工作的出发点和落脚点，必须建立一个讲求科学、形成系统的工作

机制来保证质量、提高质量，以此坚持实事求是、精益求精的工作指导，坚持一丝不苟、严谨治语的工作原则，坚持严格标准、严格把关的工作要求，确保以质量为中心安排军语工作，以质量为标准检查军语工作，以质量为目标落实军语工作，扎扎实实把质量标准和要求贯穿于军语工作全过程。

（三）推进军语工作发展的制度支撑

军语工作是为改革强军服务的重要基础性工作，是伴随国防和军队建设发展而不断延续的长期性工作，应有序衔接、抓紧抓好。特别是在国防和军队改革深入推进，对我军组织架构进行重塑重构重建的新形势下，必须建立一个适应需要、坚实可靠的工作机制作为支撑，予以保障，使军语工作能够按照确定的发展目标、沿着既定的发展轨道前行，能够保持工作定力、激发工作活力，能够发挥整体优势、做到协调配合，能够积极改革创新、推进持续发展。

二、构建“三化”工作机制的基本情况

从多年来的综合性《军语》、军兵种和专业《军语》、军事科学学科名词集和《军语》（增补）等的编纂工作实践看，注重体系化设计、推进工程化实施、探索常态化发展，反映了军语工作的特点，适应了完成任务的需要，必须坚持和完善。

（一）注重体系化设计

军语工作作为一个系统工程，任务十分繁重，需要搞好顶层设计，统筹全军各有关单位的力量协同推进；需要强化体系构建，服务一体化联合作战和军队建设。

1. 搞好顶层设计

军语工作的顶层设计，就是充分考虑军语工作的系统性、跨领域性、复杂艰巨性等特性，从全局的角度对军语工作的各方面、各层次进行统筹规划，制定切实可行的目标图、路线图和施工图，以集中有效资源，按时

高质量地实现军语工作的目标。一是通过制定军语工作发展规划和年度计划进行统筹规划。军语工作的发展规划和年度计划是一个时期内军语工作发展的依据和目标图。其中，军语工作五年发展规划，作为对全军军语工作五年的总体设计，通常由指导思想、发展目标、主要任务、保障措施等要素构成。据此相继制定了《全军军语工作“十二五”规划》和《全军军语工作“十三五”规划》。每年年初，都要制定全军军语工作年度计划（工作要点），印发全军各有关单位。二是通过制定军语编纂工作方案进行总体规划。编纂方案是指导《军语》编纂工作实施的总体规划，是开展编纂工作的依据和路线图、施工图，也是决定编纂工作成败优劣的关键。通常根据《军语》编纂工作的特点、规律和要求制定，包括编纂工作任务、编纂工作原则、编纂工作机构、编纂工作程序、编纂工作时间安排、编纂工作要求、编纂工作保障等内容。为此，在综合性《军语》、军兵种和专业《军语》、军事科学学科名词集、《军语》（增补）等编纂工作展开之前，先后编写印发了相应明确具体、具有针对性和可操作性的编纂工作方案。

2. 强化体系构建

军语体系是由一部部《军语》构成的有机整体，无论是规模效益还是品牌效益，无论是纵向挖掘还是横向拓展，都比单一一部《军语》具有得天独厚的优势。全面构建适应时代发展、具有我军特色、充满发展活力的军语体系，是我军军语事业取得突破性发展的一个重要标志。更为重要的是一体化联合作战要求诸军兵种必须积极配合、密切协同，这就需要各军兵种之间进行统一认知和协调。因此，构建综合性《军语》、军兵种和专业《军语》、军事科学学科名词集三位一体的我军军语体系，就成为军语工作的战略目标和实施重点。一是综合性《军语》。综合性《军语》是全军统一规范使用的基本军事术语集，具有全面性、通用性等基本特征。我军现行综合性《军语》是指 2011 年 12 月由中央军委批准颁发全军施行的《中国人民解放军军语》。该《军语》内容涵盖我军军事、政治、后勤、装备工作各领域，设置了由 26 个一级类目构成的体系。分为全本和简本两个版本。二是军兵种和专业《军语》。根据中央军委批准的《全军军语系列化建设实施纲要》，在全军军语管委会的统一领导下，目前正在组织全军各有关单位编纂（修）19 部军兵种和专业《军语》，其中包括 3 部军兵种《军语》（《空军军语》已出版)、16 部专业《军语》，形成基本覆盖全军各部门、各专业、各领域的军语体系，以满足全军各级、各类、各层次指挥员和广大官兵作战、训练、管理和日常工作的急需。三是军事科学学科名词集。军事科学学科名词集是《军语》的公开版系列，由国务院授权公布。根据中央军委批准的《军事科学名词审定工作实施纲要》，在全国科技名词委的指导和全军军语管委会的统一领导下，目前正在组织全军各有关学科牵头单位编纂军事科学名词体系 15 个学科名词集，建立和逐步完善规范、权威、符合我军实际的军事科学名词体系，为促进国家科技发展，弘扬先进军事文化做出基础性贡献。

（二）推进工程化实施

军语工作特别是《军语》编纂工作涉及军队作战和建设的方方面面，涉及各军兵种，也涉及各军事专业领域和众多知识门类、学科范畴，是一项复杂的系统工程，需要全军各有关单位和成百上千参与人员的精诚合作才能完成。为此，必须通过科学制定规范、严格遵循程序、认真组织协调、有效提高效率等工程化方法的实施，确保军语工作的有序展开、有力推进和有效落实。

1. 科学制定《军语》编纂工作规范

《军语》编纂工作是一项跨领域的集体工作。不同领域和专业、不同学识和阅历的众多人员参与其中，要编写出成千上万条准确、简明、规范、统一的军语释义，就需要制定统一的编纂规范，使大家在编纂工作中协调一致地遵照执行。为此，在综合性《军语》，军兵种和专业《军语》编纂工作展开前，制定印发了《〈军语〉编修体例》《系列〈军语〉编纂体例》等，对军语的类目设置，选词定词，释义撰写，词目英文译名，词目汉语拼音，随文图表，数字、字母、符号、计量单位的使用，以及送审稿格式、成书结构、版式等都做了明确具体的规定。在军事科学学科名词集编纂工作展开前，下发了全国科技名词委制定的《科学技术名词审定原则及方法》，作为各学科牵头单位组织开展编纂工作的基本依据。与此同时，在制定印发的有关《军语》编纂工作的文件中，通过制定质量标准，明确质量要求：一是坚持政治标准，做到释义观点正确、立场保持一致。二是坚持学术标准，做到释义准确简明、反映本质特征。三是坚持技术标准，做到词条要素齐全、体例规范统一。

2. 严格遵循《军语》编纂工作程序

《军语》编纂工作程序代表《军语》编纂工作的规程，也代表《军语》编纂工作的行为过程，是根据数十年《军语》编纂工作的实际经验所设计的一个科学流程，是《军语》编纂工作必须遵守的方式和步骤，对编纂工作是一种控制和约束。为此，《军语》编纂工作需要遵循一个共同的基本程序。即严格按照制定编纂方案、建立编纂机构、落实编纂任务、组织编纂培训，编制框架、选词定词、组织撰写、组织审稿，定稿报批、出版发行等工序进行，并实行全过程的质量控制，确保高质量地完成编纂任务。例如，要求在组织审稿中坚持严格的初审、汇审、总审和终审制度，把握各个审次的质量把关重点，发挥各个审次的质量把关作用。在2011年版《中国人民解放军军语》编修过程中，全军各编纂牵头单位严格按照全军军语管委会批准的编修方案和编修体例，认真组织进行了初审和分类汇审。之后，全军军语管委会办公室组织相关领域的资深专家，对释义稿进行了深入细致的总审。在总审过程中，坚持质量第一，坚持综合性、通用性、继承性和时代性相统一，坚持与军事法律法规规章相衔接相一致的原则，研究解决了若干重要学术性问题。为确保编纂质量，在总审工作结束后，又先后两次组织征求全军各编纂牵头单位的意见，并多次组织军内有关专家对释义稿逐条审读、认真核查，最终形成终审稿。

3. 认真组织《军语》编纂工作协调

《军语》编纂工作是“三分编纂、七分协调”，协调任务十分繁重。一是工作协调。具体包括四个方面：与中央军委机关各有关职能部门的协调，努力争取中央军委机关对《军语》编纂工作的宏观领导和支持，把习近平主席关于“实现强军目标，建设世界一流军队”①的要求，具体落实到《军语》编纂工作之中；与全国科技名词委等地方业务指导部门和科研机构的协调，争取其在业务上的指导帮助和学术上的支持，努力扩大学术交流与协作，协商解决军事科学学科名词集编纂工作的学术指导和保障问题；与

① 中共中央宣传部编：《习近平总书记系列重要讲话读本（2016年版）》，北京：学习出版社、人民出版社，2016年版，第246页。

全军各编纂单位的协调，促进各编纂单位顺利开展工作，提高编纂质量，按照确定的时间节点圆满完成各项编纂任务；与有关出版社的协调，确保编纂成果的如期保质出版。二是学术协调。组织解决编纂中的学术重点难点问题的协作交流，通过召开学术研讨会，充分依靠专家，进行咨询协商，集思广益，找出学术重点难点问题的症结所在，有针对性地提出解决问题的方案，予以认真解决；组织解决相关编纂单位之间意见分歧的协作交流，特别是因职能任务等而在军语框架设置、收词范围等方面产生意见分歧时，要在组织协作交流过程中，使各方相互尊重、相互沟通、相互理解、求同存异，同时充分考虑各有关编纂单位提出的合理诉求，及时研究提出解决问题的办法，努力寻求解决问题的最大公约数，尽可能予以妥善解决。在《军语》编纂工作过程中，全军军语管委会办公室做了大量的组织协调工作。

4. 有效提高《军语》编纂工作效率

《军语》编纂工作任务重、头绪多和要求高、时间紧的矛盾比较突出。为此需要运用现代科技手段提高编纂工作效率。在综合性《军语》编纂工作过程中，组织开发了具有编辑修改、查询排序、统计分析数据和资料积累建设等功能的《军语》编纂系统软件。这一软件主要是能够准确、快捷地进行编纂工作中海量数据的处理：一是能够编辑修改词目名称、英文译名和释义等全书中出现的所有文字。二是能以不同组合方式查询和排序词目。三是能归纳、统计和分析全书各种数据等。此外，还可进行军语原始资料的积累与建设。此软件的开发，大大提高了《军语》编纂工作的实际效率。为提高系列《军语》编纂的规范化、信息化水平，又共同研制了系列《军语》编纂系统软件。该系统软件设立了多层次、多回归、多数据的过程质量管理体系，包括编纂者著录、编纂专家评审和编纂任务管理三个子系统，既可实现任务分配、数据管理、增删改调、查重比对等操作，又具备中文及英文等文字、公式、图表的编辑录入等撰写功能；既可联网评审，也可单机评审；实现了系列《军语》编纂工作撰写、审稿、定稿存档等全工作流程的数字化。该系统软件的研制开发，可以提高系列《军语》编纂工作效率，有效解决工作任务重、标准要求高、编纂时间紧和参与单位多、协调难度大、编纂形式内容不统一等诸多矛盾和问题。

（三）探索常态化发展

进入新时代，我军建设和改革深入发展，向世界一流军队迈进，军语工作应适应形势任务需要，积极探索、不懈努力，切实改变过去十年左右编纂一部《军语》的固有模式，逐步走出一条常态化发展的创新路径。

1. 以需求为牵引

军语工作常态化就是要紧贴形势任务发展、紧跟强军兴军实践，以需求为牵引。2014 年，经中央军委批准，军委有关部门赋予了全军军语管委会办公室《深化国防和军队改革重要用语释义参考》的编纂任务，通过编纂深化国防和军队改革论证工作过程中需要统一规范使用的重要用语，进一步统一对重要改革举措的认知，为改革建议方案研究拟制和科学决策提供参考。在全军军语管委会和中央军委有关部门的领导和指导下，以此编纂为契机，与全军各有关单位共同对军语常态化工作机制进行了有益探索。一是转变观念，提高认识。提出《深化国防和军队改革重要用语释义参考》编纂是服务深化国防和军队改革的现实需要，是推动我军建设发展和强军实践的基础性工作，是创新军语常态化机制的有力举措。二是着眼创新，体现特色。在编纂过程中注重把握军事创新的原则，从改革的角度突出反映领导指挥体制的新变化、力量结构的新调整、政策制度的新注解，同时从专业的角度鲜明体现新的领导指挥体制、力量结构、政策制度的科学性和合理性。三是知难而上，勇于攻关。编纂《深化国防和军队改革重要用语释义参考》是一项富有挑战性的工作。不少参加编纂的人员克服没有身处改革工作第一线，不了解、不熟悉改革论证情况，不知道新概念的本质特征及其发展状况等实际困难，边学边干、虚心请教，吸收借鉴、集智攻关。经过共同努力，按时高质量完成了编纂任务。2015 年 2 月，《深化国防和军队改革重要用语释义参考》经习近平主席批准颁发。

2. 以增新求突破

军语工作常态化就是通过增加在军事实践中新出现的、重要的新军语，有效解决《军语》编修周期长、不能及时规范新军语的问题，以增新求突破。2014 年初，首次增新工作正式启动，历时两年多完成，初步探索出军语常态化工作的基本模式。一是组织收集新军语。专门印发了《关于收集新军语事》的通知，明确了增新的总体考虑、收集范围、工作要求等事项。二是组织认定新军语。将全军各有关单位收集的新军语，按照选词的规范性原则，结合新颖性、时代性等特点，组织专家进行认真筛选、研究确定。三是组织修改新军语。按照《军语》编纂的政治标准、学术标准和技术标准，根据新形势下的新要求，对新军语进行了多次修改，调整完善了释义内容，统一规范了体例，有效确保了编纂质量。四是组织审查新军语。为确保新军语的权威性、法规性，做到跟上当今时代发展，跟上军事斗争实践，跟上建设改革步伐，将修改后的新军语提交全军各有关单位审查，具体征求修改意见建议。五是组织报批新军语。经过不断的修改完善，最后形成了《中国人民解放军军语》（2015·增补）送审稿。之后按照既定的工作程序呈报中央军委。

三、完善“三化”工作机制的两点思考

习近平主席向新调整组建的军事科学院致训词时鲜明提出“创新军事科研工作组织模式，推动开展协同创新”，同时要求“打造具有中国特色和国际视野的军事学术话语体系，形成无愧于时代的当代中国军事学术思想和学术成果”[①]。这是新体制下军语工作的根本遵循和科学指南。贯彻落实习近平主席训词要求，需要调整完善军语工作管理机制、创新发展“三化”工作机制，以增强军语工作的管理力度、拓展军语工作的发展空间，从而更好地为新形势下政治建军、改革强军、科技兴军、依法治军服务。

（一）调整完善军语工作管理机制

军语工作是一项具有全军性、权威性、法规性、基础性、长期性的重要工作，与现代战争和军队建设、改革密不可分。只要军队存在，军语就会存在。在当前全面实施改革强军战略、新体制建立运行的新形势下，许多涉及新体制、新职能、新使命的新概念需要统一规范，军语工作的管理机制也相应需要调整完善，《军语》的编纂、军语研究和管理任务日益繁重，军语工作只能加强，不能削弱。军语工作不仅要管，而且应该管好。

① 王士彬：《习近平向军事科学院国防大学国防科技大学授军旗致训词出席座谈会并发表重要讲话》，《解放军报》，2017-07-20（1、2）。

加强我军军语工作管理机制建设，对于推进军语事业的持续、繁荣发展，充分发挥军语在军队建设、改革和军事斗争准备中的重要基础性作用，具有十分现实的紧迫性。应尽快调整完善全军军语工作管理机制，按照实践多年、行之有效的“统一领导、全军动手、专业对口”的军语工作方针，加强对全军军语工作的统一领导，研究解决当前军语工作遇到的重大问题。

（二）创新发展“三化”工作机制

军语工作在军队建设、改革和军事斗争准备中不可或缺，责任重大。为此，在新体制下，需要跟上改革大势，跟上建设步伐，创新发展“三化”工作机制，继而使军语充分发挥重要的基础性作用。

1. 推进军语工作体系化设计日臻完善

军语工作的最终目的是使军语更好地为军队建设、改革和军事斗争准备服务。因此，应改变军语工作的重“编”轻“用”倾向，注重军语使用的顶层设计，加强军语服务功能体系建设，采取积极有力的措施，组织在全军广泛深入地学习和使用军语的活动。通过培养树立使用军语的素质意识，不断强化军语使用的教育训练，建立完善规范使用军语的制度机制，积极营造使用军语的良好环境，使广大官兵学军语、懂军语、用军语，同时大力推进军语使用的规范化，努力让全军指战员养成规范说军语、用军语的良好习惯，从而提高军语工作的服务能力。

2. 推进军语工作工程化实施更加科学

为进一步确保军语工作工程化实施的科学性，当前和今后一个时期应做好以下两方面的工作：一是建立符合现实需要、规范军语工作的军语法规体系。应以《军语工作规定》的制定为重点，并在现有军语规范性文件的基础上，对新形势下全军军语工作的组织协调、队伍建设、体制机制，《军语》的编纂方法、审稿制度、编纂体例、质量标准，军语的规范使用等方面做出进一步的明确规定。二是构建机制健全、落实到位的军语保障体系。应从军语工作的实际需要出发，积极争取有关职能部门的大力支持，努力借助现代科技手段，大力推进理技融合，建立完善和相对固定并能基本满足需求的科技保障、学术保障及经费保障体系，进一步提高军语工作的效益。

3. 推进军语工作常态化发展步入正轨

军语常态化工作事关军语工作的可持续发展，近年来刚刚起步，还面临不少现实困难和问题。要适应新形势、新体制、新任务，切实转变思想观念，开展深入调查研究，进一步探索常态化工作的发展目标和实现路径。同时积极争取中央军委机关有关职能部门和全军各有关单位的支持帮助，统一思想、达成共识，抓住重点、攻坚克难，努力推动军语常态化工作再上新台阶。

（原文发表于 2017 年 10 月）

军语工作组织模式的梳理及调整完善的思考

习近平主席在向新调整组建的军事科学院致训词中鲜明提出："创新军事科研工作组织模式，推动开展协同创新，发展现代军事科学，努力建设世界一流军事科研机构。"[①]贯彻落实习近平主席的训词要求，应以重大军事科研项目为纽带，以联合攻关为牵动力，整合全军多学科力量和多领域科技资源，组成跨部门、跨领域、跨学科的研究平台，围绕共同项目进行研究，开展协同创新。为此，笔者对数十年来形成的军语工作组织模式进行了梳理，并对新体制下这一模式的调整完善进行了初步思考，以期提供借鉴，使其发挥出更大效益。

一、军语工作组织模式的优势所在

军语工作组织模式的基本优势是有利于汇聚全军跨部门、跨领域、跨学科的各方力量，有效组织协同攻关，努力打造精品。

（一）有利于汇聚力量

军语工作涉及军队作战和建设的方方面面，涉及中央军委机关，各军兵种，军队院校、科研院所，也涉及各专业领域和诸多知识门类、学科范畴，是一项涉及领域广、工作周期长、标准要求高的庞大和复杂的系统工程，"单打独斗"是不可能完成的。军语工作组织模式的基本优势就在于依据中央军委的统一号令，打出全军军语工作的旗帜，打破部门、领域、学科的界限，在全军的统一组织领导下，集中来自于中央军委机关有关部门、军兵种机关有关部门，相关军队院校、科研院所等全军各有关单位的专家

① 王士彬：《习近平向军事科学院国防大学国防科技大学授军旗致训词出席座谈会并发表重要讲话》，《解放军报》，2017-07-20（1）。

学者，构建军语工作的专业网络，形成军语工作的协同创新体。

（二）有利于协同攻关

军语工作的基本方针是“统一领导、全军动手、专业对口”，实施集智攻关、联合作战、形成整体合力。在军语工作实践中，全军军语管委会办公室认真做好组织计划和协调工作。全军各有关单位积极主动、通力合作、步调一致地开展工作。汇聚全军各有关单位及其各路精英，为军语工作协同攻关奠定了坚实的组织基础，提供了丰富的人力资源。协同作战、共克难关，满足军队作战和建设对军语工作的核心需求，推动军语工作的持续发展，是军语工作组织模式的核心要义。

（三）有利于打造精品

军语是军队在作战、训练及其他工作中统一使用的规范化的军事用语，是全军官兵全员使用、履职使用的标准化用语，具有法规性、权威性等特色。军语工作必须把确保质量作为军语工作的出发点和落脚点，以质量为中心安排工作，以质量为标准检查工作，以质量为目标落实工作，始终要在打造精品上下工夫。军语工作组织模式的成功得益于有一个科学合理的机构实施管理，有一支协同攻关的团队具体运作，有一套规范性的文件提供保证，有一批素质过硬的专家进行把关，这些都为创品牌、出精品创造了良好的条件。

二、军语工作组织模式的基本内容

军语工作组织模式主要以中央军委指示为重要依据，以机构网络为核心力量，以权威专家为把关中坚，以运行机制为实施载体，以规范文件为基本保证，以打造精品为根本要务。其基本内容和标志性要素具体如下。

（一）获得统一号令的特定授权

针对某项军语工作任务，经中央军委批准印发全军施行的具有特定效力的规范性文件，是统一号令的“尚方宝剑”。这是组织协调全军各有关单位顺利开展军语工作的重要依据，通常包括工作的指导思想、主要任务、组织领导、方法步骤、实施要求等内容。历版综合性《军语》、军兵种和专业《军语》、军事科学学科名词集编纂之初，都是经过请示中央军委获批，由中央军委批准印发部署全军军语工作任务的文件，由此借助最高军事机关之令，组织协调全军各有关单位参与其中。

（二）建立科学合理的管理机构

科学合理的全军性军语工作管理机构是军语工作的“小核心”。这是军语工作有组织、有领导地运作的关键和保证。历版综合性《军语》编修都成立了全军性的编修工作领导机构。2007 年 5 月，经中央军委批准，正式成立了由四总部领导和军事科学院院长分别担任主任、副主任的全军军语管委会，对全军军语工作实施统一领导和管理。同时批准成立了全军军语管委会办公室，具体承办全军军语管委会的日常工作，负责具体组织协调全军军语工作。

（三）形成分工负责的专业网络

高效、高质的专业网络及其编纂队伍是军语工作的“大外围”。这是做好军语工作的基础和前提。根据全军各编纂参与单位的职能特点、学科特色、工作基础和专业优势，按照专业对口、相对集中、便于组织协调的原则，以《军语》类目框架为基础，依据现行的体制编制和单位（部门）的职能，有效区分和落实军语各项编纂任务。经过多年的探索实践，在全军各有关单位已基本形成分工负责、便于运作的军语工作专业网络及其编纂队伍。

（四）依靠素质过硬的专家群体

专家群体是军语工作咨询研究、审查把关的中坚力量。依靠专家的学识和智慧进行集思广益、集智攻关是军语工作的一个重要特点。按照专家治学的原则，在军语工作实践中，遴选了具有较高政策和理论水平、较高学术造诣、精通军语编审业务，并具有敬业奉献、严谨治学精神的知名、权威专家，组成了军语专家组，参与研究解决编纂工作中的重要学术性问题，协助把好军语质量关。

（五）构建科学合理的运行机制

运行机制反映了军语工作的特点，适应了完成任务的需要。良好的运行机制是按时保质完成军语工作任务的重要条件。经过多年的积极探索和不断实践，军语工作通过“小核心”、依托“大外围”，已基本形成体系化设计、工程化实施、常态化发展的运行机制。即注重体系化设计（搞好顶层设计、强化体系构建），推进工程化实施（科学制定《军语》编纂工作规范、严格遵循《军语》编纂工作程序、认真组织《军语》编纂工作协调、有效提高《军语》编纂工作效率），探索常态化发展（以需求为牵引、以增新求突破）。

（六）制定确保质量的规范文件

规范性文件是中央军委办公厅和全军军语管委会针对军语工作制定印发的具有约束力的文件。规范性文件是组织实施军语工作的根本保证。多年来，根据国家和军队的有关法规政策，结合军语工作的实际，相继制定了配套的规范性文件，对军语工作的任务性质、组织机构、人员队伍、质量标准、基本程序、编纂体例等方面做出了明确具体的规定，使全军各有关单位和专家学者在军语工作中有法可依、有章可循，确保军语工作的有序开展和质量提升。

（七）打造享誉全军的科研品牌

科研品牌标志着学术形象、意味着学术高度、代表着学术荣誉、蕴涵着学术价值。科研品牌就像一面旗帜，具有凝聚力和感召力。经过数十年几代军语人的不懈努力、默默奉献，《军语》已被打造成为军事科学院独有、享誉全军的军事科研优质品牌，成为军队正规化、法制化建设的一个基本遵循、军事文化软实力的一个显著标志，多次获得中国人民解放军军事科研优秀成果特等奖、军事科学院军事科学优秀成果奖特别奖。能够参加《军语》编修是每个军语工作者的荣誉。

三、调整完善新体制下军语工作组织模式的初步思考

在新体制下，要通过搞好总体设计、重设管理机构、完善工作机制等，牢牢把握符合实际、协同创新的军语工作组织模式的发展路径。

（一）搞好总体设计

积极适应深化国防和军队改革，调整组建新军事科学院的新形势、新特点、新规律，遵照习近平主席的训词要求和中央军委的有关指示，在军事科学院的领导下，调整思路、科学规划、统筹布局，搞好调整完善军语工作组织模式的总体设计。要把重设军语工作管理机构、完善军语工作机制作为当前的紧迫工作来抓，进一步完善军语工作的协同创新平台，不断加强全军各有关单位和广大科研人员的跨部门、跨领域、跨学科之间的合作。要把理技融合作为军语工作组织模式创新的着力点，运用现代科技手段，逐步开展军语网站、军语编纂工作平台和军语数据库的建设以及军语网络版的研制，通过理技融合的方式抓好军语工作攻关。要积极探索军语工作的军民融合新机制，积极引导地方有关专家学者参与到军语工作当中，统筹军地力量，坚持多方参与，开展“联合作战”，推动共享发展。

（二）重设管理机构

军语工作为全军、军语工作靠全军。几十年的工作实践证明的行之有效的“小核心、大外围”军语工作体制不能丢。在新体制下，军语工作需要跟上当今时代发展，跟上军事斗争实践，跟上建设改革步伐。习近平主席向新调整组建的军事科学院致训词时强调，要“打造具有中国特色和国际视野的军事学术话语体系”[①]。为落实习近平主席的指示精神，按照中央军委改革领导机构确定的相关原则，从有利于工作统筹和综合协调出发，

① 王士彬：《习近平向军事科学院国防大学国防科技大学授军旗致训词出席座谈会并发表重要讲话》，《解放军报》，2017-07-20（2）。

尽快申报获批设立新的全军军语工作管理机构。通过新的全军军语工作管理机构，健全与新体制相适应的全军军语工作管理机制，加强对全军军语工作的统一领导，研究解决当前军语工作存在的主要困难和问题。

（三）完善工作机制

在新时代新体制下，要采取积极有效的措施，进一步完善军语工作机制。应按照党的十九大提出的“向能打仗、打胜仗聚焦”[①]的要求，建立完善以打赢为导向、以协同求创新的新军语，特别是新作战用语开发与实施的军语工作机制，在新作战用语开发的过程中，面向战场、面向部队，集思广益、博采众长，注重调动各参与主体协同创新的积极性。应建立针对跨部门、跨领域、跨学科的综合评价体系，明确军语工作的绩效评价标准，推动评价机制从单一性评价向综合性评价转变、从粗放评价到量化评价转变。应完善专家审查把关和队伍培训机制，充分发挥专家群体的聪明才智，加快提高相关人员的专业素质、理论素养和实践经验，形成高水平的专家群体和高素质的军语工作骨干力量。同时，应按照新编成新要求，制定完善相应的工作规则，使相关机构和人员在新体制下的实际工作中有章可循。

（原文发表于 2018 年 6 月）

① 习近平：《决胜全面建成小康社会　夺取新时代中国特色社会主义伟大胜利——在中国共产党第十九次全国代表大会上的报告》，北京：人民出版社，2017 年版，第 54 页。

加强军语建设的几点思考

军语是军事领域的专业用语，是军人的规范化、标准化用语。军语建设是编纂《军语》和有效发挥军语统一认知、协调行动作用的各项工作的统称，是军队建设一个不可或缺的组成部分。推进和加强我军军语建设和发展，是在新的历史起点上实现强军目标的必然要求。

一、军语建设的必要性

（一）军语建设是确保“能打仗、打胜仗”的重要基础

习近平主席着眼国际战略形势和国家安全环境的变化，明确提出军队“能打仗、打胜仗”[①]的重要思想，从根本上确立了军队建设的目标。在信息化条件下进行联合作战，使用规范的军语，统一军队认知，准确高效地协调各军兵种的一致行动，是赢得战争的一个基本保证。叶剑英元帅曾经指出：“统一军语不仅是为了便于学术研究，更重要的是为了在运用时特别是在作战时不致因产生误解而出乱子。”[②]因此，加强军语建设是确保“能打仗、打胜仗”的重要基础。

（二）军语建设是推进军队信息化建设的有效途径

信息化是军队现代化建设的发展方向。军语的规范统一是军队信息化建设的基础和保障。信息化的基础是标准化，标准化的重要前提是军语的统一。没有规范的军语，信息主题难以标识、信息资源难以检索、信息传

---

① 中共中央宣传部编：《习近平总书记系列重要讲话读本（2016 年版）》，北京：学习出版社、人民出版社，2016 年版，第 244 页。

② 叶剑英：《深入开展全军军事科学研究工作（一九五九年七月二十二日）》，中共中央文献研究室、中国人民解放军军事科学院编：《叶剑英军事文选》，北京：解放军出版社，1997 年版，第 398 页。

递难以顺畅，就不可能真正有效实现网络互联和信息共享，指挥信息系统统管就难以达到实际成效，新质战斗力的形成就会大打折扣。因此，加强军语建设是推进军队信息化建设的有效途径。

（三）军语建设是发展军事科学的现实需要

创新发展军事理论，努力构建具有我军特色、体现时代特征、充满发展活力的军事科学体系，是在新的历史起点上繁荣和发展军事科学的必然要求。军语本身具有反映军事理论体系和军事知识结构的属性特点，军语建设又为丰富军事理论、完善军事科学体系创造了有利条件。因此，加强军语建设是繁荣和发展军事科学的现实需要。

二、军语建设的主要任务

（一）组织军语系列化建设

组织开展全军军语系列化建设是加强军语建设的一项主要任务，也是一项富有创新性的事业。及时、系统地规范和统一军事领域各方面、各层次的军语，积极构建和完善符合军队作战和建设需要的军语体系，以使全军统一使用的综合性《军语》与军兵种《军语》、专业《军语》功能齐全、优势互补，满足不同军兵种、不同专业、不同层次指战员的需要，为提高我军现代化、正规化建设水平和信息化条件下联合作战能力服务，为维护部队正规战备、训练、工作、生活秩序服务。

组织军语系列化建设，即在编纂全军统一使用的综合性《军语》的基础上，按照中央军委批准的《全军军语系列化建设实施纲要》，在全军军语管委会的统一领导下，在四总部有关职能部门的指导和参与下，在各军兵种等有关部门的协调配合下，一是编纂军兵种《军语》。即组织协调四总部有关职能部门和各军兵种编纂《陆军军语》、《海军军语》、《空军军语》、《第二炮兵军语》（现《火箭军军语》）。二是编纂专业《军语》。即组织协调四总部有关职能部门和军事科学院等编纂《联合作战常用术语》《军事训练常用术语》《国防建设常用术语》《军队政治工作常用术语》《军事后勤常用术语》《军队装备工作常用术语》等10多部专业《军语》。经过全军各有关单位的共同努力，逐步形成具有我军特色，体现时代特征，充满发展活力，涵盖全军各领域、各部门、各专业的系列《军语》体系。

（二）开展军语学科建设

开展军语学科建设及其相关理论研究是加强军语建设的一项重要任务。中华人民共和国成立以来，伴随着我军革命化、现代化、正规化建设的发展，先后编纂出版了 6 版全军统一使用的综合性《军语》，由此积累了丰富的编纂实践经验。但军语理论研究滞后于军语编纂实践，研究力量薄弱、研究水平落后，军语学科建设至今依然是一个空白，既影响了《军语》编纂的质量，也不可避免地给军语工作带来一些盲目性，延缓了军语事业的发展壮大，还不利于军事科学的繁荣发展。

开展军语学科建设及其相关理论研究，一是研究军语史学理论，建立军语史学学科。主要研究军语产生和发展的历史。具体包括：军语史、军语编纂史、军语理论史、军语应用史等。二是研究军语基础理论，建立军语基础学学科。主要研究军语的起源、性质和特征，军语的功能和价值，军事术语学的研究对象、范围、目的、任务，军事术语学的学科属性及其在军事科学体系中的地位，军事术语学与其他学科的关系，军事术语学的方法论等。三是研究军语编纂理论，建立军语编纂学学科。主要研究《军语》编纂和修订的基本理论。具体包括军语的整理与规范，《军语》的编写，《军语》的审稿和编辑、出版等。四是研究军语管理理论，建立军语管理学学科。主要研究《军语》编纂的规划、建设和管理，军语人才管理，军语的标准化，军语数据库、编纂平台和网站建设等。五是研究军语应用理论，建立军语应用学学科。主要研究军语在各方面应用的规律性问题，解决军语如何为国防和军队建设服务的一系列理论问题。包括军语运用的基本法则和在不同语境中的运用规律，军语在军队作战和建设中的作用，《军语》的宣传推广和使用，《军语》的开发利用等。通过上述 5 个学科的建立，创建军事术语学学科体系，繁荣和发展军事科学研究。

（三）推进军语人才队伍建设

建设军语专业人才队伍，是贯彻落实党的十八大提出的“培养大批高素质新型军事人才”[①]的实际举措，也是加强军语建设的一项基本任务。军

---

①《中国共产党第十八次全国代表大会文件汇编》，北京：人民出版社，2012 年版，第 39 页。

语专业人才是军语建设的根本，是做好军语工作的基础和前提，是军语事业发展的核心力量。特别是《军语》编纂工作、军语理论研究和管理工作专业性强、标准要求高，十分需要一批理论功底扎实、专业知识丰厚且部队实践经验较为丰富的《军语》编纂人才、军语研究人才和军语管理人才。

建设军语专业人才队伍，可考虑以军事科学院专业编纂、研究人员为骨干，以军委机关、军兵种机关有关职能部门的分管工作人员和军事院校、科研院所的有关教学、科研人员为基础，在全军打造一支与军语工作任务相适应的编纂、研究、管理专业队伍。具体而言，一是培养《军语》编纂人才，着力培养一支具备良好的政治把关能力、语言文字能力、编辑编审能力的《军语》编纂队伍。二是培养军语研究人才，尽力培养一支学科基础理论功底扎实，善于进行军语规律性、规范性、创新性研究的军语研究队伍。三是培养军语管理人才，努力培养一支具有军语工作的具体谋划能力、组织协调能力、管理控制能力的军语管理队伍。总之，应在全军逐步建立培养军语专业人才队伍的良性机制，推动军语事业的可持续发展、高质量发展。

（四）加强军语信息化建设

军语信息化建设是加强军语建设的一项紧迫和重要的任务。军语信息化建设是军语建设的重点发展方向。通过运用计算机技术、信息网络技术、多媒体技术等现代科技手段，提高军语工作的信息化水平，将使军语的收集、整理、编纂、征求意见、修改、发布、查询、使用、工作交流和理论研究等一系列环节更快捷、更科学、更有效，实现成果共享和智慧共享，形成服务《军语》编纂、军语管理和使用的支撑环境。

加强军语信息化建设，一是建立军语数据库。由我军系列《军语》数据库、中国近代《军语》数据库和外军《军语》数据库等子库组成，同时建立军语专家库，进行军语数据的积累与建设。其中，我军系列《军语》数据库包括：我军 6 版综合性《军语》、历版军兵种《军语》和专业《军语》等。每条军语主要包括词条编号、词目名称、汉语拼音、英文译名、词目释文、所属学科（类目）等。建立军语数据库本着结构合理、数据完备、使用方便、易于维护、运行可靠等原则，做到既促进《军语》编纂工作，又提高军语的应用水平。二是编制《军语》编纂管理软件。以此构建包括编纂工作、信息发布、专家管理等主要功能的编纂工作平台，实现军语数据的批量导入和按要求的批量输出；实现军语数据按要求的批量检索、排序；实现军语数据的处理，包括编辑修改词目名称、汉语拼音、英文译名、词目释文等；实现军语数据的统计、分析；实现字、词、关键词组合等多种方式的查询；实现军语数据的网上发布；实现军语专家网上交流等。三是建立军语网站。开辟军语查询、军语论坛、军语研究、工作交流和新词征集等栏目，推行网上编纂工作形式，提供军语查询服务和信息发布条件，宣传全军军语工作。通过上述三项信息化基础设施建设，构建服务于《军语》编纂、军语管理和使用的支撑体系。

（五）完善军语法规建设

军语法规建设是加强军语建设的一项基本任务。军语法规或规范性文件是依法开展军语工作的基本依据，是推进军语事业发展的重要保障。军语本身具有权威性、强制性、规范性和统一性。因此，应着眼军语建设的需要，制定和完善军语工作的各项法规或规范性文件，以确保军语工作的规范化。通过军语法规建设，逐步形成一个符合军语工作实际需要和发展规律，能够保障和促进军语建设的军语法规体系。

完善军语法规建设，一是制定《军语工作规定》。依据国家有关法律和军队有关法规，制定指导和规范全军军语工作的基本法规——《军语工作规定》，对军语工作的任务性质、地位作用、基本原则、机构职责和工作机制、保障措施、军语的宣传推广机制等做出明确和具体的规定，由中央军委批准颁发并施行。二是制定和完善配套的军语工作规范性文件。加快军语配套法规建设进程，以《军语工作规定》为龙头，在现有规范性文件的基础上，对军语工作的质量标准、编纂体例、人员队伍和保密等方面做出进一步的明确规定，建立军语工作法规体系，确保军语工作依法有序进行。

三、军语建设的基本原则

（一）坚持需求牵引

军语的根本价值和作用是为军队作战和训练服务。因此，军语建设要以保证军队高度稳定和集中统一，协调信息化条件下联合作战，维护部队正规战备、训练、工作、生活秩序，提高官兵综合素质为出发点和落脚点，特别是要以确保“能打仗、打胜仗”为根本需求，搞好统筹规划和顶层设计，理清建设方向、建设思路、建设重点，更好地发挥军语建设在国防和军队建设中的重要基础性作用。

（二）搞好联合攻关

军语建设是一项庞大、复杂的系统工程，需要充分发挥全军各有关方面力量的优势，实行联合攻关。一是明确区分任务。在全军军语管委会的统一领导和全军军语管委会办公室的具体组织协调下，合理区分军语建设的各项任务，并对任务实行目标管理，做到组织落实、任务落实、责任落实。二是进行系统整合。即整合现有资源，充分合理地利用全军各有关单位的力量，组织集中攻关。三是搞好协调保障。采取积极有效的措施，加大学术指导和服务保障的力度。同时，各有关单位要积极主动、互相支持、密切配合、协调一致地展开工作，形成联合攻关的合力。

（三）注重质量第一

质量是军语的生命，也是军语建设的重心所在。军语建设必须坚持注重质量，把质量第一的要求贯穿到整个建设过程之中。要以质量为中心安排工作，以质量为标准检查工作，以质量为目标落实工作，抓编纂工作质量，抓学科创建质量，抓人才队伍质量，抓信息化建设质量，抓法规制定质量。同时，要制定严格的质量标准，实施质量检查评估制度，发挥专家质量把关作用，确保军语建设的高质量。

（四）努力开拓创新

军语建设任务重、专业性强、参与单位多，并且有不少前人未曾涉足的领域。只有注重开拓创新，才能有效探索和把握军语建设的特点和规律，推进军语事业不断向前发展。一是破除畏难情绪、树立知难而进观念。以“摸着石头过河”的精神，勇于探索实践，认真研究解决军语建设中遇到的重点和难点问题。二是注重科学论证、创新方法手段。对涉及军语建设中的一些重大问题，要进行科学论证，使军语建设始终在科学化、规范化轨道上前行。要善于运用现代科学技术，创新工作方法和手段，不断提高建设速度和效益。三是加强学习交流，借鉴他人经验。要开阔视野、拓宽思路，加强与地方相关业务部门和研究机构的学习交流，积极借鉴外国外军的有益做法，使军语建设充满生机、取得实效。

（原文发表于 2013 年 10 月）

关于军语系列化建设的思考

《军语》是规范军事领域专业用语的权威性、法规性军事术语集。在全军范围内规范和统一使用军语，是统一军队认知的基本要求，协调部队行动的基本保证。组织开展军语系列化建设，形成以综合性《军语》为主干，军兵种《军语》、专业《军语》为基础的我军军语体系，对于保持军队高度集中统一，协调信息化条件下联合作战，维护部队正规战备、训练、工作、生活秩序，提高官兵综合素质，具有重要的影响和推动作用。

一、军语系列化建设的必要性

（一）组织开展军语系列化建设是落实中央军委要求的具体举措

军语系列化建设是中央军委赋予包括军事科学院在内的全军各有关单位的一项重要科研任务。中央军委办公厅〔2007〕9 号通知明确要求：健全我军军事术语体系。我军是一个高度统一的执行政治任务的武装集团，使用规范的军语是统一思想和行动的重要基础。在编修全军综合性《军语》的基础上，组织编纂军兵种、专业《军语》，使全军综合性《军语》与军兵种、专业《军语》相互衔接、优势互补，才能形成具有我军特色、体现时代特征、充满发展活力的全军军语体系。因此，组织开展军语系列化建设，责任重大，使命光荣，需要认真负责地做好。

（二）组织开展军语系列化建设是满足全军各级各类指战员需要的实际举措

随着军事实践的发展和我军履行新世纪新阶段历史使命的提出，单靠一部综合性《军语》，数千个词条，已经难以满足不同军兵种、不同专业、不同层次的指战员的现实需要。因此，有计划地按照统一的原则、方法和体例，组织编纂军兵种《军语》和专业《军语》，进一步系统规范统一军事领域各个方面各个层次的军语，为全军各级各类指战员提供各自需要了解和掌握的军语，是组织开展军语系列化建设的出发点和落脚点。

（三）组织开展军语系列化建设是推动军语工作创新的必要举措

2008 年 2 月，随着 2011 年版《中国人民解放军军语》编纂工作的正式启动，我军军语工作进入了常态化、规范化的轨道。军语工作已经从以往组织编纂单一的综合性《军语》，开始向组织编纂系列《军语》拓展和延伸。全军军语管委会领导明确指出：创新是我军军语事业不断取得新突破、实现新进步的强大动力。要组织编纂军兵种和专业《军语》，建立健全军语体系。因此，组织开展军语系列化建设，已成为军语事业创新发展和可持续发展的具体举措。

二、军语系列化建设的基本情况和内容

（一）军语系列化建设简况

我军历来重视军语工作，自中华人民共和国成立以来，先后组织编纂并出版了《军语汇编》（初稿）（1951 年版）、《军语画一》（初稿）（1957 年版）、《军语》（军内试行本）（1972 年版）、《中国人民解放军军语》（1982 年版）、《中国人民解放军军语》（1997 年版）5 个版本的全军综合性《军语》，目前（注：此处指 2011 年 12 月）正在编纂新版《中国人民解放军军语》，计划于 2011 年底完成。与此同时，全军各有关单位根据自身需要，编纂出版了一些军兵种、专业《军语》。例如，《海军军语》（试行本）（1975 年版），《空军军语》（1983 年版），《第二炮兵常用军语》（试行本）（1972 年版）、《第二炮兵军语》（1984 年版），《工程兵军语》（1984 年版），等等。海军自 2002 年开始，组织编修 1975 年版《海军军语》（试行本），并于 2006 年 11 月出版第二版《海军军语》。2006 年版《海军军语》共分 33 个类目，收录词目 10623 条，173.8 万字。新版《空军军语》编修工作也于 2006 年 2 月启动，该版《空军军语》设置了 19 个类目，收录词目 6227 条，约 78 万字。在 1983 年版的基础上，大量选收了空军各专业领域及兵种的新术语，删除

了部分已经陈旧、很少使用的术语。新版《第二炮兵军语》(现改为《火箭军军语》)编纂工作于2010年4月启动，已进入撰写阶段。《陆军军语》以及有关兵种的《军语》编纂工作正处于酝酿、协商、规划阶段。

(二)军语系列化建设内容

军语系列化建设以2011年版《中国人民解放军军语》为主干，组织全军各有关单位编纂(修)中国人民解放军各军兵种、各专业领域的军事用语，形成基本覆盖全军各部门、各专业、各领域的军语体系，以满足全军各级、各类、各层次指战员作战、训练、管理和日常工作的急需。目前，计划组织编纂(修)20部军兵种和专业《军语》。具体包括：

(1)军兵种《军语》:《陆军军语》《海军军语》《空军军语》《第二炮兵军语》(现改为《火箭军军语》)。

(2)专业《军语》:《联合作战常用术语》《军事训练常用术语》《国防建设常用术语》《军队政治工作常用术语》《军事后勤常用术语》《军队装备工作常用术语》《信息通信常用术语》《信息作战常用术语》《侦察情报常用术语》《军事环境常用术语》《军事法制常用术语》《军事技术常用术语》《军事外交常用术语》《动员工作常用术语》《军事科学研究常用术语》等。

上述系列《军语》计划收词8万条，约800万字，配图表2000幅。

三、军语系列化建设的基本要求

有组织有计划地编纂中国人民解放军系列《军语》，是我军建军以来的首次。组织协调任务重、编纂工作难度大，按照中央军委办公厅〔2007〕9号通知的要求，整个工作要在全军军语管委会的统一领导下，在中央军委办公厅和四总部有关职能部门的指导和参与下，在各军兵种等有关部门的协调配合下，组织全军各有关单位共同完成。在编纂过程中，遵循“统一领导、全军动手、专业对口”的工作方针，明确任务、提出要求、统一体例，分阶段按步骤开展工作，力争按时、保质完成各项编纂任务。

(一)提高认识，加强组织领导

加强军语系列化建设，推动军语系列化发展，是提高履行新世纪新阶段我军历史使命的能力、推进军事斗争准备、加强军队信息化建设和推动军事科学繁荣发展的必然要求。应深刻认识新形势下加强军语系列化建设的重要意义和地位作用，努力为军队建设和战斗力生成服务。全军军语管委会负责统筹管理全军军语系列化建设工作，中央军委办公厅〔2007〕9号通知明确规定，全军军语管委会的基本职责之一就是：指导各军兵种的军事术语规范工作，健全我军军事术语体系。全军军语管委会办公室作为全军军语管委会的办事机构，将协助其做好军语系列化的组织协调工作，加强具体指导和情况交流，特别是做好统一体例规范、学术指导和服务保障工作，促进全军军语系列化建设任务的全面展开和高质量地完成。承担组织编纂任务的单位应成立相应的管理机构，组织实施各单位的军语系列化建设工作，同时做好相互之间的工作协调。要按照统一的原则、方法和体例，组织编修各军兵种、各专业领域的《军语》。

（二）着眼特色，体现发展创新

军兵种《军语》、专业《军语》编纂是全军综合性《军语》编纂的拓展和延伸。军兵种《军语》、专业《军语》较综合性《军语》而言，军兵种特色、专业特色更加突出，收词范围更加全面、系统，代表着各军兵种、各专业领域的发展水平和研究深度。各军兵种、各系统应围绕我军现代化、正规化建设和信息化条件下联合作战的需求，着力满足各领域、各专业指战员对军语的实际需要。在编纂过程中应密切关注各领域、各专业出现的新思想、新观念、新知识、新装备、新战法等，用新的军事专业术语及时反映这些新发展新变化，使其与各军兵种、各系统的作战和建设任务相适应，与全军综合性《军语》相衔接。

（三）科学组织，坚持质量第一

军语系列化建设是一项庞大复杂的系统工程，是一项全军性的重要工作，涉及面广、专业性强、参与单位多，需要树立和强化大局意识。在编纂过程中，应充分运用科学的管理方法和技术手段，有机整合资源，同时应发挥优势、团结协作、密切配合，形成推动军语系列化建设的整体合力。军兵种《军语》、专业《军语》的质量既关系到各军兵种、各系统的声誉，也关系到全军的声誉，必须把质量第一的要求贯穿到整个编纂工作中。要以质量为中心安排工作，以质量为标准检查工作，以质量为目标落实工作，做到事事讲质量。要抓培训质量，抓收词质量，抓撰写质量，抓审稿质量，抓出版质量，做到环环抓质量。确保类目设置科学严密、选词定词系统规范、定义说明准确精练，努力达到分类准、定名准、释义准、文字精的“三准一精”编修要求，切实做到高起点展开，高标准实施，高质量完成。

（原文发表于 2011 年 12 月）

关于加强军语人才队伍建设的思考

人才是强军兴军之本。建设军语专业人才队伍，是贯彻落实党的十八大提出的“培养大批高素质新型军事人才”[①]的实际举措，也是加强军语建设的一项基本任务。2015 年 11 月，习近平主席在中央军委改革工作会议上明确指出：“要着眼于开发管理用好军事人力资源，推动人才发展体制改革和政策创新，形成人才辈出、人尽其才的生动局面。”[②]由于目前全军从事《军语》编纂、军语研究和管理的人员本身数量就有限，其中大多还是“半路出家”，加之军语学科没有定位，军队院校没有设置相应的专业和课程，有些地方院校虽开设了术语学课程，并且培养了一批又一批术语学或语言学等相关方向的专业人才，但还未形成稳定、持续的引进和吸收机制，造成军语专业人才十分缺乏，军语建设后继乏力，成为制约军语建设发展的瓶颈和障碍。因此，加强军语人才队伍建设是当前和今后一个时期军语工作迫切需要研究和解决的课题。

一、军语人才队伍建设的现实意义

人才是第一资源。军语人才是专业人才，是军事学与术语学、语言学等相结合的复合型人才，不是一般意义上的通才。军语专业人才是做好军语工作的基础和前提，是军语事业兴旺发达、继往开来的根本保障，是军语建设的根本。特别是《军语》编纂、军语理论研究和管理工作专业性强、标准要求高，十分需要一批理论功底扎实、专业知识丰厚并具有部队实践经验的《军语》编纂人才、军语研究人才和军语管理人才。

（一）为完成军语任务奠定坚实基础

军语工作是需要专业人才来做的。无论是系列《军语》的编纂、军事

① 《中国共产党第十八次全国代表大会文件汇编》，北京：人民出版社，2012 年版，第 39 页。

② 王士彬、曹智、李宣良：《习近平在中央军委改革工作会议上强调 全面实施改革强军战略 坚定不移走中国特色强军之路》，《解放军报》，2015-11-27（1）。

科学名词的审定，或是军语的常态化工作，还是军语的学科建设、法规制度建设、信息化建设，进一步把军语事业做实、做大、做强，关键是人才。只有拥有高素质的军语专业人才队伍，圆满完成军语工作各项任务才有了坚实的组织基础。

（二）为拓展军语事业给予有力支撑

随着军语事业的拓展，深入的领域将更加广泛，已经不再是仅仅编纂一部综合性《军语》，而是横向要形成系列，纵向要建成库、网。这就需要军语专业人才的支撑。有了《军语》编纂、军语研究和管理人才的各显身手，军语事业的持续发展就获得了有力的支持，就能形成核心竞争力和持续发展力，就有可能创造军语事业的辉煌。

（三）为创新军语事业提供根本保障

在新形势下落实政治建军要求、服务改革强军战略、推进依法治军，军语事业有许多新情况新问题需要研究和解决，需要进行多领域多层次的创新。创新是思想的产物，是思想火花的闪耀，而拥有高素质军语人才，才拥有一支有创意的军语队伍，军语事业的创新才能有根本保障。

二、军语人才队伍建设的基本任务

进入新时代，遵照习近平主席提出的“实施哲学社会科学人才工程”和“构建种类齐全、梯队衔接的哲学社会科学人才体系”[①]的要求，着眼全军军语管委会领导做出的跟上当今时代发展，跟上军事斗争实践，跟上建设改革步伐的指示，军语人才队伍建设的总体目标和基本任务是建设好“三支队伍”，即培养《军语》编纂人才，建设《军语》编纂队伍；培养军语研究人才，建设军语研究队伍；培养军语管理人才，建设军语管理队伍。通过不懈努力、逐步发展，在全军打造出与军语工作任务相适应的专业队伍。

① 习近平：《在哲学社会科学工作座谈会上的讲话》，北京：人民出版社，2016 年版，第 27 页。

（一）培养《军语》编纂人才，建设一支《军语》编纂队伍

建设军语专业人才队伍，要加强培养《军语》编纂人才。要通过系列《军语》编纂、军事科学名词审定和新军语增补等编纂实践活动，不断提高《军语》编纂人员的政治素质、学术素质、编辑素质和组织协调能力，使大家具备敏锐的政治意识，善于从政治上把握编纂方向；具备良好的学术鉴别能力、学术分析能力和学术研究能力，妥善解决编纂过程中遇到的各种学术问题；具备良好的编辑编审能力，能够看出存在问题、提出修改意见、进行修改编辑；具备良好的组织协调能力，能够处理好与编纂领导机关、学科牵头单位、词条撰写人和审稿专家相互之间的关系，确保各项编纂任务的落实。此外，要积极创造条件，采取有力措施，保持《军语》编纂队伍的相对稳定。

（二）培养军语研究人才，建设一支军语研究队伍

建设军语专业人才队伍，要重点培养军语研究人才。要通过创建军事术语学学科，建立军语研究机构，组织军语研究学术交流活动，开展军语理论培训等一系列措施，把分散于全军有关机关、院校、科研院所的军语专、兼职研究人员凝聚起来，提高大家的研究素质和能力，推出学术造诣深、治学严谨、具有创新学术思想的军事术语学学科带头人和军语研究开拓者。同时采取积极有效的措施，力争在有条件的军队院校相关专业开设军事术语学公共课，并招收培养军事术语学研究生。建设一支以专职军语研究人才为骨干，兼职军语研究人员为基础的军语研究人才队伍。与此同时，要注重从有关地方高校招收术语学专业的研究生或博士生，经过部队的实际锻炼，有意识地培养创新有为的青年科研骨干，在扩大军语研究人才队伍的基础上，努力改善队伍结构，形成军语研究人才的知识、学历、年龄的合理梯次配置。

（三）培养军语管理人才，建设一支军语管理队伍

建设军语专业人才队伍，要注意培养军语管理人才。随着军语事业的拓展，军语管理领域也在不断扩大，军语管理任务日益繁重，需要一批军

语管理人才。要学习掌握军语工作的一系列方针政策，熟练运用现代化的军语管理手段，培养科学的思维和方法来观察、处理问题，不断提高军语工作的具体谋划能力、组织协调能力、管理控制能力，真正成为军语管理的行家里手和推动军语建设不断创新发展的中坚力量。

三、军语人才队伍建设的方法要求

军语人才队伍建设是一项系统工程，只有遵循军语人才的成长规律，采取科学的建设方法，把握具体的建设要求，才能加快军语人才队伍建设的步伐，提高军语人才队伍建设的效益，切实建设好军语人才的“三支队伍”。

（一）军语人才队伍建设的方法

1. 进行工作实践锻炼

军语工作是一项实践性较强的工作，实践是军语人才才能发展的源泉和动力，也决定着军语人才才能的发展方向。在职实践锻炼，对提高军语队伍的素质、培养军语人才具有现实作用。要通过系列《军语》编纂、军事科学名词审定、军语常态化工作和军语学科建设、军语法规制度建设、军语信息化建设等军语工作实践，有针对性地采取以老带新、随机培训、以会代训、专题研讨、经验交流等方式，丰富有关人员的工作阅历、积累实践经验，促进军语队伍素质的整体提高，培养《军语》编纂、军语研究和管理人才。

2. 依托院校教育培养

院校是培养军语人才的摇篮和基地。要舍得本钱培养人才，选派有发展前途的从事《军语》编纂、军语研究和管理工作的人员，到开设术语学、语言学等相关专业课程的军内外高等院校和科研机构，接受正规、系统的教育，接受有重点、有针对性的教育培训。通过高等院校和科研机构的正规、严格的教育训练，培养高素质的军语人才。

3. 加强在职教育培训

军语工作的在职教育是为从事军语工作的在职人员学习、掌握《军语》编纂、军语研究和管理工作知识、技能而实施的教育。要根据军语工作的实际需要，对从事《军语》编纂、军语研究和管理工作的人员采取多种形式和方法的在职教育。例如定期召开《军语》编纂、军语研究和管理的经验及方法的交流会，举办短期专业培训班或专题讲座等。也可组织其参加地方科研机构或高等院校组织的专业研修班等各种形式的培训班，加强对在职人员的培养教育，不断提高在职人员的理论素质和业务能力，从而使其更好地胜任本职工作。例如，全军军语管委会办公室于 2016 年 7 月派员参加了国家语言文字工作委员会举办的第三期语言文字应用研究优秀中青年学者研修班，听取教育部语言文字信息管理司领导解读《国家语言文字事业“十三五”发展规划》，以及相关专家对与当前语言文字事业发展密切关联的热点领域的专题介绍和有关语言文字课题的研究分析，并与来自全国各地的相关高校和科研机构的学者进行了面对面的交流，开阔了工作视野，丰富了学术知识，增进了彼此了解。

4. 挖掘引进新生力量

军语人才队伍建设是一个长期积累的过程。要在积极挖掘现有军语人才资源，加大培养力度的基础上，广开人才渠道。要按照着眼长远、按需引进、能力优先、择优吸收等原则，适时引进和吸收适合于到军队工作的地方术语专业人才，特别是年轻有为的新生力量。这是适应军语事业建设和发展的必然要求，是弥补现有军语人才不足、优化军语人才结构、加强军语人才队伍建设的一个重要方法和途径。军语建设不仅需要术语学专业或术语学方向的专业人才，同时也需要计算机相关专业（包括计算语言学）的专业人才。

（二）军语人才队伍建设的要求

1. 扩大队伍规模

根据军队革命化、现代化、正规化建设的要求和军语工作常态化的实际，在全军范围内加强军语人才队伍建设特别是扩大军语人才队伍的规模，是一项重要而紧迫的任务。如果人才数量不足，就难以完成军语工作的繁重任务。从军语工作现状来看，人才特别是高素质的军语人才的数量不足，已经成为制约军语事业发展的瓶颈。因此，要从多方面进行努力，使军语人才在总量上达到和保持一定规模。要在稳定现有《军语》编纂和军语研究队伍、加快引进地方新生专业人才的基础上，充分开发和利用地方有关科研院所和高校的专业人才，拓展招才引智渠道，探索建立“不求所有、但求所用”的灵活用人机制，吸纳和聘请社会有关领域中军语建设所急需的人才。同时，还可适当聘用一些热爱军语事业、具有军事专业知识和《军语》编纂工作经验的军内退休人员。例如，全军军语管委会办公室秉持“专家治学”的理念，采取“小核心、大外围”的《军语》编纂工作模式，注重聘用军内外若干专业、体例方面的资深专家参加编纂工作，集中专家的智慧，充分发挥他们在学术咨询、审查把关中的重要作用。

2. 注重提高素质

随着军语建设的不断发展，提高现有《军语》编纂、军语研究和管理队伍的素质和能力显得至关重要。要通过各种行之有效的方法和途径，努力提高大家的政治素质、学术素质、编辑素质和组织协调、管理控制能力。同时，要使大家牢固树立品牌观念。军语具有权威性、法规性特色，要精雕细刻，打造出精品军语，为服务军队革命化、现代化、正规化建设做出更大贡献。还要不断培养大家的创新意识，在《军语》的编纂、军语的研究和管理模式上，大胆创新，积极探索。特别是要结合当前信息化、数字化的发展，紧跟时代步伐，勇于改革创新，努力提高《军语》编纂、军语研究和管理的效益。

3. 保持人员稳定

习近平主席在哲学社会科学工作座谈会上的讲话中明确指出：“要认真贯彻党的知识分子政策，尊重劳动、尊重知识、尊重人才、尊重创造，做到政治上充分信任、思想上主动引导、工作上创造条件、生活上关心照顾，多为他们办实事、做好事、解难事。”[①]军语工作是一个常态化工作，也是

① 习近平：《在哲学社会科学工作座谈会上的讲话》，北京：人民出版社，2016年版，第27-28页。

一项长期性工作。我军军语人才队伍主要分散于全军有关机关、院校、科研院所。除部分研究人员从事专职《军语》编纂、军语研究和管理外，大多是兼职做《军语》编纂、军语研究和管理工作。要认真贯彻落实习近平主席的上述指示，通过营造良好环境，加大队伍建设投入，改善工作和生活条件，制定相关政策规定，建立完善激励机制，解决实际问题，解除后顾之忧等，尽可能地保留《军语》编纂、军语研究和管理骨干，为大家的发展提供广阔的空间，激发军语人才的事业心、荣誉感和责任感，增强军语人才队伍的生机与活力，从而为完成全军各项军语工作提供坚实的组织保证。当前，国防和军队改革正在持续推进，随着军队院校和科研院所的改革，保留为数不多的军语人才是有关领导和机关不应忽视的一个重要问题。

（原文发表于 2016 年 12 月）

加强军语法规制度建设刍议

中央军委批准的全军系列《军语》编纂和军事科学名词审定工作已经全面展开，加强军语法规制度建设，构建具有我军特色、科学规范的军语法规制度体系，对于依法开展军语工作，推进军语事业发展，夯实依法治军、从严治军这个强军之基，具有重要的现实意义。2007 年全军军语管委会及其办公室成立以来，结合军语工作的实际，相继制定了《〈军语〉编修方案》《〈军语〉编修体例》《军兵种〈军语〉、专业〈军语〉编纂工作实施方案》《系列〈军语〉编纂体例》《全军军事术语管理委员会办公室职责》等规范性文件。全军不少编纂单位也制定了相关文件，为全军军语工作顺利实施和综合性《军语》学习使用提供了依据，军语法规建设取得了一定的成绩，但法规制度结构还不完善。为了适应军语事业发展的需要，须研究制定统领军语工作的“母法”，并制定、修订相关规范性文件。

一、加强军语法规制度建设的意义

（一）加强军语法规制度建设是夯实强军之基的具体举措

习近平主席指出：“建设一支听党指挥、能打胜仗、作风优良的人民军队，是党在新形势下的强军目标。”[①]这一重要论述是新形势下国防和军队建设的科学指导，体现了抓实正规化建设，夯实依法治军、从严治军这个强军之基的要求。加强军语法规制度建设，构建具有我军特色、科学规范的军语法规体系，使军语工作有法可依、有章可循，是贯彻落实强军目标的具体行动。

（二）加强军语法规制度建设是确保军语规范权威的实际需要

军语本身具有权威性、强制性、规范性和统一性。因此，着眼军语的上

① 中共中央文献研究室编：《习近平总书记重要讲话文章选编》，北京：中央文献出版社、党建读物出版社，2016 年版，第 38 页。

述特点，制定和完善军语工作的各项法规或规范性文件，逐步形成一个符合军语工作实际需要和发展规律，能够保障和促进军语建设的军语法规体系，是全面提高军语质量，确保军语权威、规范和军语工作规范化的现实需要。

（三）加强军语法规制度建设是推进军语事业发展的重要保障

军语工作是一项长期性工作，军语事业是一个持续发展的事业。要使军语事业沿着规范、有序的轨道科学稳步发展、不断进行拓展，就必须建立健全军语法规制度，把军语工作各种关系都纳入法规制度的约束之下，把以往军语建设中的成功做法和经验用法规或规范性文件的形式固定下来，使之规范化和程序化，成为《军语》编纂、军语研究和管理人员必须遵守的工作准则。

二、军语法规制度建设的基本任务

（一）制定统领军语法规制度的《军语工作规定》

加强军语法规制度建设，当前重要和紧迫的任务是依据国家有关法律和军队有关法规，制定具有“母法”地位，统领军语法规制度，对指导、规范和促进军语建设具有重要作用的基本法规——《军语工作规定》，对军语工作的指导思想、任务性质、地位作用、基本原则、机构职责和工作机制、保障措施，军语的宣传推广机制等做出明确和具体的规定，以法规的形式调整军语工作内部和外部的各种关系，由中央军委颁发施行。

（二）制定和完善配套的军语工作规范性文件

为加快军语配套法规建设进程，建立健全军语法规体系，要以《军语工作规定》为龙头，在现有军语规范性文件的基础上，对全军军语工作的组织协调、人员队伍、保密问题，《军语》的编纂方法、编纂体例、质量标准、审稿制度等方面做出进一步的明确规定，由总部或全军军语管委会颁发施行。全军各有关单位可结合自身的军语工作实际，制定相应细化、有可操作性同时又具有鲜明个性特征，科学、规范、简明、实用的工作文件，由本单位批准实施。

此外，根据当前和今后一个时期军语系列化建设、军语学科建设、军语人才队伍建设、军语信息化建设和军语法规建设等军语建设的实际，可考虑研究制定《军语建设纲要》。一是明确军语建设的指导思想和基本原则，揭示按照党在新形势下的强军目标加强军语建设的新特点新规律；二是明确军语建设的任务和标准，为组织军语工作评估、检查提供依据；三是明确加强军语建设的主要措施，包括工作思路、工作制度、措施办法等；四是明确组织领导军语建设的职责和要求，形成合力抓军语建设的良好秩序。

三、加强军语法规制度建设的方法和要求

（一）遵循基本原则

一是协调一致。军语法规制度是军事法规体系的组成部分。根据军事法制统一的原则和《军事法规军事规章条例》（现《军事立法工作条例》）的要求，军语法规制度要与我军军事法制建设的基本目标相适应，与军队有关的军事法规规章相协调，同时，军语法规制度中各项法规和规范性文件之间也要保持协调一致，做到法规之间纵向关系、横向关系和法规内部结构的协调一致，彼此不相互矛盾和冲突。二是符合规律。军语工作是一个复杂的系统工程，周期长、参与单位和人员多、协调难度大，规范性、专业性强，要求注重程序、注重质量一流和品牌效应等。所制定的军语法规和规范性文件要符合这些特点和规律，使之具有针对性和适用性。三是逐步完善。建立健全军语法规制度任重道远，要贯彻循序渐进、逐步完善的原则。对现有的军语规范性文件进行审查，对于不适用的内容要进行修改；对于过去没有而又事关军语工作全局急需的法规和规范性文件，要尽快制定；对于需要配套的法规规章和规范性文件，要精心组织、分步实施，逐步形成较为完善的军语法规制度架构。

（二）搞好统筹规划

要进行总体设计。总体设计是搞好统筹规划的首要环节。要从军语建设的客观实际出发，进行充分的调查研究和系统论证，设计一个覆盖军语工作

全过程的，分类科学、层次清晰、结构合理、整体协调的军语法规制度框架。要突出建设重点。突出重点是抓工作的一个重要原则。要根据军语法规体系框架以及现有军语规范性文件存在的问题，抓住关键环节，突出建设重点，集中力量、优先安排、抓紧制定骨干性法规和当前急需的配套法规文件，如《军语工作规定》《军语编纂细则》《军语编纂质量标准》《军语信息化建设实施办法》等。要注重系统配套。系统性是法规制度体系成熟和完善的重要标志。要在准确把握不同类型军语法规功能作用的基础上，注重综合性法规与专项法规、指导性法规与程序性法规的配套建设，使军语各项工作都有法可依，满足军语工作规范性、专业性、协调性、长期性的需要。

（三）加强相关结合

一是总结与借鉴相结合。从 1932 年 8 月刘伯承、左权等老一辈军事家翻译苏联红军的军语，开创我军军语建设先河算起，军语建设已经走过了 80 多年的奋斗历程，积累了丰富的实践经验。要注意总结这些有利于提高《军语》编纂质量、促进军语工作发展的成功经验，及时以法规或规范性文件的形式固化。同时，要注意借鉴军内外有关单位或外军的相关立法经验，特别是随着军语工作的拓展，一些领域没有直接的、现成的实践经验所用，更需要借他山之石。二是专业特色与军事特色相结合。军语工作专业性较强，要在了解掌握军语工作基本情况，深入研究探索军语工作特点规律的基础上，通过制定军语法规，反映军语工作的专业特色。同时，要立足我军的军情和全军各有关单位承担军语工作任务的实际，把专业内容与之相结合，确保军语法规制度是姓“军”的专业工作法规制度。

此外，加强军语法规制度建设，不能光局限于立法，执法也很关键。“有法可依”仅仅是开始，要把军语法规制度落到实处，还必须做到“有法必依”。要通过学习、培训等多种形式，利用开会、审稿等各种渠道，组织《军语》编纂和军语研究人员认真学习和掌握军语工作的有关法规和规范性文件，强化并提高依法开展军语工作的意识和能力，打牢军语建设依法管理的思想基础。在军语工作特别是《军语》编纂的各个环节，切实落实军语法规制度的各项规定要求。

（原文发表于 2013 年 1 月）

四、军语使用规范化

军语规范使用的若干问题

军语是军队在作战、训练及其他工作中统一使用的规范化的军事用语，是全军官兵全员使用、履职使用的标准用语。无论是在革命战争年代还是社会主义建设和改革时期，我军都高度重视《军语》的编纂和军语的使用，把军语作为实现军事思想知行合一的语言载体、确保军事行动协调一致的工具手段、推进军队建设正规统一的基础支撑，把规范使用军语作为统一军队认知的基本要求、协调部队行动的基本保证。目前，军语规范使用还存在不少问题，需要认真进行研究，采取有针对性的措施加以解决。这对加强我军战备建设、作战指挥、教育训练和部队管理，服务改革强军战略，推进依法治军，具有重要的理论价值和实践意义。

一、军语规范使用的重要意义

规范使用军语，是军人的特殊职业要求。能否规范使用军语，关乎现代战争胜负，影响军队建设发展，反映了官兵素质强弱，不可等闲视之。

（一）关乎现代战争的胜负

军队是为准备和实施战争而建立的正规武装组织，是高度集中统一的武装集团，必须有实现协调一致的语言载体——军语，来统一认知、协调行动。当前，在以信息技术为核心的高新科技的推动下，战争形态加速演进，信息化战争登上历史舞台，一体化联合作战成为基本作战形式，作战力量一体化、作战行动一体化、作战管理一体化等诸多作战特点，决定了在现代战争中需要通过广域分布、无缝链接的综合信息网络系统，实现各个作战单元、作战要素、作战平台的互联互通和信息实时共享，实现指挥控制的精确化、实时化和作战行动的协调性、同步性等。这对规范统一使用军语的要求比以往更为迫切，否则军队难以形成一个军令统一、步调一致的整体，也就难以夺取信息化战争的胜利。军语的基本功能是统一军队认知、协调部队行动。其根本目的就是为“能打仗、打胜仗”[①]服务的。我军军语体现了军事战略方针中所明确的基本作战思想、重要作战原则、各方向各领域军事斗争运筹谋划等基本精神和要求，诠释了现代战争的制胜机理，概括了符合信息化条件下联合作战特点规律的实在管用的战法。规范使用军语，就是有效防止在作战时引起指战员彼此认知上的偏差和理解上的歧义，充分发挥军语的交流军事思想、传递军事信息等作用。叶剑英曾指出：“统一军语不仅是为了便于学术研究，更重要的是为了在运用时特别是在作战时不致因产生误解而出乱子。”[②]刘伯承强调，“没有军事术语的统一，就不能准确地交流思想，就会影响到以后的军事行动和作战指挥”[③]，“在军事上一字之差也会死很多同志，甚至影响战斗的成败”[④]。

（二）影响军队建设的发展

进入新时代，习近平主席明确提出了“实现强军目标，建设世界一流军队”[⑤]的要求。深入推进政治建军、改革强军、科技兴军、依法治军，建设世界一流军队，就需要加强军队的信息化建设、正规化建设和军事文化建设。而规范使用军语是加强军队信息化建设、正规化建设和军事文化建设的题中应有之义。

军队信息化的基础是标准化，标准化的重要前提是军语的统一和规范使用。因此，没有军语的规范使用，就会造成信息主题难以标识，信息资源难以检索，信息传递难以顺畅，就难以有效实现网络互联和信息共享，也就无法从根本上实现一体化，势必影响军队信息化建设的进程。

军语是军队正规化建设的基石，军队一切正规管理的实际内容和具体指令都必须以规范的军语作为语言载体。军队正规化建设强调“五统四性”

---

① 中共中央宣传部编：《习近平总书记系列重要讲话读本（2016 年版）》，北京：学习出版社、人民出版社，2016 年版，第 246 页。

② 叶剑英：《深入开展全军军事科学研究工作（一九五九年七月二十二日）》，中共中央文献研究室、中国人民解放军军事科学院编：《叶剑英军事文选》，北京：解放军出版社，1997 年版，第 398 页。

③ 杨国宇、陈斐琴等：《刘伯承军事生涯》，北京：中国青年出版社，1982 年版，第 315 页。

④ 杨国宇、陈斐琴编：《刘伯承用兵录》，北京：战士出版社，1982 年版，第 123 页。

⑤ 中共中央宣传部编：《习近平总书记系列重要讲话读本（2016 年版）》，北京：学习出版社、人民出版社，2016 年版，第 246 页。

和依法治军。首先，用军语统一部队认知是正规化建设的重要前提。强调指挥、制度、编制、纪律和训练的统一，就要求军语的统一和规范使用。从一定意义上而言，没有军语的统一和规范使用，实行“五统四性”就没有基础。其次，规范使用军语，是依法治军、从严治军的内在要求。如果把军队正规化建设看作一项系统工程，那么，军语的规范使用就是它的基础工程。军语具有权威性和强制性，在工作训练中使用军语，在起居作息中使用军语，就是落实依法治军、从严治军的具体行动。

军语是军事文化元素在军事语言中的体现，是军事文化的组成部分，是军事文化的结晶和映像。军事文化由包括军语在内的军事语言来传承和体现。我军军语既蕴含着博大精深的毛泽东军事思想，也继承发扬了我国源远流长的传统军事文化精华，是体现我军性质宗旨、职能任务、军事理论、体制编制、装备体系、战略战术、管理模式等的军事文化载体。习近平主席提出“建设世界一流军队”[①]的重要思想。建设世界一流军队的任务之一就是建设一流军事文化。通过规范使用军语，可以推动军事文化的普及和军事知识的传播，进一步增强我军软实力，加强我军军事文化建设。

此外，规范使用军语，对于在新形势下积极推进军事力量走出去，有效促进国际军事合作和交流，具有不可替代的作用。随着国家利益的拓展和我军使命任务的延伸，军事力量需要走出去，需要参与区域和次区域军事安全合作等，这就需要借助包括军语在内的语言交流。而使用规范的军语，有助于提高交流的国际化、标准化、通用化水平。

（三）反映官兵素质的强弱

军人的素质是指军人在政治觉悟、军事技能、战斗精神、作风纪律、文化知识、军事理论、体能等方面的水平和能力。了解掌握和规范使用军语，是每一名军人必须具备的基本素质。

军语是军事领域的专门用语，是进行军事思想交流、传递军事信息的重要媒介，是作战、训练等一切军事活动须臾不能离开的基本工具，属于军人应知应会的基本军事知识内容。能够熟练掌握军语、做到正确使用军语，是军人必备的基本功，是军人具有良好军事素养的具体体现，是塑造

① 中共中央宣传部编：《习近平总书记系列重要讲话读本（2016 年版）》，北京：学习出版社、人民出版社，2016 年版，第 246 页。

军队威武之师的重要基础。无论是平时还是战时，军人都必须准确规范使用军语。广大官兵作为军语的使用者和维护者，应把军语的规范使用作为作战、训练及其他工作中的一项基本要务。各级领导是强军兴军的中坚和骨干，落实学习使用军语的要求既是各级领导的基本职责，也体现着领导干部的军事素质。

二、军语规范使用中存在的问题及成因

多年来，关于军语规范使用的要求，散见于军队相关法规、文件和讲话中。2011 年 12 月，在 2011 年版《中国人民解放军军语》经中央军委批准印发全军施行之际，四总部首次向全军印发了《关于学习和使用新版〈中国人民解放军军语〉的通知》，在充分肯定军语重要作用的同时，对军语的规范使用提出了明确要求。通知指出：新版《军语》的编修出版，为科学界定军事概念、统一全军认知提供了权威依据，为准确表达意图、顺畅协调部队行动提供了基本遵循，为提高工作效率、实现集中统一提供了重要规范，对于加强战备建设、作战指挥、教育训练和部队管理，提高部队革命化现代化正规化建设具有重要作用。学习好、宣传好、使用好新版《军语》是军队建设的一项重要基础性工作。通知要求：切实抓好新版《军语》的普及运用，自觉用《军语》规范和统一部队行动，进一步拓展和深化军事斗争准备，加速推进军队信息化建设，大力发展先进军事文化，不断提高有效履行新世纪新阶段我军历史使命能力，保持部队高度稳定和集中统一。要把学习使用新版《军语》与深化中国特色社会主义理论体系武装结合起来，与推进军事理论创新结合起来，与完成军队建设、改革和军事斗争准备任务结合起来。全军各部队按照通知要求，积极宣传军语、认真学习军语、熟练掌握军语、正确使用军语，充分发挥军语在军队建设和军事斗争准备中的重要基础性作用。但毋庸讳言，当前部队在军语的规范使用方面还存在不少问题，需要引起足够重视，分析问题成因，采取有效措施，认真予以解决。

（一）军语规范使用中存在的主要问题

当前，部队在军语规范使用方面存在以下主要问题：一是不注重使用军语。军人说话、行文不使用或不能正确使用军语的现象具有一定的普遍

性。不少官兵不重视军语的使用尤其是规范使用，在撰写文章和讲话材料时，在训练和工作、生活中不善于使用军语，说话也都是民语、老百姓的语言，军语说起来重要、做起来次要、用起来不要的问题普遍存在。二是不正确使用军语。误用军语、乱用军语、使用网络语言代替军语等不规范使用军语的问题时有发生。军语的不规范使用问题，已不同程度地影响到部队的战备建设、作战指挥、教育训练和行政管理等诸多方面。因此，要在认真分析这些问题成因的基础上，充分认识军语规范使用的重要意义，明确军语规范使用的标准要求，采取具有针对性、有效性的措施，积极推动军语在全军范围内的规范使用。

（二）军语规范使用存在问题的成因

军语不规范使用的原因比较复杂，既有内在因素也有外在因素，既有工作方面的原因，也有机制方面的原因。

一是认识不到位。对军语的使用特别是规范使用的重要性认识不到位，是上述问题存在的首要内因。不少官兵缺乏军语意识，特别是缺乏把军语视为法规需要强制使用，而且作为军人的一种特殊职业要求，有责任和义务使用的意识。在思想观念上，没有把军语规范使用与现代战争胜负、军人生死存亡，与军队建设统一规范、军人素质培养等关系军队和军人切身利益的问题挂起钩来。因此，军语使用率不高、使用不规范的问题具有普遍性，在正规军事交往和交流中凭感觉使用军语和随意使用网络语言的现象屡屡发生。

二是学习不深入。对军语的学习浅尝辄止，既不系统，也不深入，是造成军语不规范使用的一个重要内因。不少官兵对军语的学习临时“抱佛脚”，平时把《军语》束之高阁，用时才把《军语》拿出来翻一翻、查一查。或者是随便看一看，对军语的基本内容尤其是履行工作职责所需要掌握的军语及其释义，缺乏扎扎实实、深入系统的学习、了解和掌握。

三是训练有空白。长期没有将军语规范使用作为军人基本素质进行正规统一的训练，是造成军语不规范使用的一个重要外因。目前，我军的共同科目训练未将军语规范使用纳入其教育训练范畴，造成军人共同科目训练内容的一项空白。培训不到位，加之有些领导不重视，宣传不到位，媒体的导向和示范作用发挥得不够有力，导致难以做到军语的规范使用。

四是督查没跟上。对军语的规范使用尚未建立正确引导和有效督查的机制，是造成军语不规范使用的一个重要原因。时至今日，尚未建立军语规范使用的检查督导机制，也未建立军语规范使用的奖惩机制，对军语的规范使用缺乏行之有效的督查和奖惩。同时，缺乏军语规范使用的专门法规，造成无法可依、无规可循的现象。特别是近年来，随着新媒体的迅猛发展，网络语言大量涌现，因其具有新颖性、实用性、变异性、趣味性等特点，深受广大网民的“青睐”和“重用”，其中的一些流行语也随之成为青年官兵喜欢使用的日常交际用语。由于缺乏及时、有力的正确引导和制约，这些网络语言作为“社会方言”，对军语的规范使用造成了一定的冲击和影响。

三、军语规范使用的标准要求

“规范”之意，就是要合乎标准、符合要求。强调军语的规范使用，就需要明确基本标准、提出具体要求，以避免在军语使用过程中的盲目性和随意性。军语使用要严格遵循全员使用、履职使用、规范使用的原则。

（一）全员使用

军语是全军通行的“普通话”，中国人民解放军的全体军人必须使用。从将军到士兵，从机关干部到连队官兵，从教员到学员，从军事科研人员到军队文艺工作者……都要做到学军语、懂军语、用军语。做到正确领悟军语的语义、全面理解军语的内涵和外延、认真辨析军语的近形和近义、准确把握军语的语境和规则、熟练使用军语的标准语音，这是军人的职业要求。

学习使用军语，领导干部既是组织者，又是实践者，要以身作则、率先垂范，带头学习军语、规范使用军语，为学习使用军语形成正确导向、创造良好环境。

（二）履职使用

军人在军事行动和日常工作中履行职责时，必须使用军语，这是统一军队认知的基本要求。在军事行动中使用军语，是协调部队行动的基本保证。军事行动具有群体性、突发性、对抗性、残酷性、多样性、不确定性等诸多特性。为确保在军事行动中指挥顺畅、认知统一、行动协调，达到预定目的，无论是口头沟通，还是书面交流，都必须准确、规范使用能够精确表述军事概念、正确认知军事信息、周密协调军事行动的军语，用军语协调部队行动，提高军事行动效率。

在日常工作中使用军语，是推进工作规范协调的有效保证。按照熟悉本职军语、牢记常用军语、掌握专业军语的原则，全军各级各类指战员要重点学习和掌握适合自己专业需要、与履行日常工作职责密切相关的军语，切实做到学深学透、熟练掌握，真正做到在本职工作岗位上正确地使用本专业军语。

（三）规范使用

军语必须规范使用。使用军语，要准确、规范使用我军统一颁发、正在施行、具有效力的军语，包括中央军委批准颁发全军的现行综合性《军语》，以及军兵种和专业《军语》、军事科学学科名词集等，这些是军语规范使用的最重要的工具，不得使用过时、陈旧的军语。

使用军语，要遵循相关军事规则，包括遵循军事法规的有关规定和军队保密纪律的有关要求。例如，在军语中，“翼”是指军队的作战部署、行军队形、战斗队形或阵地的左右两边。按照有关军事法规的要求，作战文书中记述左翼、右翼，应当面对敌方确定我方的左翼、右翼，面向我方确定敌方的左翼、右翼。使用军语，同时要遵循现代汉语中明确、一致的标准，包括语音、词汇、语法的统一标准。例如，军语的读音要正确，不出差错；正确理解军语，在使用中不出语义差错；注意军语的词性，不要把名词性军语当动词性军语使用；等等。

使用军语，要避免擅造擅用新词和使用网络语言。一些新词在没有纳入现行军语之前，不得在军事行动和日常工作中使用，否则会引起认知歧义和理解混乱。同时不要随意引用尚未普及的外来语，也不能用缺乏规范性和严谨性的网络语言代替军语。例如，不能把领导称呼为“老板”，把“明白”说成“欧啦”，把“有意见”说成“拍砖”，把“完成任务”说成“妥啦”。

使用军语，要有规范书写意识，做到正确书写，并注意检查，杜绝使用中的错字、漏字、别字以及不规范字等现象，以防止用字不规范可能造成的命令不畅通、情况反映不准确等问题。例如，“威慑”不能错写为“威摄”，“部署”不能错写为“布署”，“分辨率”不能错写为“分辩率”，“催泪弹”不能错写为“摧泪弹”，“防毒斗篷”不能错写为“防毒斗蓬”，“既设阵地”不能错写为“即设阵地”，“导弹推进剂”不能错写为“导弹推进济”，“螺旋桨飞机”不能错写为“螺旋浆飞机”，等等。与此同时，要按照国务院公布的《通用规范汉字表》正确地使用规范汉字，不写被废止的繁体字、异体字（指音义和使用功能相同而字形不同的汉字，如“峰-峯”），以及不合规范的简化字（《第二次汉字简化方案（草案）》中的字）等。

四、推动军语规范使用的对策

军语的规范使用，关系到现代战争的胜负、军队改革的成效和军队建设的正规统一。要本着对军队作战和建设、改革高度负责的态度，采取积极有力的措施，加强对军语规范使用的教育、引导、督促和检查，防止不使用和不规范使用军语问题的一再发生。通过牢固树立军语规范使用的责任意识，不断强化军语规范使用的教育训练，建立完善军语规范使用的制度机制，努力营造军语规范使用的良好环境，切实使军语的规范使用在全军各机关、各部队引起重视，落地生根，取得实效。

（一）强化军语规范使用的责任意识

树立和加强军语规范使用的责任意识对于每个军人来说都十分必要，关系到使用军语的自觉性和根据需要使用恰当的军语进行写作、交际、训练、作战的能力。如果说穿着军服是军人外在形象的鲜明展示，那么规范使用军语则是军人内在素养的具体体现。

做好军语的规范使用工作，首先要解决认识问题和观念问题。对于广大军人而言，要强化责任意识，转变思想观念，增强规范使用军语的责任感和紧迫感，充分认识规范使用军语是军人必须具备的基本素质，是军人的特殊职业要求，需要把应知应会的军语学习到、理解透、使用好。要破除用不用军语无所谓、都一样的观念，深刻认识军语使用的强制性，即军语是必须使用的，而不是可用可不用的；是必须按规范使用的，而不是随心所欲地乱用的。要充分认识到使用军语就是遵纪守法，就是确保部队的集中统一。要克服使用的随意性和盲目性，增强使用的自觉性和主动性，把规范使用军语作为提高军人素质的一个重要方式。军人从入伍的第一天起，就应被灌输规范使用军语的观念，在日常的训练或工作、生活中逐步养成军语规范使用的良好习惯。

当前，随着网络技术的飞速发展和广泛运用，网络新词通过网络的广泛传播，以其快捷、新颖、鲜活的特性，迅速融入包括军人在内的广大网民的日常生活，成为大家普遍使用，特别是青年官兵乐于使用的一种新的交际用语。实事求是地说，网络语言确实推动了语言词汇的更新和语言生活的丰富多彩，但要给广大官兵讲清楚这些网络语言与军语是有本质区别的。军语是军人在正规的日常训练、工作、生活中必须使用的军用标准化用语，它的权威性、规范性和严谨性，决定了其具有统一军队认知、协调部队行动的重要功能。因此，在组织战备建设、作战指挥、教育训练和部队管理等各种军事活动中，要牢固树立军语规范使用的意识，切记不能用网络用语代替军语。

（二）强化军语规范使用的教育训练

加强对军语规范使用的教育训练，是培养军人军语素质的有效途径。要通过组织军语规范使用的日常培训，抓好军语规范使用的日常养成，锻造广大官兵过硬的军语素质，提高广大官兵规范使用军语的能力。

一是组织军语规范使用的日常培训。要把对军语的规范使用教育训练纳入军事训练大纲，作为共同科目训练的一项基本内容，在组织部队官兵训练时，与共同条令（《中国人民解放军内务条令》《中国人民解放军纪律条令》《中国人民解放军队列条令》）的教育同步展开。要组织专业人员，采取多种形式，搞好军语规范使用的教育培训，讲清军语的体系和内容，规范使用的标准、要求和意义，解答官兵在规范使用过程中遇到的疑难问题，切实提高官兵对军语规范使用重要性的认识，增强军语规范使用的紧迫感和自觉性，知晓军语的体系和基本内容，掌握军语规范使用的标准要求，养成军语规范使用的良好习惯。

二是抓好军语规范使用的日常养成。准确使用军语，要靠长期的训练和不断的实践，同时需要形成习惯，以达到军语成为军人第二本能需求的程度。抓好军语的规范使用，日常养成是根本。要把《军语》作为案头一部必备和常用的工具书，经常学一学、查一查、悟一悟，做到持之以恒，切不能今天想起来就用一下，明天忘了就束之高阁。常言道，“一日练习一日功，一日不练十日空”。要从官兵的所言所写抓起，把军语的规范使用要求贯穿于每日生活和各项工作中，坚持教养一致、点滴入手、常抓不懈，由一天规范使用实现天天规范使用，由一事规范使用达到事事规范使用，切实把军语的规范使用变成广大官兵的自觉行动，把外在的要求变为内在的需求，在潜移默化中强化军语意识、提高军人素养，形成领导重视、全员使用的良好氛围。

（三）强化军语规范使用的制度机制

要通过制定军语规范使用的相关法规、建立军语规范使用的管理监督和奖惩机制，来逐步建立和完善军语规范使用的制度机制，从而防止军语使用的随意性和盲目性。

一是制定军语规范使用的相关法规。军语规范使用的相关法规，对于军语的规范使用具有指导、制约和调控作用。应根据军语规范使用的需要，制定相关专门军事法规。从军事法规层面，以权威、细致、具体，富有针对性的条文，明确军语规范使用的标准要求、主体责任、教育训练、检查督导和奖惩措施等，为军语的规范使用提供基本法规依据，从而引起各级领导重视，引导相关部门配合，引领广大官兵践行，切实做到军语规范使用有章可循、依法管理、以法治训。同时，在共同条令和有关作战、训练以及涉及军事立法、军事科研、军队机关公文等的军事法规中，应以专条专款明确规定在相关领域的军语规范使用问题，从多领域多方面为军语的规范使用提供军事法规和制度层面的保障。军队新闻出版、广播影视等部门，作为军事信息传播媒介的主体，应将规范使用军语纳入其基本工作规范和质量保障体系。

二是建立军语规范使用的管理机制。加强对军语规范使用的管理，是全军各机关、各部队应尽的责任。教育部、国家语委发布的《国家语言文字事业“十三五”发展规划》提出加强语言文字规范化建设，把语言文字规范化要求融入行业管理……这一要求为军语规范使用及管理，提供了可资借鉴的权威性依据。全军各机关、各部队应把军语的规范使用，摆在各单位军事工作的适当位置，纳入各单位的训练管理目标中（将来条件允许，应逐步将军语规范使用的管理纳入训练部门的训练管理职能之中），做到有领导分管、有人员专（兼）管。全军军语管委会办公室应充分履行对军语规范使用的统筹规划、组织协调、学术指导、监督检查等职能，创造性地开展相关工作，努力争取有关职能部门的支持配合，并注意总结和探索新的经验和工作规律，积极推动全军各机关、各部队对军语的规范使用。

三是建立军语规范使用的督查机制。加强军语规范使用的督查，是确保军语规范使用的重要举措。首先，建立由全军军语管委会办公室组织定期或不定期监督检查的机制，并依照相关军事法规组织专业人员，定期或不定期深入部队和机关，认真调研、检查和监督军语规范使用的状况，纠正和解决军语规范使用存在的主要问题，提出军语规范使用的意见建议，指导军语的规范使用。其次，建立由全军各机关和部队组织年度监督检查的机制，对军语的规范使用情况开展自我监督检查，并将其作为军语规范使用监督检查的一种基本形式。此项工作可结合各机关和部队年终总结进行，把对军语的规范使用作为年终总结和检查评比的一项硬性指标，作为考核单位和人员军事素质的重要标准，予以有针对性的检查评价。再次，建立基层官兵相互监督检查的机制，充分发挥基层官兵在军语规范使用中的一线监督、实时纠正、相互制约、严格自律的基础性作用，为确保军语规范使用奠定坚实根基。

四是建立军语规范使用的奖惩机制。要建立完善能够激发、鼓励广大官兵积极主动规范使用军语的良好机制。对军语规范使用做得好的单位和个人，要及时予以表扬和奖励，以充分调动广大官兵规范使用军语的积极性和主动性。对未能做到军语规范使用且对部队作战、训练及其他军事行动造成较大不利影响的人和事，进行必要的问责，从而形成军语规范使用的正确导向和浓厚氛围，确保军语的规范使用落到实处。

（四）强化军语规范使用的环境塑造

通过进行广泛深入的媒体宣传和部队营区的环境布置等，努力营造军语规范使用的环境氛围。

一是利用军队主办的媒体，组织军语规范使用的宣传教育。充分利用军队新闻出版、广播电视等媒体和各军事网站，精心组织军语规范使用的宣传教育，认真搞好军语作用意义的宣传，加强对军语规范使用的引导，使广大官兵深刻理解军语在加强部队建设中的规范和协调作用，切实提高军语规范使用的意识和职业自觉性；认真搞好军语基本内容、规范使用标准要求等的学习教育，使广大官兵准确理解军语的科学内涵、精神实质，真正掌握军语规范使用的基本标准和要求，有效提高军语规范使用的能力。

二是通过部队营区的环境布置，营造军语规范使用的环境氛围。要采取基层官兵喜闻乐见的形式，进行经常宣传，强化广大官兵规范使用军语的意识。例如，在部队营区制作军语规范使用的标语、灯箱、宣传画，办好军语规范使用的墙报、黑板报、宣传橱窗，设置日常需使用的军语提示板等，宣传军语规范使用的基本标准和要求等，营造军语规范使用的浓厚环境氛围，充分发挥环境潜移默化宣传军语规范使用的作用。也可通过组织军语规范使用的知识竞赛活动，丰富广大基层官兵对日常军语的积累，增强军语规范使用的意识，在活动中提高军语素养。

军语规范使用的宣传教育，不可能一蹴而就，而是一项基础性、长期性的工作，需要多措并举，常抓不懈。因此，要建立军语规范使用的宣传长效机制，确保常态化、长效化，从而把这项宣传教育工作逐步引向深入，不断取得实效。

参考文献

[1] 教育部，国家语委. 2016. 国家语言文字事业“十三五”发展规划.

[2] 教育部语言文字信息管理司组编. 2015. 语言文字规范标准手册. 北京：商务印书馆.

[3] 李苏鸣. 2010. 军语导论. 北京：军事科学出版社.

[4] 吴铨叙主编. 2003. 军事训练学. 北京：军事科学出版社.

（原文发表于2017年6月）

关于军语的学习和使用问题

军语是表达军事概念的语词，是军队在作战、训练及其他工作中统一使用的规范化的军事用语，是全军官兵全员使用、履职使用的标准用语，是军事组织和军人传递军事信息、统一军队认知、协调部队行动的最重要的工具。学习和使用军语是一支现代化、正规化军队的重要标志，也是一个合格军人必须具备的基本军事素质。

一、学习和使用军语的必要性

表述军事概念，统一军事认知、协调军事行动是军语的 3 个基本功能。因此，学习和使用军语，是表述军事概念的基本需要，统一军队认知的基本要求，协调部队行动的基本保证。

（一）表述军事概念的基本需要

军语是军事领域中概念的语言指称。军语的基本功能之一，就是指称军事概念。军事概念是军事客体在人们心理上的反映。这里的军事客体既包括客观存在并可观察到的军事事物，如电子干扰飞机、箔条；也包括抽象军事事物，如战略、战术。人们在认识军事事物的过程中，通过观察、分析、推理等思维方式，把客观军事事物的本质属性加以抽象概括形成概念，如“能产生强电磁脉冲，专门用于毁坏敌方电子信息设备或扰乱其正常工作的弹药”[1]，就是人们对一类军事事物分类而得出的一般概念。随着军事实践的不断深入和对军事客体认识的不断深化，人们对各个军事概念以定义模式进行语言描述，并赋予各个军事概念以适当的语言指称，这样

---

① 全军军事术语管理委员会、军事科学院：《中国人民解放军军语》，北京：军事科学出版社，2011 年版，第 285 页。

就形成了军语，如用“电磁脉冲弹”这一军语表述上述“能产生强电磁脉冲，专门用于毁坏敌方电子信息设备或扰乱其正常工作的弹药”这一军事概念。试想一下，如果没有军语，纷繁复杂的军事概念就只能停留在人们的心理构想阶段，只可“意会”而不能“言传”。

（二）统一军事认知的基本要求

军事认知主要是指对军事信息的理解和判断。军语作为一切军事活动中信息加工、传递与反馈的媒介，其准确与否，将直接关系到军事活动是否协调有序，特别是作战中所使用的军语，其含义是否明确，直接决定着军人对各种作战信息理解的准确与否，关系到军人对作战命令执行的正确与否，从而影响到作战行动。我们强调思想上、行动上的统一，首先要求军语上的统一，而军语的统一，实际上是军事认知的统一。统一军事认知，对军事行动尤其是作战、训练，以及非战争军事行动等，就显得尤为重要。特别是在信息化战场上，需要做到统一号令和指挥，对军语的使用不允许出现任何差错和误解。例如，“炮兵压制射击”这一军语的释义是：“炮兵组织实施的给目标以部分毁伤，使其暂时丧失战斗力或指挥能力的射击。要求毁伤程度为10%～50%。分为临时压制射击（毁伤程度10%～20%）、一般压制射击（毁伤程度 20%～30%）、重点压制射击（毁伤程度 30%～50%）。”[①]该释义外延括号中几个量化的百分比，分别把“临时压制射击”“一般压制射击”和“重点压制射击”解释得一清二楚，能够使指战员对3种射击达成统一的认知。

（三）协调军事行动的基本保证

军语是确保军事行动协调一致的重要工具。在军队中，准确高效地协调、指挥作战等军事行动，需要有系统、规范的军语作为基本的指令载体。这是军语最基本的功能。我们强调，军队必须做到协调一致，就是要确保军令、政令畅通，这就要求使用军语来规范各类军事行动。准确、规范的军语，是军队开展工作的基本工具，对于保证部队认知统一、行动协调一致，具有至

① 全军军事术语管理委员会、军事科学院：《中国人民解放军军语》，北京：军事科学出版社，2011年版，第734页。

关重要的作用。在平时，关系到能否严格准确地理解上级的指示意图；在战时，则关系到战争的胜负。刘伯承元帅曾强调："在军事上一字之差也会死很多同志，甚至影响战斗的成败。"[①]以中原大战为例，1930 年 4 月初，蒋介石同冯玉祥、阎锡山在河南摆开战场，双方共使用了约 130 万兵力，势必决一雌雄。战前，冯玉祥、阎锡山为了联合起来打垮蒋介石，商定率军在河南北部沁阳会师，然后集中兵力歼灭驻守在河南的蒋军。谁知冯玉祥的一位作战参谋在拟制进军命令时，误把"沁阳"的"沁"多写一笔，写成了"泌阳"，而河南南部恰巧有个泌阳，与沁阳一南一北，相距数百千米。冯玉祥所属军队接到命令，本来要向北开进的军队反而向南进发，贻误了聚歼蒋军的有利战机，使蒋介石得以从容调动部队，掌握了战争主动权，最终取胜。[②]

二、如何学习军语

军语首先要学。为了指导全军部队学习和使用好军语。2011 年 12 月，2011 年版《中国人民解放军军语》颁发全军施行时，四总部第一次联合颁发了《关于学习和使用新版〈中国人民解放军军语〉的通知》。该通知指出：新版《军语》的编修出版为科学界定军事概念、统一全军认知提供了权威依据，为准确表达意图、顺畅协调部队行动提供了基本遵循，为提高工作效率、实现集中统一提供了重要规范，对于加强战备建设、作战指挥、教育训练和部队管理，提高部队革命化现代化正规化建设水平具有重要作用。该通知强调：学习好军语是军队建设的一项重要基础性工作。各级要高度重视学习军语，结合机关和部队工作实际，研究制定学习军语的措施和办法，采取宣讲辅导、学习交流、集中研讨等方式，有计划、分层次地组织所属人员学习军语。据此，学习军语既要了解基本内容、领会精神实质、掌握使用要求，也要突出学习重点，把握专业关键。

（一）学习现行综合性《军语》的基本内容和主要创新点

要认真搞好现行综合性《军语》基本内容、主要创新点的学习，准确理解重要军语的科学内涵、精神实质。我军现行综合性《军语》主要是指

① 杨国宇、陈斐琴编：《刘伯承用兵录》，北京：战士出版社，1982 年版，第 123 页。

② 马鸣春：《军事语言学通论》下册，北京：军事科学出版社，2008 年版，第 463 页。

2011 年 12 月由中央军委批准、四总部联合颁发全军施行的《中国人民解放军军语》。该综合性《军语》保持综合性、通用性为主的特色，内容涵盖我军军事、政治、后勤、装备工作各领域，设置了“综合”“国防”“战争 • 战略”“作战（综合）”“战役 • 战役法”“战斗 • 战术”“危机与突发事件处置”“指挥”“侦察情报”“军事通信 • 指挥控制系统 • 电磁频谱管理”“信息对抗”“军事训练”“组织编制”“行政管理”“军事地理 • 测绘 • 导航”“军事气象 • 水文 • 空间天气”“军队政治工作”“军事后勤”“装备工作”“军事法制”“军事技术”“陆军”“海军”“空军”“第二炮兵”“军事外交”26 个一级类目，其中“陆军”下设“综合”“步兵”“装甲兵”“炮兵”“防空兵”“陆军航空兵”“工程兵”“防化兵”“特种部队”9 个二级类目，收词目 8587 条，配图表 195 幅。其中，较 1997 年版《中国人民解放军军语》，调整合并了 12 个类目，新增“作战（综合）”“危机与突发事件处置”“装备工作”“军事法制”“军事外交”“陆军”6 个类目，新增“党的军事指导理论”“战斗力生成模式”“基于信息系统的体系作战能力”“非战争军事行动”“军事信息系统”“网络对抗技术”“新概念武器”等 4000 余条词目，这些新增词目鲜明体现了党的军事指导理论的创新发展，反映了拓展和深化军事斗争准备的迫切需要，展示了军事理论和军事技术的新成果。所有词目均标注了英文译名并增设了英文译名索引，这在综合性《军语》的编修历史上是第一次。在学习综合性《军语》时，应切实了解上述有关内容和创新点。

现行综合性《军语》分全本和简本两种版本，简本由从全本中精选出的 2899 条合成军队基层官兵常用词目编成。全本发全军团以上部队，简本发营以下分队。应根据部（分）队的实际情况，按需求、分层次学习现行综合性《军语》。与以往不同的是，第一次研制配发了现行综合性《军语》（全本、简本）光盘版，使之成为我军历史上第一部电子版综合性《军语》。该光盘版系统运行性能稳定、程序响应快捷，交互界面形象易懂、操作使用简便，过滤条件设置简单、查询结果准确，检索方式灵活多样，使用者既可运用类目（词目）索引、汉语拼音索引、英文译名索引、配图表索引进行查阅，也可做包含多种条件的高级查询。大家可借助这一便利、快捷的载体学习现行综合性《军语》。

根据中央军委批准的《全军军语系列化建设实施纲要》和《军事科学名词审定工作实施纲要》，在全军军语管委会的领导下，正在组织全军各有关单位编纂 19 部军兵种、专业《军语》(《空军军语》已出版)和 15 部军事科学学科名词集。上述系列《军语》和军事科学学科名词集在若干年内陆续出版发行后,也将进入现行《军语》行列之中。届时,各军兵种、各专业领域指战员也应认真学习本军兵种、本专业《军语》的基本内容和创新点。

(二)学习履行工作职责所需要的军语

现行综合性《军语》涉及军队作战和建设的方方面面,涉及军事、政治、后勤、装备,涉及各军兵种,涵盖面宽,词目数量也很多。因此,要在学习现行综合性《军语》基本内容和主要创新点的基础上,重点学习和掌握适合自己专业需要、与履行工作职责密切相关的军语,切实做到应知应会、熟知熟记。要按照熟悉本职军语、牢记常用军语、掌握专业军语的原则,各级各类人员根据各自不同的工作特点,各有侧重地学习,真正做到在本职工作岗位上准确地使用本专业军语。

三、怎样使用军语

军语之要在于用。2011 年 12 月 28 日,四总部颁发的《关于学习和使用新版〈中国人民解放军军语〉的通知》明确要求:各级要以高度的责任感和使命感抓好新版《军语》的使用,充分发挥军语在军队建设和军事斗争准备中的基础性作用。大家应以此为遵循,人人熟知军语、个个使用军语。

(一)在军事活动中必须使用军语

一是在作战、训练和非战争军事行动中必须使用军语。在军事行动中使用军语,是统一军队认知的基本要求、协调部队行动的基本保证。军事行动的主体内容是战争和战争准备。它既包括平时的军事训练和演习、战场建设、兵力兵器的部署及调动等,也包括战时的实施战争、战役和战斗,以及反恐维稳、抢险救灾、维护权益、安保警戒、国际维和、国际救援等非战争军事行动,具有群体性、突发性、对抗性、残酷性、多样性、不确定性等诸多特性。为了确保在上述军事行动中指挥顺畅、认知统一、行动协调,达到预定目的,无论是口头沟通,还是书面交流,都必须准确使用能够精确表述军事概念、正确认知军事信息、周密协调军事行动的军语，用军语规范、统一和协调部队行动，提高军事行动的效率。

二是在开展军事教育和军事科研活动中必须使用军语。军事教育的目的是为军队培养作战和建设所需要的军事人才。在军事教育活动中使用军语，是打牢学员军事理论根基、提高其军事素养的基本要求。要把军语的学习使用纳入教学计划，作为重要内容，教员要认真备课，在教学活动中专门安排时间指导学员正确使用军语，使学员全面了解和掌握军语的基本内容和使用要求，力争达到使用自如、规范，培养和提高学员使用军语的能力，为其将来任职奠定必要的军事基础。同时，要使用规范化的军语统一教学语言，检验教学效果。

军语通常体现军事思想、军事理论、军事技术及军事学术的最新成果。在军事科研活动中，通过对军语的规范使用和深入的学术研究，不断总结梳理、积极提炼概括国防和军队建设发展的新鲜经验，依托雄厚的知识储备、创新的军事理论和丰富的科研实践，提出新军事概念、形成新军事理论，推进军事理论创新发展，充分发挥理论先导力的作用。

三是在拟制各类军用文书时必须使用军语。使用军语是拟制军用文书过程中必不可少的要求。军用文书是军队使用的具有规范体式的各种文件、电报、图表等的统称。包括作战文书、军队机关公文和其他常用事务文书。军用文书作为一种公务文书，具有强制性和约束力，是由法定的机关、部队为了特定的目的而制发的，代表了制发机关、部队的意志，其中所表达的思想、反映的情况、提出的要求，需要所属机关、部队及指战员去理解、遵循和执行。而军语作为构成军用文书的核心要素，具有准确、简明、规范、统一的特性，符合拟制军用文书的最基本要求。因此，在拟制军用文书过程中必须熟练、准确地使用既能正确表达机关和指战员意图，又能使指战员易于理解、统一认知和便于执行的军语，做到信手拈来、付诸文字。

此外，制定军事法规、撰写军事学术论文，采写军事新闻报道，等等，也都要善于运用和准确使用军语。

（二）必须熟练使用规范统一的军语

强调在军事活动中必须使用军语，还要注意所使用的军语是否规范统一。我军规范统一的军语体系，是指由全军各有关单位牵头编纂，全军军语管委会及其办公室组织审定，并由中央军委批准颁发全军施行的综合性《军语》，军兵种《军语》、专业《军语》和军事科学学科名词集等，必须熟练使用。

一是必须使用现行军语。现行军语特别是军语常态化工作启动后推出的新军语，通常着眼军事发展的新趋势，积极适应军事领域的新变化，体现新的军事思想、新的军事战略、新的军事技术、新的作战方法、新的军事力量、新的组织体制等内容。如果在军事活动中仍然使用陈旧过时的军语构建话语，就可能造成军事信息传递的障碍。

二是必须熟知专业军语。各级各类指战员对履行工作职责所需要的军语必须学深学透、熟练掌握、正确使用。例如，2011 年版《中国人民解放军军语》“信息对抗”类目中所收的 327 个军语，对于在信息对抗领域工作的指战员来说，就属于专业军语，他们必须了然于胸，使用起来游刃有余。当然，与作战有关的专业军语，也需要熟悉和掌握。

三是避免随意生造用语。规范统一的军语所指称的概念都有科学的语义表述，如果任意生造，就无法准确表达相关语义，就会造成理解上的混乱和认知上的偏差。因此，不能随意创造令人费解或百思不得其解的“新”词，也不能随意引用尚未普及的外来语。

与此同时，军语的使用也要遵循相关的军事规则。例如，在《中国人民解放军司令部条例》中，就专门有对作战文书中记述方法的规定，其中涉及若干军语使用的特殊规则，如记述地名、地物、地貌，部队配置和敌我态势，部队行动等。要根据有关规定，正确使用军语。

总之，军语是实现军事思想知行合一的语言载体、确保军事行动协调一致的工具手段、推进军队建设正规统一的基础支撑。军语在军事活动中不可或缺。准确使用军语，要靠长期的训练和不断的实践，同时需要形成习惯，以达到军语成为军人第二本能需求的程度。

参考文献

[1] 李苏鸣. 2010. 军语导论. 北京：军事科学出版社.

（原文发表于 2015 年 10 月）

在条令条例编修中应注重使用军语

当前，军事科学院的条令条例编修工作正在紧锣密鼓地进行。为落实“打高质量的进攻仗”和“牢牢把握条令条例编修工作的质量标准”的要求，按照《军事法规军事规章条例》关于“军事法规、军事规章的用语应当准确、简洁、规范，符合语法规则”①的规定，建议在条令条例编修中注重使用军语，以提高条令条例编修的质量效益，引领编修工作的开拓创新，保持军事法规共同体的协调一致。

一、在条令条例编修中使用军语的意义

条令条例是规范部队战备、训练、工作、生活秩序的基本依据，具有权威性、规范性、强制性等法律属性。在条令条例编修中使用军语，具有十分重要的意义。

（一）体现军事法规的权威规范

条令条例是军事法规。其中，条令是以命令形式颁布的规范军队作战行动和各级组织、各类人员共同行为准则的军事法规。例如，《中国人民解放军内务条令》《中国人民解放军纪律条令》《中国人民解放军队列条令》等。条例是全面、系统地规范国防和军队建设某一领域活动的军事法规。例如，《中国人民解放军军事训练条例》《中国人民解放军政治工作条例》《中国共产党军队委员会工作条例》等。而军语是军队在作战、训练以及其他工作中统一使用的规范化的军事用语，是全军官兵全员使用、履职使用的标准用语。《中国人民解放军军语》是中央军委批准颁布的。军语的统一

① 中华人民共和国中央军事委员会发布：《军事法规军事规章条例》，2003 年，第 28-29 页。

军队认知、协调部队行动的功能决定了其也具有权威性、规范性、强制性等法律属性。编修条令条例需要使用“法言法语”，军语以其准确、简明、规范、统一的特性，成为条令条例编修过程中的必备要素，如《中国人民解放军纪律条令》中的“行政看管”这一军语，就不能用“关禁闭”这一俗语取而代之。对军语的使用，有利于更好地体现条令条例的权威性、规范性。

（二）引领条令条例的编修创新

条令条例是军事理论创新的成果和载体。在编修条令条例中使用军语，特别是使用新军语，往往能起到推动军事理论等创新的催化剂作用。当年，“舆论战”“心理战”“法律战”这三个军语在《中国人民解放军政治工作条例》中的使用，不仅使上述军语在全军得到了普及，而且在一定程度上催生了《舆论战纲要》《心理战纲要》《法律战纲要》的出台，最终构建了“舆论战”“心理战”“法律战”的法规体系，推动了军事法规体系的创新。

（三）保持军事法规共同体的衔接一致

条令条例与军语同属军事法规共同体，是一个相互衔接、有机统一的整体。条令条例与军语所体现的基本概念、基本思想、基本规律应当是步调一致、彼此没有冲突和矛盾的。在条令条例编修中使用相关军语，能够旗帜鲜明地体现军事法规共同体彼此的衔接性和一致性。例如，“一体化联合作战”这一军语的释文是指“依托网络化信息系统，使用信息化武器装备及相应作战方法，在陆、海、空、天和网络电磁等空间及认知领域进行整体联动的作战。是与信息化战争相适应的基本作战形式”[①]。在《联合作战纲要》《参谋部条例》等相关条令条例的编修过程中，就应当恰如其分地使用这一军语，以体现对一体化联合作战成为与信息化战争相适宜的基本作战形式的共同认知和协调一致。

二、在条令条例编修中如何使用军语

叶剑英元帅曾指出：“在编写条令，编写教令、教范和各种教材的过程

① 全军军事术语管理委员会、军事科学院：《中国人民解放军军语》，北京：军事科学出版社，2011年版，第68页。

中，对于所用的军语，加以研究、斟酌。各编写单位可以提出为什么用这样军语的理由，加以注释，自己没有把握的可以上报。”[①]在条令条例编修的实际工作中使用军语，应注意以下几点。

（一）在条令条例的条文中规定使用军语

以条令条例的条文形式明确规定使用军语，把“使用军语”上升到军事法规层次，进一步增强军语使用的强制性，切实使全军广大官兵知军语、懂军语、用军语。例如，可在《中国人民解放军内务条令》中专门以条文形式明确规定：全军官兵要熟练掌握、正确使用军语，严格按照军语统一认知、协调行动；又如，可在《联合作战指挥条令》中以条文形式明确规定：在拟制作战文书时必须使用军语；等等。

（二）在条令条例的条文中直接使用军语

军语作为构成条令条例的核心要素，符合编修条令条例使用法言法语的基本要求。因此，在编修条令条例的过程中必须大量而直接地使用既能正确表达立法者意图，又能确保使用者易于理解、统一认知和便于执行的军语。例如，在《中国人民解放军队列条令》中就使用了“敬礼”“军队礼仪”“阅兵式”“分列式”“仪仗队”等军语。有专家做过统计，2003 年版《军队基层建设纲要》全文约 7000 字，其中，使用军语 326 条次，军语用字累计 1068 个，约占全文所用字数的 15%[②]。例如，使用了“基层建设”“军事训练”“战备制度”“思想政治教育”“行政管理”“后勤保障”“武器装备”等军语。

（三）在条令条例的条文中列出军语释文

为便于使用者进一步了解条令条例中所使用军语的意义，理解军语在条令条例中表述的内涵，进而使其更好地执行条令条例，可在条令条例的条文中先列出军语释文。例如，现行《中国人民解放军警备条令》第三条

---

① 叶剑英：《在全军科学研究工作会议上的总结（一九五九年一月二十七日）》，中共中央文献研究室、中国人民解放军军事科学院编：《叶剑英军事文选》，北京：解放军出版社，1997 年版，第 376 页。

② 李苏鸣：《军语导论》，北京：军事科学出版社，2010 年版，第 21 页。

使用了 2011 年版《中国人民解放军军语》中“警备工作”军语释文：“本条令所称的警备工作，是指军队按照区域组织实施的对军人、军车在营区外活动进行的管理监督工作。”[①]

此外，还可以条令条例的附录或附表形式，具体列出所使用的主要军语及其释文。在这方面，美军编修条令条例的做法值得借鉴。例如在目前的美军联合条令体系中，就专门有一部参考类条令，即《国防部军事及相关术语词典》。它是美军一部权威性军事术语集，这部军事术语集收录的军语及其释文主要来自联合条令及国防部、参联会主席行政指令。

（原文发表于 2016 年 7 月）

① 中华人民共和国中央军事委员会发布：《中国人民解放军警备条令》，2013 年，第 5 页。

军语训练纳入军事训练大纲刍议

军语是军队在作战、训练及其他工作中统一使用的规范化的军事用语，是全军官兵全员使用、履职使用的标准用语。熟练掌握、正确使用军语，是每个军人应具备的素质和义不容辞的责任，是军队建设的一项重要基础性工作。应充分认识到军语在作战和军队建设中的重要作用，把军语训练纳入军事训练大纲、编入军队院校军事基础课程的通用系列教材，使军语训练规范化、制度化、常态化，努力让全军各机关、部队及其广大官兵养成学军语、用军语的良好习惯。

一、军语训练纳入军事训练大纲的必要性

2011 年版《中国人民解放军军语》是经中央军委批准颁布实施的，具有准确性、权威性、强制性等基本特性，对于建设世界一流军队、更好地完成军队使命任务，具有十分重要的意义和作用。

（一）有利于发挥军语的认知协调作用

军语的基本功能是统一军队认知、协调部队行动。军语作为一切军事活动中信息加工、传递与反馈的媒介，其准确与否，将直接关系到军事活动是否协调有序，特别是作战中所使用的军语，作为基本的指令载体，其含义是否明确，直接决定着军人对各种作战信息理解的准确与否，关系到军人对作战命令执行的正确与否，从而影响作战行动的实施。刘伯承元帅就曾经强调："在军事上一字之差也会死很多同志，甚至影响战斗的成败。"[①] 特别是未来信息化战争中，作战行动的精确性、程序性要求更加突出，只有加强军语训练，熟练准确使用军语，才能不断提高广大官兵驾驭信息化

① 杨国宇、陈斐琴编：《刘伯承用兵录》，北京：战士出版社，1982 年版，第 123 页。

战争的能力和水平。

（二）有利于提高广大官兵基本素质

军人的素质是指军人在政治觉悟、军事技能、战斗精神、作风纪律、文化知识、军事理论、体能等方面的水平和能力。了解掌握和规范使用军语，是每一名军人必须具备的基本素质。军语是军事领域的专门用语，是进行军事思想交流、传递军事信息的重要媒介，是作战、训练等一切军事活动须臾不能离开的基本工具，属于军人应知应会的基本内容。广大官兵作为军语的使用者和维护者，应把军语的规范使用作为作战、训练及其他工作中的一项基本要务。

（三）有利于推进军事训练改革创新

随着国防和军队改革向纵深推进，军事训练改革也成为紧迫的时代课题。而军事训练内容的改革是军事训练改革中最核心、最活跃的部分，对于实现战训一致、训用一致和牵动其他各项训练改革顺利进行具有重要作用。当前，我军的军事训练正进一步向精准化、正规化迈进。客观上要求把规范的军语运用作为训练向实战化靠拢的重要抓手。因此，在原有共同科目训练内容的基础上增加军语训练内容，既适应现实需要，又可通过训练内容的改革创新，推进军事训练改革不断向纵深发展，使军事训练始终充满生机与活力。

二、军语训练纳入军事训练大纲的几点建议

将军语训练纳入军事训练大纲，总的目标要求应当是：通过军语训练，使全军广大官兵了解学习和使用军语的重要意义，提高对军语规范使用重要性的认识，知晓军语的基本内容和体系，掌握军语使用的标准要求，养成使用军语的良好习惯，使官兵像熟悉和自觉遵守共同条令一样，熟悉和自觉规范使用基本军语。逐步改变当前部队官兵使用军语时存在的“不会用、不愿用”等现状，牢固树立受训者的军语意识，切实增强受训者的军语素质，不断提高受训者正确使用军语的能力。

（一）统筹课目设置

可将军语训练内容分别纳入新兵入伍训练内容和年度军官、士兵共同训练内容。单独设置“军语训练”课目，包括“军语基本知识”和“军语实际应用”两个具体课目，安排课时6～8小时。必要时也可与“共同条令训练”或“法律法规学习”结合在一起。“军语基本知识”内容主要包括：军语的历史和发展，军语的内容和体系，军语的基本特点，军语的地位和作用，军语使用的原则和要求等。可考虑在2011年版《中国人民解放军军语》收录的8587个词条中，选收300个左右最常用、最重要的词条作为全军官兵必须掌握的基本军语。“军语实际应用”内容主要包括：日常工作中的军语使用方法、军事行动中的军语使用方法。例如，在制作军事文书、撰写军事学术论文、进行军事训练时如何使用军语，以及在非战争军事行动中如何使用军语等。

（二）明确相关标准

在新兵入伍训练阶段，使新兵了解军语的基本知识，掌握军语在日常工作和军事行动中的使用时机和方法；在士兵共同训练阶段，使士兵了解军语使用的基本原则和要求，在日常工作和军事行动中能够熟练掌握、正确使用军语，并注重日常养成；在军官共同训练阶段，使军官了解军语使用的基本原则和要求，在日常工作和军事行动中能够熟练掌握、正确使用军语，并注重日常养成。

（三）科学组织实施

军语训练可采取课堂讲授、自学和使用训练等方式进行。课堂讲授以集训的形式组织，辅之以专题讲座、讨论交流等多种形式。自学可对受训者规定军语学习的基本内容、时间、标准要求，组织者对自学情况做必要的检查。使用训练主要以军官为主体组织，可采取模拟战场环境、主台诱导等方式，由受训者自主判断情况，并使用军语完成战场情况报告、作战文书拟制、指挥口令下达等内容的训练。训练结束后，应采取笔试（口试）的方法组织考核验收。可采取“合格、不合格”两级制评定，正确率不低于80%的为合格，否则为不合格；也可采取“优秀、良好、及格、不及格”四级制方式评定，90%以上达到标准的为优秀，80%～89%达到标准的为良好，60%～79%达到标准的为及格，59%以下的为不及格。

（四）完善配套教材

全军军语管委会办公室应积极计划协调，争取中央军事委员会训练管理部的指导和支持，组织编写《军语学习使用读本》一书，将其作为部队训练和军队院校军事基础课程通用系列教材之一，并规范军语训练的内容、程序和组织形式等具体事项。还应区分不同层级制作军语口袋书，有利于广大官兵方便、快捷使用。条件允许时，还应研发军语机上训练考核系统，建立数据库，采取随机出题、自主评判的方法，以图片展示、情况诱导、名词解释等方式显示，实现机上训练与考核。

（原文发表于2017年11月）

叶剑英与第一部全军统一使用的《军语》

军语是军队在作战、训练及其他工作中统一使用的规范化的军事用语，是全军官兵全员使用、履职使用的标准用语。早在1932年8月，时任中国工农红军学校校长兼政治委员的刘伯承就选译了一组苏联红军的军语，名为《军语解释》。中华人民共和国成立后，我军进入正规化、现代化建设阶段。那么，我军第一部全军统一使用的综合性《军语》是何时颁布施行的呢？

1972年9月30日，在中华人民共和国成立23周年前夕，主持中央军委日常工作的叶剑英元帅在军事科学院呈报的《关于〈军语〉印发试行的请示》上批示，可以下发试行。我军第一部全军统一使用的综合性《军语》据此颁发各部队施行。

早在军事科学院成立后不久，叶剑英作为首任院长，就明确了本院负责统一军语及对军语详解的任务。1959年1月12日至28日，根据中央军委决定，军事科学院在北京组织召开了全军第一次军事科学研究工作会议。来自各军区、军兵种、院校及步兵军的有关人员共180余人参加会议。会议在叶剑英元帅主持下，总结交流了自1950年以来全军军事科学研究工作的经验，讨论确定了有关军事科学研究工作的方针、任务、范围、方法、步骤和组织机构、工作关系等，制定了《中国人民解放军两年（1959～1960）军事科学研究工作纲要》，解决了关于调整与加强军事科学研究机构等重要问题。叶剑英在会议开幕式上围绕会议召开的根据和任务、几年来我军军事科学研究工作的概况、会议要解决的几个问题做了讲话。这次会议明确提出军事科学院的五项任务之一就是“统一军语及对军语的详解”[①]，第一次确定了军语在军事科学院的地位和在军事科学研究中的作用。叶剑英在1月27日会议的总结讲话中指出：“统一军语是个重要的问题，几年来也做了统一军语的工作，但由于没有坚定地贯彻以我为主的方针，所以在军语方面存在若干的混乱状态。……军事科学院应负责研究统一全军的军语，

① 叶剑英：《在全军科学研究工作会议上的总结（一九五九年一月二十七日）》，中共中央文献研究室、中国人民解放军军事科学院编：《叶剑英军事文选》，北京：解放军出版社，1997年版，第372页。

并在统一军语的基础上着手编写我军自己的军语详解。”[1]针对会议中许多同志提出的军语没有统一、编写战斗条令有困难的问题，叶剑英在总结讲话中要求“在编写条令的过程中逐步统一军语”[2]。

1959年6月20日，军事科学院开始在南京组织召开全军审修《中国人民解放军合成军队战斗条令概则》(初稿) 专业会议。7月14日，叶剑英到达南京主持会议。南京素有“火炉”之称，当时又正值盛夏酷暑时节，挥汗如雨。他不顾天气炎热，白天主持会议听取大家的修改意见，晚上为了安安静静干事情，就走进地下室里审改稿子。几大本概则初稿，上百个条文，数十万字，他边看边改，逐字逐句推敲，用手中的红蓝铅笔，或在旁边标记号，或直接做修改，时常熬到深夜。7月22日，叶剑英在会议闭幕时围绕深入开展全军军事科学研究工作问题做了讲话。他在讲话中再次明确了军语在军事科学研究特别是作战和军队建设中的地位和作用。他强调指出：“军语统一问题，也急需解决。由于军语运用不统一，常常给学术研究带来不必要的困难。比如反突击，按照过去军语的概念是属于战役范围的，但听说最近又出现了战术反突击，于是就引起了一系列的问题，战术反突击与战役反突击有什么不同？战术反突击与反冲击有什么不同？等等。所以军语必须统一。军语统一，也就是概念统一。……当然，统一军语不仅是为了便于学术研究，更重要的是为了在运用时特别是在作战时不致因产生误解而出乱子。”[3]叶剑英关于军语工作的指示，拉开了军事科学院组织编纂我军第一部全军统一使用的综合性《军语》的序幕，并对以后历版《军语》编纂工作具有重要的指导意义。

1971年3月22日，中央军委办公厅就《军语》编纂问题专门给军事科学院打电话：广州军区有个报告，其中提到现在的军语很杂乱，要求尽快颁布全军统一的《军语》。中央军委办事组3月22日在讨论时确定：请军事科学院尽快研究。按照中央军委的要求，军事科学院委派有关研究人员到广州、武汉等军区，就当时部队对军语使用中存在的问题和要求进行了调查研究，并对我军常用军语作了搜集整理，在此基础上，军事科学院党委多次研究，于同年5月10日向中央军委呈报了《关于落实统一军语的

① 叶剑英：《在全军科学研究工作会议上的总结（一九五九年一月二十七日）》，中共中央文献研究室、中国人民解放军军事科学院编：《叶剑英军事文选》，北京：解放军出版社，1997年版，第376-377页。

② 叶剑英：《深入开展全军军事科学研究工作（一九五九年七月二十二日）》，中共中央文献研究室、中国人民解放军军事科学院编：《叶剑英军事文选》，北京：解放军出版社，1997年版，第376页。

③ 叶剑英：《深入开展全军军事科学研究工作（一九五九年七月二十二日）》，中共中央文献研究室、中国人民解放军军事科学院编：《叶剑英军事文选》，北京：解放军出版社，1997年版，第397-398页。

报告》，其中提出：拟编写一本全军通用的，以诸军兵种协同作战、训练为主的，以及政治工作、管理教育方面的常用《军语》。5 月 29 日，中央军委批复基本同意。6 月 10 日，军事科学院召开总参谋部、总后勤部及各军兵种有关部门参加的编写军语工作协作会，根据中央军委批复精神，对各项具体工作进行了部署，同时成立了编审组和编写组，《军语》编纂工作随之展开。本着精编快出的原则，秉持高度的政治责任心和严肃认真的态度，经过一年多的努力，军事科学院组织全军各有关单位圆满完成编写和审稿任务，经主持中央军委日常工作的叶剑英批准，1972 年 10 月，《军语》（军内试行本）由战士出版社出版，下发至全军部队连一级分队。

1972 年版《军语》（军内试行本）作为第一部全军统一使用的综合性《军语》，在我军军语发展史上具有里程碑意义。该版《军语》（军内试行本）以统一军语的使用和解释，以便于作战指挥和战备训练为目的，设置了："军队建设""战略战术综合用语""进攻""防御""指挥""侦察、警戒、行军、宿营""导弹、火箭、核武器""防原子、防化学、防细菌""海军""空军""炮兵""装甲兵""工程兵""通信兵""铁道兵""后方勤务""地形、测绘、气象"共 17 个类目，主要选收了合成军队作战和军队建设中常用的词目，释文力求简明扼要、通俗易懂，共 1348 条，10.7 万字。该版《军语》（军内试行本）对当时全军统一规范军语的使用和解释发挥了重要作用。

时光荏苒，经过 50 多年（注：此处指 1958～2013 年）的编修和研究，军事科学院按照叶剑英元帅当年提出的"统一军语及对军语的详解"[①]的任务和要求，在中央军委、总部的关心和支持下，组织协调全军各有关单位，在编纂 1972 年版《军语》（军内试行本）的基础上，相继推出了 1982 年版《中国人民解放军军语》、1997 年版《中国人民解放军军语》和 2011 年版《中国人民解放军军语》，并在全军范围内组织展开了军兵种《军语》、专业《军语》等系列《军语》的编纂工作，建立了《军语》编修工作常态化机制。叶剑英作为我军第一部全军统一使用的综合性《军语》的理论奠基人和批准者，为我军军语建设做出了独特和重要的贡献。他所提出的关于我军军语建设的精辟思想，在今天仍然在认真贯彻落实着。

（原文发表于 2013 年 11 月）

① 叶剑英：《在全军科学研究工作会议上的总结（一九五九年一月二十七日）》，中共中央文献研究室、中国人民解放军军事科学院编：《叶剑英军事文选》，北京：解放军出版社，1997 年版，第 372 页。

着力打造以军语为基本元素的军事话语体系

习近平主席指出，“要注意加强话语体系建设”①。军事科学院作为首批国家高端智库建设试点单位之一，必须树立强烈的话语权意识，以更强的理论自觉和理论自信，着力构建和完善具有我军特色的军事话语体系，构建思想、形成理论、表达观点，更好地传播军事科学院新理念，发出军事科学院好声音，增强影响力，为打造综合性高端智库做出应有贡献。

一、打造中国特色新型军事智库，需要着力构建和完善以军语为基本元素的军事话语体系

（一）打造中国特色新型军事智库，需要发出独特声音、增强学术竞争力

党的十八大以来，习近平主席就加强中国特色新型智库建设多次做出重要论述。2015年1月，中共中央办公厅、国务院办公厅印发《关于加强中国特色新型智库建设的意见》，明确提出了加强中国特色新型智库建设的指导思想、基本原则、总体目标和基本任务。习近平主席的重要论述和中共中央办公厅、国务院办公厅的意见，为加强中国特色新型智库建设指明了方向，是军事科学院建设中国特色新型军事智库的基本遵循。军事科学院要想在“百花齐放、百家争鸣”的智库中独树一帜，就需要以自己的品牌做支撑，增强学术竞争力。军语是军队在作战、训练及其他工作中统一使用的规范化的军事用语，是全军官兵全员使用、履职使用的标准用语。“统一军语及对军语的详解”②是军事科学院成立之初，中央军委赋予的五项主要科研任务之一。中华人民共和国成立60多年（注：此处指1949～2016年）来，军事科学院组织编纂了4版综合性《军语》，《军语》已经成

---

① 习近平：《在哲学社会科学工作座谈会上的讲话》，北京：人民出版社，2016年版，第24页。

② 叶剑英：《在全军科学研究工作会议上的总结（一九五九年一月二十七日）》，中共中央文献研究室、中国人民解放军军事科学院编：《叶剑英军事文选》，北京：解放军出版社，1997年版，第372页。

为军事科学院长期的“个性”优势品牌，相应成为军事话语体系的重要组成部分。因此，完全可以通过解释概念、界定范畴、规范表述，发出军事科学院的独特声音。

（二）打造中国特色新型军事智库，需要掌握话语权、扩大学术影响力

军事科学院是中央军委直接领导下的军事科学研究机关，是全军军事科学研究中心，是计划协调全军军事科学研究工作的机构。面对国防和军队建设的新形势新需求，围绕军队建设和作战问题发出声音，是军事科学院作为军事智库的基本职能。但引导、控制和影响这些声音的走向，掌握学术话语权，扩大学术影响力，以引领军事科学发展、服务实现强军目标，则是军事科学院打造中国特色新型军事智库的使命担当。因此，应牢固树立使命意识、阵地意识、责任意识，切实把握话语权。军语的基本功能就是统一军队认知、协调部队行动。军事科学院组织编纂的《军语》，是经中央军委批准颁发全军施行的，具有权威性、规范性和强制性。因此，可以通过以军语为基本元素的军事话语体系，掌握统一军队认知、协调部队行动的话语权。

二、军语是构成军事话语体系的基本元素

军事话语体系是我军军事科研创新成果的集中体现。作为军事概念的载体和军事知识的结晶，军语是军事话语基本的和不可缺少的核心单位，是军人之间信息交流所必需的媒介。军事科研人员无论是讨论研究课题、开展学术活动，还是撰写研究报告、学术文章；无论是编修条令条例，还是编写（纂）军史战史、军事百科全书、军事志、《辞海》军事条目和军用信息检索语言等，都会用到军语，有些还需要大量使用。军语所包含的概念、表述及由此构成的理论表达，成为军事话语体系的基本元素。基于此，以军语为基本元素的军事话语体系具有如下特点。

一是具有鲜明的时代性。军语是我军变革发展的见证。当今的军事话语体系鲜明体现了中央军委和习近平主席关于国防、军队建设改革和军事斗争准备的决策指示精神，顺应了以强军目标为引领，服务中央军委总部决策、服务国防建设、服务军队建设和作战的现实需求。二是具有严谨的科学性。

军语是对军事概念的本质表述，是准确而严格地为军事概念规定“名符其义”的指称的，不仅反映的概念具有科学性，构建的方式也具有科学性。三是具有动态的开放性。从《军语》的不断编修和军语常态化工作的开展就可以看出，军事话语体系会根据国防、军队建设和军事科学发展的实际，适时进行调整，不断充实完善。四是具有品牌的特色性。《军语》是在全军具有很大知名度的军事科学院特色品牌，是汇集各方面智慧进行梳理提炼所凝聚的精华，得到了全军的认可，从一个方面塑造和展示了军事科学院的形象。

三、着力构建和完善以军语为基本元素的军事话语体系的三点建议

（一）适时创造军语，概括军事新概念、新范畴、新表述

通过创造军语，发挥理论先导力。发挥军事理论的先导作用应从开发军事新概念入手。军语的一个基本功能就是表述军事概念。经过 50 多年（注：此处指 1958～2016 年）的不懈努力，军事科学院已逐步构建起具有我军特色的军事理论体系和军事科研体系，为构建和完善以军语为基本元素的军事话语体系奠定了坚实基础。随着国防和军队建设改革、军事斗争准备的研究的深入开展，军事科学院需要发挥自身的人才和学科优势，增强责任感和紧迫感，积极创造条件，拓展军事科研领域，激活科研人员思维，大力支持科研人员主动作为、努力探索，深入总结梳理、积极提炼概括国防和军队建设发展的新鲜经验，依托雄厚的知识储备、创新的军事理论和丰富的科研实践，采用规范的语词方式，适时推出诸如“体系破击战”“应急作战”“军民融合”等具有鲜明时代特色、符合我军作战和建设需要并在全军范围内具有较大影响力的原创性和创新性军语，科学界定具有普遍适用性和广泛接受度的新概念、新范畴、新表述，不断充实完善军事话语体系，进而发挥由军事科学院创造的理论先导力的作用。

（二）及时解读军语，诠释军事新概念、新范畴、新表述

通过解读军语，提升学术影响力。随着军语常态化工作体制机制的逐步建立和完善，需要不断创造条件，积极鼓励军事科学院有关科研部门和科研人员，着眼强军实践的强劲需求，对国防和军队建设实践中新出现的

军语，及时规范名称、加注定义、准确解读，诠释军事新概念、新范畴、新表述，以在全军范围内统一认知、统一思想，同时为创新军事话语体系提供有力支撑。2014年，经中央军委批准，军事科学院军事历史和百科研究部以全军军语管委会办公室的名义，组织协调全军各有关单位，完成了《深化国防和军队改革重要用语释义参考》的编纂任务，根据深化国防和军队改革的需要，对改革研究论证过程中新出现的数百条重要军事用语，进行了解读和诠释。此项工作既彰显了军事科学院的价值和作用，也为深化国防和军队改革做出了贡献。特别是在不少重要的改革军语中，表达了军事科学院的思想，强调了军事科学院的观点。

（三）积极推广军语，普及军事新概念、新范畴、新表述

通过推广军语，增强思想感染力。军语具有反映军事理论体系和军事知识结构的属性特点，能简洁明快地反映建军治军特点规律和人民战争战略战术，体现了军事思想、军事理论的精华。科研人员通过对军语的了解掌握和深入的学术研究，形成新思想，提出新理论，进而又促进新军语的产生，不断充实完善军事话语体系。因此，应强化科研人员学习使用军语的意识，采取学习交流、集中研讨等方式，进一步抓好军语的学习和使用，确保大家知军语、懂军语、用军语，充分发挥军语在军事科学研究中的重要基础性作用。此外，应采取宣讲辅导、检查考核、知识竞赛等多种方式，加强全军部队对军语的学习使用，在充分发挥军语在军队建设和军事斗争准备中重要基础性作用的同时，不断增强军事话语体系的学术吸引力和思想感染力，为把军事科学院打造成在军队、国家中乃至在国际上有影响力的“学术话语权航母”助力。

（原文发表于2016年2月）

提升军事语言战斗力
——从印度边防军学汉语谈起

据 2017 年 2 月 21 日《参考消息》报道，印度陆军东部司令部已设立高等汉语培训试点机构，对部署在中印边境实际控制线附近的军人进行汉语培训，以更好地监视中国军队的行动。由此看来，印度边防军已经把汉语作为除坦克、作战飞机和榴弹炮以外的一种武器。

对我军而言，语言同样是维护国家利益与安全的战略武器和克敌制胜的特殊作战武器，军事语言能力是运用语言资源实施和保障军事活动的能力，是军队战斗力的组成部分，具有对抗性、软杀伤和体系性等特点。

一、军事语言是不可或缺的支撑力量

戍边卫国需要军事语言能力。我国地缘战略环境复杂，与周边 14 个国家有陆地接壤，陆地边界长 2.2 万多千米。我国海岸线总长 3.2 万多千米（其中大陆海岸线全长 1.8 万多千米）[①]，与朝鲜、韩国、日本、菲律宾、印度尼西亚、文莱、马来西亚、越南等国海域相连。为捍卫国家主权、领土完整和海洋权益，我军需要及时掌握和处置边境和海上情况，需要加强边海防管理，维护边境和沿海地区的正常秩序，需要研究边海防历史，熟悉边界走向，采取有效措施，防止国土流失等，这些都需要相应的语言支持，因而军事语言也就成为巩固边海防、克敌制胜的一个法宝。

国家利益拓展需要军事语言能力。在新形势下，我国国家安全的内涵和外延比历史上任何时候都要丰富。为贯彻国家安全战略和军事战略要求，军事力量运用已从突出“战争运用”向同时关注“非战争运用”拓展，从维护领陆、领海、领空安全向维护海洋、太空、网络空间安全拓展，从守

① 中国军事百科全书编审委员会编：《中国军事百科全书》第二版 • 军事环境卷，北京：中国大百科全书出版社，2014 年版，第 1065 页。

疆卫土向维护战略通道和海外利益安全拓展，军事语言都成为不可或缺的重要支撑力量。

作战行动需要军事语言能力。信息化战争的精确打击和残酷毁伤，对人们的心理震慑和意志摧毁作用更加突出。特别是现代大众传媒，使信息实时传播，战场高度透明，语言对抗将更为直接、更为激烈。军事语言能力作为一种特殊的作战能力，在针对敌方开展舆论较量、心理对抗、法理斗争中能够得到充分运用。通过运用军事语言，做到在舆论上先声夺人，心理上先敌攻击，法理上先机取势。与此同时，通过使用军事术语，在作战中实现统一军事认知，协调部队行动。因此，军事语言在作战中既可以直接作为作战武器，也可配合达成作战目的。

二、提升军事语言能力的路径规划

制定军事语言能力发展规划。军事语言能力发展是一项长期任务，应当引起足够重视，在充分考虑军事需求的基础上，及早进行顶层设计。通过发展规划，提升军事语言战略意识，强调军事语言能力在维护国家利益、戍边卫国、实施（保障）作战中的独特作用，明确军事语言能力的发展目标、主要任务和保障措施等内容。其中，以提高军事语言能力为牵引，聚焦军事语言人才队伍开发储备、军事语言技术资源建设和军事语言能力的教育训练等。

加强军事语言人才开发储备。习近平主席指出："加强高素质干部队伍建设，大规模培养新型军事人才，是实现强军目标的战略性要求。"[①]军事语言人才作为掌握军事语言知识和技能，适应信息化作战和军队建设要求的新型军事人才，需要进行有针对性的开发和储备。要根据军事斗争的需求，依托有关军事院校和科研院所等培养军事语言人才，同时加大投入、改善环境，建立健全良好的人才评价发现、流动配置、激励保障等机制，确保军事语言人才的引进与培养，并建立完善军事语言人才信息库，搞好动态监测，摸清人才底数。

强化军事语言能力教育训练。教育训练是生成、巩固和提高广大指战

① 王士彬、曹智、李宣良：《习近平在中央军委改革工作会议上强调 全面实施改革强军战略 坚定不移走中国特色强军之路》，《解放军报》，2015-11-27（1）。

员军事语言战斗力的基本途径。要通过行之有效的教育训练，加强军事语言综合能力的培养。即通过理论教学、技能教练和行动演练等方法，使大家切实掌握和提高运用国家安全重点方向外语的能力，掌握和提高与敌开展舆论较量、心理对抗、法理斗争的能力，掌握和提高使用军语统一军事认知、协调军事行动的能力等。

推进军事语言技术资源建设。军事语言技术资源是指处理军事语言信息的现代技术及应用这些技术记录和存储的军事语料库、语言信息库等。推进军事语言技术资源建设是军事语言能力乃至军队战斗力的倍增器。通过该项建设，推动诸如语言识别技术在军事侦察中的应用、主题检索技术在情报处理中的应用、机器翻译技术在战地交际中的应用，等等，为军事语言的运用提供科学、规范、可靠的技术支撑。

（原文发表于 2017 年 6 月）

军语的力量和军语创新发展

军语是实现军事思想知行合一的语言载体，是确保军事行动协调一致的工具手段，是推进军队建设正规统一的基础支撑。2015 年 6 月 24 日，全军军语管委会办公室组织召开了全军军语工作座谈会。会议的主要任务是：积极适应深化改革和军事斗争准备的新形势新要求，进一步贯彻落实中央军委批准的《全军军语系列化建设实施纲要》《军事科学名词审定工作实施纲要》精神，了解掌握全军各编纂单位工作进展情况，研究解决存在的矛盾和问题，推进编纂工作落实。时任全军军语管委会和军事科学院领导，全军军语管委会成员，以及参加系列《军语》编纂和军事科学名词审定工作的全军各编纂牵头单位有关领导、联络员等，共 100 余人出席会议。通过组织这次会议，我们深切感到军语的魅力，对军语的进一步创新发展有了新的共识。

一、得感悟：军事天地那么大，只在军事字词间

全军军语工作座谈会，一下子“调动”了 20 多位将军参会，这是全军军语管委会的力量，更是军语的力量！从中得出的感悟就是：军事领域纵然是内容极为丰富的复杂系统，是战争和国防等事项的集中体现，但在开展其所包含的战争准备与战争实施、国防和军队建设等活动时，无论是军人的“知”，还是军人的“行”，都离不开由军事字词构成的军语。可以毫不夸张地讲，在军事领域，军语无所不出、无所不入，可以指人、可以论事、可以说军、可以言战、可以评天下。这就是军语魅力之所在。通过组织全军军语工作座谈会这样的重大科研活动，阐述军语政策主张，展现军语研究智慧，介绍军语实践创新，对于推动当前和今后一个时期的全军军语工作具有重要影响和作用。全军军语管委会办公室应当通过自身不懈的努力，维护军语研究和管理的主体地位，更好地传播军语人的理念，发出

军语人的权威声音，赢得话语权、提高影响力。

二、善谋划：推动建议实施，变成军语工作决策

全军军语管委会办事机构的工作人员，实际上是全军军语管委会领导的战略参谋。因此，必须有正确的辅助领导决策的思维。无论是分析军语工作形势、研究军语工作问题，还是筹划军语工作、提出军语工作建议，都需要具备很强的主动精神。在工作中，不仅要做到想领导之所想，更要力争做到先领导之所想、想领导之未想，而且还要做到把我们之“想”转化成领导之“策”，使参谋之“谋”服务于领导之“断”。这次，我们向全军军语管委会领导提出召开全军军语工作座谈会的建议，就是基于我们要研究解决军语工作存在的进度比较缓慢、质量参差不齐等问题，督促各项编纂工作任务的按时保质完成，从而得到了全军军语管委会领导的首肯和大力支持（时任全军军语管委会 5 位领导全部出席，其中主任和常务副主任发表重要讲话）。

三、明目标：构建军语体系，实现军语工作可持续发展

军语体系是以军事学或军事领域各专业为基础形成的军语总体框架和分类系统，是实现军语工作可持续发展的重要基础。要想实现全军军语工作座谈会上确定的“努力构建适应时代发展、具有我军特色、与国际接轨的军语体系”[①]这一奋斗目标，就要切实做到“三个跟上”。一是跟上当今时代发展。准确把握军事发展的新趋势，积极适应军队改革的新变化，努力构建满足打赢信息化战争和履行使命任务要求的军语体系。二是跟上军事斗争实践。着眼适应以海上方向为战略重心的军事斗争准备的加速推进，以及有效应对太空、网络空间等新型安全领域的威胁，构建与军事斗争准备实践相适应的军语体系。三是跟上部队建设步伐。近年来，国防和军队建设积累了很多新鲜经验。特别是党的十八大以来，习近平主席关于国防和军队建设的重要论述，提出了一系列新思想、新概念、新论断。我们必须以此为遵循，不断充实完善我军特色的军语体系。

① 杨鲁：《全军军语工作座谈会在京召开》，《中国科技术语》，2015 年第 4 期，第 48 页。

四、强推进：坚持改革创新，增强军语工作的创造力

军语工作必须适应时代发展的要求，以改革求突破，以创新促发展。重点搞好以下四个方面的创新：一是组织工作要创新。探索创新军语工作的组织体制、运行机制和工作方式，适应深化国防和军队改革、军队建设的新形势新要求。二是法规制度要创新。通过系列《军语》编纂和军事科学名词审定这两项工作，探索军语工作依法编纂的制度机制，建立健全军语工作法规制度体系。三是编纂内容要创新。紧跟改革步伐，打破以往只收成熟、稳定用语的编纂方式，及时选收和诠释改革进程中出现的新用语，用改革的思维和眼光赋予其时代内涵。四是编纂手段要创新。注重运用现代科技手段创新《军语》编纂的方式方法，打造《军语》编纂的数字化平台，同时要研制开发电子版、网络版《军语》，提高军语工作信息化水平和综合效益。

五、求实效：紧贴强军备战，更好地为提高部队战斗力服务

做好军语工作，最终要落到服务部队战斗力上。要紧贴强军备战，在适应联合作战需求中提高编纂质量。一是着力贯彻新时代军事战略方针。无论收词还是释义，都应准确体现新时代军事战略方针的基本精神和要求，着重关注重大战略问题，及时对相关的新思想、新概念、新术语做出科学准确的解释。二是深刻诠释制胜机理。要适应信息化条件下联合作战的需求，深化对现代战争制胜机理的认知。注重从制胜机理上进行本质的定义，并善于把全军关于制胜机理研究的理论和实践成果，及时转化为军语成果。三是注重概括战法创新。要对全军部队创造的新战法进行梳理甄别和提炼升华，把符合信息化条件下联合作战特点规律的实在管用的新战法纳入军语体系，切实提高军语服务战斗力建设的水平。四是科学反映实战化训练。要加快系列《军语》编纂，为部队实战化训练，为作战、训练法规和教材的编修提供标准化用语，为打牢部队实战化训练基础提供支撑和服务。

可以预见，在全军军语管委会和军事科学院的关心重视下，经过全体军语工作者的共同努力，军语的力量会更加强大，军语人会续写出全军军语工作的夺目篇章！

（原文发表于2016年4月）

后　记

军语规范化是名词术语规范化的一个重要组成部分。承蒙全国科学技术名词审定委员会副主任裴亚军、原副主任刘青和事务中心审定三室主任温昌斌的关心支持，科学出版社语言分社社长张宁和编辑王丹的指导帮助，拙作得以被纳入"十三五"国家重点出版物出版规划项目——"中国科学技术名词规范化理论建设书系"。在此表示衷心的感谢！同时感谢军事科学出版社军事理论编辑部主任方宁对本书稿所提出的富有建设性的审读意见和建议。

文集付梓、抚今追昔，在此感谢对我的军语研究工作予以关心指导的军事科学院及原战争理论和战略研究部、原军事历史和百科研究部的有关领导。特别感谢军事科学院原副院长刘继贤、副院长曲爱国，军事科学院军事法制研究院院长谭亚东、政委刘仁献。

本学术文集收录的论文原载于军内外有关报刊，跨度十年。其中，有些论文在此次出版时做了必要的修改完善。借此机会，感谢胡文龙、侯鲁梁、张占军、肖凤城、相振华、路志强、李源、韩庆贵、孙永钰、何荷、潘宏、关泠、张增亮、仇裕国、卢柄池、闫文博、朱玉萍、马鸣春、谢德、魏星、赵伟等主编（编辑、老师）的支持帮助。

由于本人水平有限，书中难免有失当之处，恳请读者批评指正。

作　者

2018年10月